法国哲学研究丛书

学术译丛

L'air et les songes: Essai sur l'imagination du mouvement

空气与梦想

论运动想象力

[法] 加斯东·巴什拉————著

胡可欣————译

上海人民出版社

总序

哲学经典翻译是一项艰巨的学术事业

　　法国哲学是世界文化遗产的重要组成部分，法国哲学经典是令人叹为观止的思想宝藏，法国哲学家是一座座高高耸立的思想丰碑。笛卡尔的我思哲学、卢梭的社会契约论、孟德斯鸠的三权分立学说、托克维尔的民主学说、孔德的实证主义、柏格森的生命哲学、巴什拉的科学认识论、萨特的存在主义、梅洛—庞蒂的知觉现象学、列维—斯特劳斯的结构主义、拉康的精神分析、阿尔都塞的马克思主义、福柯的知识—权力分析、德里达的解构主义、德勒兹的欲望机器理论、利奥塔的后现代主义、鲍德里亚的符号政治经济学、利科的自身解释学、亨利的生命现象学、马里翁的给予现象学、巴迪欧的事件存在论……充满变革创新和勃勃生机的法国哲学影响了一代又一代人，为人类贡献了丰富多彩、灵动雅致的精神食粮，以其思想影响的广泛和深远而成为世界哲学文化的重要组成部分。

　　西方哲学经典，对哲学家而言，是要加以批判超越的对象；对哲学工作者而言，是要像信徒捧读《圣经》那样加以信奉的宝典；对普通读者来说，则多少是难解之谜。而如果没有了翻译转换，那

1

所有这一切就无从谈起。

自从明朝末年至今，西方思想在中国的传播已走过了大约四个世纪的历程，中西思想文化的交融渗透推动一个多元、开放和进取的精神世界不断向前发展。显而易见，传播者无论是外国传教士还是国人知识分子，都不同程度地遇到了不同语言义化思想如何转换的棘手难题。要在有着不同概念系统和概念化路径的两种哲学语言之间进行翻译转换并非易事。法国哲学经典的汉语翻译和传播当然也不例外。太多的实例已充分证明了这一点。

绝大多数哲学文本的重要概念和术语的含义往往并不单一、并不一目了然。西文概念往往是一词多义（多种含义兼而有之），而任何翻译转换（尤其是中文翻译）往往都只能表达出其中一义，而隐去甚至丢失了其他含义，我们所能做的就是尽可能选取一种较为接近原意、最能表达原意的译法。

如果学术界现在还一味热衷于纠缠某个西文语词该翻译成何词而争论不休，则只会导致人们各执一端，只见树木不见森林，浪费各种资源（版面、时间、精力、口舌、笔墨）。多年前，哲学界关于"to be"究竟该翻译成"存在"还是"是"、"Dasein"究竟应该翻译成"亲在"还是"定在"甚或"此在"而众说纷纭，着实热闹过一阵子，至今也无定论。我想只要是圈内专业人士，当看到古希腊哲学的"to be"、康德的"diskursiv"、海德格尔的"Dasein"、萨特的"facticité"、福柯的"discipline"、德里达的"supplément"、利科的"soi-même"等西文语词时，无论谁选择了哪种译法，都不难想到这个语词的完整意义，都不难心领神会地理解该词的"多义性"。若圈内人士都有此境界，则纠结于某个西文语词究竟该怎样翻译，也就没有多大必要了。当然，由于译者的学术素养、学术态度而导致的望文生义、断章取义、天马行空般的译法肯定是不可取的。

哲学经典的翻译不仅需要娴熟的外语翻译技能和高超的语言表达能力，还必须具备扎实的专业知识、宽广的知识视野和深厚的文化底蕴。翻译的重要前提之一，就是译者对文本的理解，这种理解不仅涉及语句的字面意义，还关系到上下文的语境，更是离不开哲学史和相关政治经济社会和宗教文化等的知识和实践。译者对文本的理解其实包含一个诠释过程。诠释不足和诠释过度都是翻译的大忌。可是，翻译转换过程中却又难以避免信息的丢失和信息的添加。值得提醒的是：可读性并不等于准确性。哲学经典翻译应追求"信、达、雅"的境界，但这应该只是一个遥远的梦想。我们完全可以说哲学经典翻译是一项艰苦的学术活动。

不过，从译者个体来讲，总会存在程度不一的学识盲点、语言瓶颈、理解不准，因而难免在翻译转换时会词不达意甚至事与愿违，会出错，会有纰漏。虽说错误难免，但负责任的译者应该尽量做到少出错、不出大错。而从读者个体来讲，在保有批判态度的同时，最好也能有一个宽容的态度，不仅是对译者，也是对自己。因为难以理解的句子和文本，有可能是原作者的本意（难解），有可能是译者的错意（误解），有可能是读者的无意（不解）。第一种情况暗藏原作者的幽幽深意，第二种情况体现出译者的怅然无奈，第三种情况见证了读者的有限功底。学术经典传承应该是学术共同体的集体事业：写、译、读这三者构成了此项事业成败的三个关键环节。

"差异""生成""创新""活力"和"灵动"铸就了几个世纪法国哲学的辉煌！我们欣慰地看到愈来愈多的青年才俊壮大了我国法国哲学研究和翻译的学术队伍。他们正用经典吹响思想的号角，热烈追求自己的学术梦想。我们有理由确信我国的法国哲学和西方哲学研究会更上一层楼。

拥抱经典！我们希望本译丛能为法国哲学文化的传承和研究尽到绵薄之力。

莫伟民

2018 年 5 月 29 日写于光华楼

目录

导言　想象力和流动性

想要理解人类的哲学家必须研究诗。

——尤贝尔，《随思录》

一

和许多心理学问题一样，对想象力（imagination）的研究总是被词源学的虚假光芒所掩盖：想象力总被视作一种**形成**形象（image）的能力，但事实上，它更应该是一种破坏形象的能力——它能够**破坏**感知所提供的形象，并将我们从原初形象中解放出来，它是一种**改变**形象的能力。如果没有形象的改变和意外结合，就没有想象力，也没有**想象的行动**。如果一个**在场的**形象不能使人想到一个**缺席的**形象，如果一个偶然的形象不能带来丰富的异常形象——一种形象的爆发，那么也没有想象力，只有感知、对感知的回忆、熟悉的记忆和关于色彩与形式的习惯。想象力的基本词汇不是**形象**，而是**想象**（imaginaire），一个形象的价值是根据其**想象**的光晕（auréole）范围来衡量的。正是由于**想象**，想象力在本质上是**开放的、难以捉摸的**，它是人类关于**开放性**和**新颖性**的精神体验；与其他力量相比，想象力更能说明人的精神。正如布莱克所说："想象力不是一种状态，而是人的存在本身。"[①] 在本书中，如果我们系统地研究文学想象力——一种言说的想象力，那么这句警言的真理性就会更加凸显。这种想象力存在于语言中，构造出精神的时间结构，并由此摆脱了现实。

相反地，一个形象如果脱离了**想象**的原则，而固定于某种确定的形式中，那么它就会逐渐具备当下感知的特征：很快，它就不再指引我们梦想和言说，而是让我们行动。也就是说，稳定和完成了的形象会斩断想象力的羽翼，让我们不再拥有这种不受任何形象束缚的梦想之想象力——或许可以称其为**"无形象的想象力"**，就像我们所了解的**"无形象的思想"**一样。毫无疑问，想象在其丰富的生命历程中沉淀下了一些形象，但它本身却总是作为一种"超越"而存在——它总是多于这些形象本身。诗歌在本质上是**对新形象的渴望**，它满足了人类精神中对新颖性的根本需求。

因此，一种只关注**形象结构**的想象心理学忽略了一个显而易见、众所周知的基本特征，即**形象的流动性**。和其他许多领域一样，在想象力领域中，结构和流动是对立的；对形式的描述比对运动的描述更容易，因此心理学往往先关注前者，但事实上后者却更加重要。对于一门完整的心理学来说，想象力首先是一种精神的流动，它应该是最宏大、最强烈且最鲜活的。因此，对某个特定形象的研究离不开对其流动性、生产力和生命力的研究。

这项研究之所以可能，是因为一个形象的流动性并非无法确定。通常情况下，一个形象的流动性总是特定的。因此，一种运动的想象心理学应该直接确定这些形象的流动性，并为它们绘制出一幅真

---

① William Blake, *Second livre prophétique*, trad. Berger, p. 143.

正的速度图（hodographe），以便概括它们的活动轨迹——这也是我对本书的大致计划。

因此，我们将抛开那些静止的形象，那些已经成为定义明确的语词的构成性形象。我们的考虑范围也不包括那些明显的传统形象——例如在诗人作品中大量出现的花的形象，它们以传统的笔触来为文学的描述着色，但与此同时也失去了想象的能力。我们研究的是另外一些全新的形象，它们活跃于一种生命的语言里。人们可以在抒情的行为、在内在的符号中体验到这些形象——它们更新了灵魂和心灵；这些**文学形象**给人们带来了希望感，给我们的决定带来一种特别的活力，甚至滋养着我们的机体。对于我们而言，与这些文学形象有关的书仿佛突然成为了一封写给自己内心的信——它们在我们的生命中发挥作用，赋予我们活力。通过它们，言语、字词和文学被提升到了创造性想象力之列。思想通过新的形象来表达自己，通过语言的丰富来充实自己。存在者生成了言语——言语似乎处于存在者精神的至高点，揭示出人类精神中的瞬间生成。

如何才能找到一种衡量生活和言说需求的共同标准呢？我们能做的只是遵循尼采的建议：增加对文学图像（figure）①和运动形象的体验，恢复每件事物自身的运动，对形象的不同运动进行分类和比较，并考虑围绕一个语词所诱发的转义之丰富性。对于任何触动我们的形象，必须自问：这个形象在我们心中唤起的语言激情是什么？如何把它从熟悉的记忆里过于稳定的背景中抽离出来？为了充分领会语言的想象作用，我们必须耐心地寻找每个语词中对他异性（altérité）、双重意义和隐喻的欲望；更普遍地说，为了寻找想象之物，必须抛开所见和所说之物，仔细审查我们所有的欲望。通过这

---

①　在本书中，需要区分巴什拉使用的这两个术语：形象（image）和图像（figure）。形象是巴什拉想象哲学的研究对象，而图像更多指的是作品中固定、既成的印象性产物，相比形象而言更片面，缺乏流动性。当然，"figure"还有人物、形状等意思，例如"文学人物"的说法也很常用，但本书结合后文内容，统一译作"图像"。此外，巴什拉在全书中还使用了"拟像"（effigie）、"风景的"（pittoresque）等词，涵义都更接近"图像"的解释，有必要与具备生产性和新颖性的"形象"作出区分。——译注

种方式，想象或许能够重新恢复其引诱者的角色——它使我们不再循规蹈矩。就像在场和缺席的对立一样，感知和想象也是对立的。想象意味着让自己缺席，将自己投入一种新的生命。

二

这种缺席往往缺乏法则，这种冲力也很难持久——遐想（rêverie）① 只是将我们带到别处，但我们并不能真正体验到这一历程中的全部形象。梦想者总是处在漂泊中。

真正的诗人不会满足于这种虚无缥缈的想象力，他希望想象力是一场**旅程**。因此，每一位真正的诗人都应该**邀请读者去旅行**。这个邀请轻柔地推动着我们的内心、让我们动摇，并开启了真正动态的有益遐想。如果最初的形象选择得当，它应该作为一种驱力，让我们进入一种明确的诗歌梦想，一种想象的生命之中——它拥有连续形象的真实法则，具有生命的真实意义。在通过特定选择而呈现出来的秩序中，这些经由**旅程之邀**而彼此关联起来的形象将获得一种特殊的生气（vivacité），正是这种生气使我们能够在之后研究的具体案例中看到一种**想象力的运动**。这种运动不是一个简单的比喻，我们能够在自身中实际体验到：最常见的是一种轻盈（allègement）——就像我们能够轻松地想象更多的附带形象的感觉，或者追逐一个迷人的梦时的那种热情。一首优美的诗是一种鸦片或酒精，是一种镇静神经的食物，它在我们身上产生了一种动态感应（induction dynamique）② 。我将尝试阐述保罗·瓦雷里（Paul Valéry）

---

① 巴什拉对"梦想"一词有很多不同的说法，本文中出现的有："遐想"（rêverie）、"梦想"（songe）、"梦"（rêve）、"梦境"（onirisme），等等。这些术语的含义在巴什拉的想象哲学著作中并未作出明显区分，文中译法根据不同的语境有所替换。——译注

② "induction"一词通常用作"归纳"义，但是在电学、生理学上还有"感应""诱发"的含义，例如电磁感应现象、麻醉诱导等。本文对应巴什拉文学分析的语境，译作"感应"。——译注

这句话中的深刻涵义："真正的诗人是呼吸之人。"与火、水或土地的诗人不同，空气的诗人传达的是另一种呼吸。

这就是为什么对于不同类型的诗人，**想象之旅**的意义也不同。有些诗人只是将他们的读者带到风景如画的地方——他想在别处找到那些我们每天司空见惯的东西。他们让日常生活承载——甚至承载了过多视觉上的美。我们不应该轻视这种前往现实之地的**旅程**，因为它以划算的方式让人们得到了消遣。但被诗人阐明的现实中至少有一种新颖性——因为他们为我们揭示了一种**转瞬即逝的**细微差别，让我们学会将每一种差别想象成一种**变化**。只有想象力能够看到这些差别，并在从一种颜色到另一种颜色的**过渡中**捕获它们。在这个古老的世界里，有一些由于我们没能看到它们细微的差别变化而忽视了的花朵。开花，就是细微变化的过程，它总是一种精细的运动。谁在花园里观察那些盛开且绚丽的花，那他就已经有了上千种关于形象的动态模型。

但是，真正的流动性——一种**想象的**流动性本身，并不能通过对现实的描述，乃至对现实之生成的描述来得到很好的说明。想象力的真正旅程意味着前往想象的国度，进入想象本身的领地。在这里，我指的并不是那些作为天堂或地狱、或是某个亚特兰蒂斯或泰贝德（Thébaïde）[①]而存在的乌托邦。真正让我感兴趣的是这段历程本身，但我所描述的则是其中的居所。在这本书中，我想要**检视**的是现实中想象的内在性（immanence de l'imginaire）——即从现实到想象的连续历程。很少有人体验到想象力给感知带来的这种缓慢的想象形变，人们并没有充分认识到想象中精神的流动性。如果有更多关于形象的形变体验，人们就会明白封丹（Benjamin Fondane）这句话的深刻性："首先，对象并非现实，而是现实的**良好载体**。"[②]

---

① 泰贝德（Thébaïde）：古埃及城市，为埃及南部的一片沙漠地区，在基督教最初的几个世纪，大量基督徒为了逃避迫害来到此地并过着苦行僧的生活。这个词也可用来形容在一个荒凉、孤独的地方过一种僻静的生活。——译注

② Benjamin Fondane, *Faux traité d'esthétique*, p. 90.

在我看来，借助一种充满回声的名词所赋予的动态，诗歌对象将是想象精神的良好载体。作为载体，诗歌对象必须借助其原先的名词——赋予其恰当的声响，通过共鸣来言说，用一些形容词来延长其节拍和瞬间的生命。里尔克不是也说过："为写一句诗，得见过许多城市，许多人和物，要认识动物，要感受鸟儿如何飞翔，要知道小小的花朵以怎样的姿态在清晨开放。"[①] 每一个沉思的对象，每一个低语的名称都是一个梦或一行诗的起点。多少次在井边，在覆满浆草和蕨类植物的老石头上，我低喃遥远的水之名，湮没的世界之名……多少次宇宙突然回应我……噢，我的对象！我们曾言说！

最后，在这场进入想象世界的遥远旅程中，我们只有步入无限之地，才能**通往**一种动态的精神。在想象力的主导下，所有的内在性与一种超越性相连。超越思想，这也是诗学表达的法则；当然，这种超越性或许显得粗糙、虚假、破碎——有时它完成得太快，以至于显得虚幻、易逝、散漫。对于反思者而言，它只是种海市蜃景（mirage）；但这蜃景令人着迷，它带来了一种特别的动态，一种毋庸置疑的精神现实。因此，我们可以通过对如下问题的回答来区分诗人："告诉我对你而言无限是什么，我就能知晓你的宇宙意义：是海洋还是天空，是土地深处还是燃烧的火堆？"在想象力的主导下，无限是这样一个领域：在其中，想象力表现为一种纯粹的想象力；在那里，它既自由又孤独，既挫败又获胜，既骄傲又惶恐。形象在其中翱翔飞升，又消失不见；在高度之中，它们既上升又坠落。实在论由此具有了某种非实在性。人们通过图像的形变来理解图像，言语是一种预言。因此，想象力是一种精神上的超越，它以先驱者的精神姿态出现，投射出存在者的样貌。在《水与梦》中，我收集了许多形象，说明想象力如何将内在印象投射到外部世界；而在本书对空气精神的研究中，人们将会看到想象力投射出**整全存在**

---

① 里尔克：《布里格手记》，陈早译，华东师范大学出版社 2019 年版，第 29 页。

（l'être entier）的例子。当人们走得足够远、足够高，就会发现自己处于一种**开放的想象**状态。整个想象力都渴求空气的双重现实。正如里尔克所说，存在预感到自己将被书写："可这次，将被写下来的是我。我是那个将要变化的印象。"在这种转化中，想象力带来了那些摩尼教的花朵：① 它们模糊了善与恶的颜色，违抗了人类价值中最恒定的法则。在诺瓦利斯、雪莱、爱伦·坡、波德莱尔、兰波和尼采的作品中都可以看到这样的花朵。如果加以重视，我们会感受到，想象力是人类勇气的一种形式，从它们那里，人们获得了一种创新的动态论。

三

随后，我们将积极探究两种不同类型的升华心理学：一种是寻求"超越"（au-delà）的话语升华；另一种是寻找"临近"（à-côté）的辩证升华。这项研究之所以可能，恰恰是因为想象和无限的旅程比人们所认为的要更有规律。正如费尔南·沙普捷（Fernand Chapouthier）所说，现代考古学从一系列有规律的文献中获益良多。② 上百年来，这类对象有着缓慢的生命步调，这使我们能够去追溯它们的起源；当我们检视一系列精心挑选的心理学文献时，会惊讶于它们谱系的规律性，并更能理解它们无意识的动态性。同样地，一个新隐喻的使用可以阐明一种语言的考古学。在本书中，我们将研究最游移不定的**想象之旅**，其中并没有固定的锚点，形象也经常不连贯。然而我们将看到，这种逃逸、漂浮和断裂并没有阻碍一种真正**规律的**想象性生命。有时，所有这些不协调甚至具备相当明确

---

① 摩尼教是一种创立于公元 3 世纪的古代宗教，其信奉一种精致的二元宇宙论，同时承认善的精神世界与恶的物质世界、光明与黑暗两个原则。巴什拉在之后一些章节中也使用了这一说法，用来强调想象天生的二元性、内在的双重原则。——译注

② Fernand Chapouthier, *Les Dioscures au service d'une déesse*, passim.

的形态，以至于它可以被视作是一种**通过流动性来实现连续**的图式。事实上，我们逃避现实的方式清晰地表明了我们的内在现实；和丧失了"**现实官能**"的人一样，丧失了"**非现实官能**"的人也是一位神经病人。可以说，非现实官能的问题也损害了现实官能。如果想象力不能很好地发挥其开放功能，那么感知自身也会变得迟钝。因此，我们必须在现实和想象之间找到一种规律的谱系，为此需要对这些心理学文献进行正确归类。

这种规律性来自这样一个事实：在对想象的研究中，我们总是被一些**基础的质料**和想象的元素所**吸引**，这些元素拥有和实验法则一样确切的理想法则（lois idéalistiques）。在这里需要提及我归于"**质料想象力**"名下的几本著作①，在其中，人们对"洞察"（pénétration）的需求远远超越了形式想象力；我们思考质料、梦想质料、生活在质料之中——或者换句话说，我们梦想着想象的质料化。我认为应该讨论一种关于四种质料想象力的法则，这一法则**必须**将创造想象力赋予火、土、气和水四元素中的一种。毫无疑问，在构成一个特定形象时会涉及好几种元素，也有一些形象是**复合的**；但是，形象的生命要求更纯粹的谱系。一旦这些形象构成一个系列组合，就指向了一种原初质料，一个基本元素。想象力的生理学甚至比其解剖学还更服从于四元素的法则。②

但是，我们之前的工作难道不与当下的研究相矛盾吗？因为，如果四种质料想象力的发展使想象力不得不将自身固定在某种质料上，那么想象力不也应该变得固定和单一吗？这样，研究形象的流动性似乎就毫无意义了。

---

① 这里的著作指的是巴什拉的《火的精神分析》（1938）和《水与梦》（1942）；继《空气与梦想》（1943）后出版的《土地与意志的遐想》（1948）和《土地与憩息的遐想》（1948）两本著作，也可以统归在巴什拉"质料想象力"研究的名下。——译注

② 这里巴什拉用了生理学和解剖学这两个概念进行类比，或许是为了强调关于想象力研究的两种不同方法面向。根据定义，生理学研究的是身体及其部位的功能，目的是为了了解它们维持生命运作的方式；而解剖学则研究的是身体及其部位的形式和结构，以及它们之间的关系。前者侧重功能和活动，后者则侧重静态的形式构造。——译注

事实并非如此，因为四种元素中没有一种是在停滞状态中被想象的；相反，每种元素都是在其特有的动态中才得以想象；对于形象来说，这是一个系列的开端，代表了一类谱系的产生。用封丹的表述来说：一种质料元素就是一种**良好载体**的原则，它给予想象中的精神以连续性。最后，对于运动想象力来说，所有被质料想象力所采用的元素都具备一种特殊的升华，一种特有的超越。在本文中，我们将通过追随空气形象的生命来证明这一点。我们将会看到，空气的升华是最典型的话语升华（sublimation discursive），它的程度是最明显和最有规律的，它通过一种轻松的辩证升华来延续自身。飞行者似乎超越了其所处的大气，天空总是要去超越空气；是一个绝对物实现了我们对自由的意识。或许有必要指出，在想象力的领域中，最切合"空气"这一名词的定语是"自由的"，自然的空气即自由的空气。因此，当我们面对一种不佳的自由体验、太急于想要获得关于**自由的空气**、关于**自由的飞行运动**的教益时，就应该倍加谨慎。我将尝试对一种空气心理学的各个细节进行探究，正如我在关于火和水的心理学中所做的那样。从质料想象力的角度来看，我们的探究或许极为有限，因为空气实在是一种贫瘠的质料；但另一方面，正是借助空气，我们才得以探究动态想象力。事实上，在空气中，运动优先于实体，没有运动就没有实体。空气的精神将使我们能够发展出升华的各个阶段。

四

为了认识这种主动升华的各种细微差别，尤其是动力升华和真正的动态升华之间的根本区别①，我们必须意识到，视觉传递的运动

---

① 巴什拉区分了"运动的"（cinématique）和"动态的"（dynamique）两个概念，前者类似柏格森哲学中分析的物理学对运动的理解，后者才是主观现实，也即想象所拥有的活生生的运动。巴什拉的具体分析可见之后章节："结论二：运动哲学与动态哲学"。——译注

并不是真正的**动态化**。视觉运动依旧停留在纯粹的运动学角度，它过于易得，无法教会我们如何整全、内在地生活。那些形式想象的游戏、建构视觉形象的直观，将我们导向与质料性活动相反的方向。只有对质料的共情才能带来一种真正主动的参与，如果不是一种推论的心理学已经使用了这个词，我愿意称其为"感应"（induction）。然而，在形象的生命中，我们可以发现一种引导的意志；只有这种质料和动态的感应——这种由现实的亲密感所带来的"引导"（duction）① 才能唤醒我们的内在。要认识这一点，需要在事物和自身之间建立一种质料上的一致性。为此，我们将不得不深入到那个被拉乌尔·尤巴克（Raoul Ubac）恰当地称为"**反-空间**"（contre-espace）的领域："瞬间需求的迫切性希望器官具有实用目的，而身体拥有一种潜在的诗意目的……我们应该相信，一个对象可以根据其诗性火焰的点燃、消耗和减弱，来改变其意义和外表。"② 在《纯洁性的练习》（*Exercice de la Pureté*）中，拉乌尔向我们展示了一种"面孔的反面"如何作为主客倒置的实例。他似乎在三维空间和若埃·布斯凯（Joé Bousquet）称为"无维空间"的内在空间之间找到了某种对应关系。当我们体验过无限空气的心理学之后，就会更加理解这一点：无限的空气抹除了维度，因此我们接触到的是一种无维度的质料，它带给我们一种绝对内在的升华印象。

在此，我们可以看到一种特殊的**共情**（*Einfühlung*）的作用：我们得以融入一种特定的质料之中，而不是弥散于一个差异化的宇宙。对于物体、不同的质料和"元素"，我们既需要它们作为存在的具体密度，又需要它们作为生成的特定能量。在各种现象中，我们研究的主要是变化的准则和实体流动性的道理，也即一门详尽的、关于

---

① 法语中本无"duction"一词，属于巴什拉新造词。英译本亦直接沿用"duction"，这一词在英语中的原意为"眼睛转动或旋转的运动"，引申出"传导""引流"等意思。中译本对应前文"induction"一词的说法，结合电学或心理学背景中的"感应"，暂译作"引导"。——译注

② Raoul Ubac, «Le contre-espace», *Messages*, 1942, cahier I.

动态想象力的物理学。空气的现象尤其能提供给我们一系列关于**攀登、上升和升华**的普遍道理。这些道理必须被置于一种**上升心理学**的基本原则之中。在空气的旅程之邀中如果有攀登的含义，那么它总是和一种轻盈的上升印象联系在一起。

因此，我们可以感受到一种形象的流动性，通过动态想象力和空气现象的共情，我们将体会到一种缓释、喜悦和轻盈。上升的生命因而是一种内在现实，一种呈展于精神现象之中的垂直现实。这种垂直性并不是一个空洞的隐喻，而是一种秩序原则——它是一种谱系法则、一道阶梯，人们沿着这道阶梯体验到感觉的不同程度。最后，灵魂的生命（la vie de l'âme）——所有精微、确定的运动，所有的希望和恐惧、所有的道德力量——保证了一个在数学意义上的**垂直微分**（différentielle verticale）的未来。柏格森在《思想与运动》（*La Pensée et le Mouvant*）中说，在一种关于变化和运动的哲学知觉中隐藏着莱布尼茨的微分概念，或者说牛顿的流数概念。进一步地，我相信对垂直微分的充分探索有助于我们明确人类精神的演化，即人类价值的微分。

为了很好地了解在这些生成中的精微运动，在我们看来，第一项探究在于确定，这些运动在多大程度上为我们减负，或是拖累了我们。它们正向或负向的**垂直微分**最能表明这种功效——这是它们的精神命运。我们由此提出了关于上升想象力的第一条原则：**在所有的隐喻中，关于高度、海拔、深度、下降和坠落的隐喻是首要的公理性隐喻**。其他事物都无法用来解释它们，但它们却能够解释一切。更简单地说，如果一个人想要体验、感受甚至比较它们，就会意识到它们带有一种基本的特征，这使它们比其他事物更加自然。它们比视觉上的隐喻、任何抢眼的形象都更加吸引我们。不过，语言并不擅长表达这些隐喻。语言是由形式所建构的，因此它并不能轻易地让这些来自高处的动态形象变得风景化。然而，这些形象有着独异的力量：它们主宰着关于喜悦和忧郁的辩证法。垂直的价值是如此根本和明确，它的首要性是无可争议的，以至于精神一旦在瞬时、直接的意义上接触到它，就再也无法视而不见。对精神价值的表述离不开垂直的维度；当我们更好地理解了诗歌物理学和道德物理学的重要性之后，就会获得这一信念：所有的价值化都是垂直化。

当然，还有一种向下的旅程——**坠落**（chute），它甚至在道德隐喻的介入之前就已经是一种精神现实了；这种精神的坠落可以作为诗歌和道德物理学的一个章节来加以研究。**精神坐标**总是在变化。**普遍活力**——这种动态予料对于意识而言是如此直接，是一种**瞬时性坐标**；如果这一活力增长，那么人类也会立即得到提升。正是在向上的旅程中，**生命冲力**（élan vital）成为了**人化的冲力**（élan hominisant）；也就是说，我们在话语性升华的历程中为自身建造了通往伟大之路。在人身上，正如德拉塞尔纳（Ramon Gomez de la Serna）所说，一切都是道路。应该补充道：所有道路都指向上升。垂直的正向运动是如此明显，以至于我们可以用这句老话来说明：不进则退。人，无法水平地生活：他的休息、睡眠通常是一种**坠落**。只有一少部分人在睡梦中升高——那是一种空中的睡眠，一种雪莱式的睡眠——他沉醉于诗中。在柏格森哲学中发展起来的质料性理论有助于阐明这种上升的首要性。爱德华·勒鲁瓦（Édouard Le Roy）对柏格森的质料理论进行了拓展，他指出，习惯即精神生成的停滞。从我们的角度来看，可以说习惯是创造性想象力的反面：那些惯常的形象阻碍了想象力，从书本上获得的、由教师监督和评判的形象桎梏着想象力。简化为形式的形象是一种诗的概念，它与外部的其他形象联系在一起，正如一个观念联系着另一个观念；这种**形象的连续性**是修辞学者的关注对象，但它往往缺乏一种深刻的连续性——这是只有质料想象力和动态想象力才能给予的。

所以，我们有理由相信，四种元素就如同想象力的荷尔蒙（hormones）——它们集合各种形象，帮助分散于各种形式中的现实进行内在同化。这种大规模的综合赋予想象以某种规律性。在其中，想象的空气尤其使我们在精神上得到**增长**。

因此，在这部关于上升的心理学著作中，我们将尽量以升高的可能性来衡量形象，而对于语词，我们也会尝试将它们所能引起的上升影响加入研究之中；我们相信，如果人能够真实地生活在他的形象和语词中，就会有一种独特的本体论收获。在我看来，由动词（verbe）赋予时间性的想象力是一种卓越的人化官能。无论如何，对特定形象的检验是符合我们能力的唯一任务。我们对垂直进行规定的尝试将始终停留在**微分**层面，而非**积分**层面；换句话说，我们的检查将局限在极短的垂直片段上，而不会包括一种整全的超越性所带来的所有幸福体验——这种超越意味着一个新的世界。另一方面，这种方法将使我们能感受到一种轻盈之希望的独特滋养——这些希望不会落空，因为它们是轻盈的，与一些来自我们的瞬时未来的语词相关联。这些语词是希望的语词，它们使我们突然发现一个年轻且充满生机的新理念，这个理念出自我们自身，但对我们而言却如同一笔新财富。动词不正是首要的欢乐吗？它在希望中获得滋养，在恐惧中变得混乱。在非常接近诗的语词、接近想象中的语词的地方，有必要找到一种精神的上升微分。

如果有时我们的形象似乎太过非质料，希望读者能够信任我们，因为空气的形象始终在通往形象的去质料化（dématérialisation）的道路上。要想描述空气形象的特征，往往很难找到适当的尺度：质料过多，形象就会变得停滞；过少，形象就会转瞬即逝——这两种方式都很难操作。此外，个人因素的介入也会使得天平偏向一边。但对我们来说，最重要的是让人感受到在动态想象力问题中，必须有一种重量因素的干预。在根本上，我们希望通过**称量**（pesant）这些词语所调动的精神，来让人意识到称量所有语词的必要性。对于朝向高处的驱力，我们必须借助某种**放大**（amplification）才能获得其精神细节；在认识完这一活动的所有特征之后，我们才能将它重新归入现实生命的行列。因此，形而上学心理学家的工作是在动态想象力中安置一种真正的关于上升精神的放大器——更准确地说，动态想象力本身就应该是一种**精神的放大器**。

无疑，我也清楚这个主题的困难性，并经常质问自己是否能够驾驭它：对**转瞬即逝的形象**的研究能够成为一个主题吗？那些空气想象力的形象——它们要么蒸发消散，要么凝结沉淀下来，我们必须在这种持续活跃的矛盾两极之间把握住它们。因此，在方法上我们有可能面临双重困难：一方面，我们需要借助读者自身思考的帮助，以便在梦想与思想、形象与言语的短暂间隙中获得一种既是梦想，又是思想的语词动态体验。**羽翼、云彩**，这些词很快就表明了现实和想象之间的矛盾性，读者会立即对它们作出自己的判断——是一种视域还是幻象，是一种现实的描绘还是梦想的运动。另一方面，我们希望读者不仅仅体验这种辩证法和变化状态，而且还要把它们汇集到一种矛盾中，这种矛盾让我们意识到现实是一种梦想的力量，而梦想是一种现实。唉！这种矛盾是如此短暂，观看或梦想都发生得如此之快——因此，我们要么成为形式的镜子，要么沉默地接受惰性质料的奴役。

这种方法论态度使我们更关注细节性的、在印象和表达之间运作的话语升华层面，因而我们还触及不到宗教意义上的狂喜问题——这类问题应该属于一个更完整的上升心理学范畴。但除了处理这些问题的难度很大之外，与之对应的体验本身也很少见，因此还不足以构成一个关于诗歌呼吸的普遍性问题。[①]

我们的研究也不会延伸到**灵气学**（pneumatologie）[②] 的漫长历

[①] 对该问题的详细阐述和大量参考文献，可以参照奥利维耶·勒鲁瓦（Olivier Leroy）的著作：*La Lévitation. Contribution historique et critique à l'étude du merveilleux*, Paris, 1928。

[②] "灵气学"（pneumatologie）这一术语的词根是 pneuma，意思是呼吸、气息（souffle），在基督教中用来指对三位一体神学中的圣灵（Saint-Esprit）的研究。在哲学中，经过马勒伯朗士（Malebranche, 1638—1715）等人的发展，也可以用来泛指对人类灵魂、天使等精神性存在的研究。——译注

史上。尽管它在各个时代都发挥了巨大的作用，但我们必须搁置这些文献，因为我们希望能够以心理学家而非历史学家的身份来工作。而对于神话学和魔鬼学，就像在我关于想象力心理学的其他研究著作中所做的那样，我也只取那些在诗人的心灵中仍然活跃的部分——它们让梦想者远离书本、忠于自然元素，让精神充满活力。

和方法上的严格限制相反，我希望读者们能够允许我反复回到在空气形象中想要检验的唯一特征——它们的流动性上来；我将比较外在的流动性和一种空气形象的流动性——后者来自我们自身的存在。换句话说，在我看来，形象是一种精神现实。无论在其诞生还是发展之时，形象都是"想象"这一动词的主语，而非补语。世界将在人类的遐想中想象自身。

五

以下是对本书计划的一个简单说明。

在这个过于冗长、相当哲学和抽象的导论之后，在第一章中，我会尽快引入一个具体的动态梦想的例子，即**"飞行之梦"**。这似乎是一种非常特别和罕见的体验，但我们这么做恰恰是为了表明这种体验比人们以为的要普遍得多；至少对于某些精神而言，这种体验在清醒时的思想中留下了深刻的印迹。我们甚至可以说，这些印迹揭示出某些诗歌的命运。例如，当我们觉察到飞行之梦给予这些诗歌以一种原初驱力时，一长串的形象就会以清晰、规律的方式涌现出来。尤其是雪莱、巴尔扎克和里尔克的作品——这些不同作品中的形象将表明，关于夜间飞行之梦的心理学让我们能在那些往往晦涩、含混的诗歌中发现具体和普遍的事物。

借助这样一种不以任何先验建构为基础的自然心理学，我得以展开第二章的研究——**"羽翼之诗"**，在这一章中，我们将看到一种在空气想象力中最受喜爱的形象。结合前文，我们会意识到，动态想象力提供给我们一种手段，让我们能区分虚假的形象和真正的自然形象，区分模仿的诗人和真正由想象的创造力所激发的诗人。

在这一点上，我会提出大量关于**主动**上升的心理学例子，同时对其**被动**形式——关于**道德堕落**的隐喻，我也将进行心理学意义上的描述，这是第三章的工作。此外，我还将不得不回应诸多反对意见，它们倾向于将想象的坠落体验视作动态想象力的一种原初予料（donnée première）。对此我的回应非常简单，我在这里就可以先指出来——因为它有助于澄清我的总论点：想象的坠落带来的基本隐喻仅仅是一种**土地**想象力。坠到深处、掉进深渊、跌入悬崖……这些想象的坠落几乎都不可避免地与水的想象及至黑暗大地的想象有关。为了对所有情况进行分类，我们需要考虑**土地之人**的所有苦痛：它在每一个戏剧性的夜晚与深渊斗争，主动挖掘自己的深渊——用铲子和镐头、用他的双手和牙齿在这个想象的矿井下工作——许多人在这里遭受着地狱般的噩梦。只有当我们处理了关于土地的质料想象力和多重精神的诸问题之后，才能够从诗学想象的角度描述这种坠落到炼狱的情况。[①] 而在本书中，我将只致力于处理与空气的流动性相关的质料和动态想象力，其中，坠落想象力被视作上升的颠倒。这样一种间接但具有启发性的观点有助于使我们的研究切合当前的主题。一旦在简化的动态形式中研究了**心理上的坠落**，就可以接下来继续研究眩晕和幻觉之间的辩证游戏；我将衡量一种与姿态和高度有关的勇气（courage）的重要性，这种勇气意味着与重负抗争、"垂直"地生活。此外，我还会评估一种关于直立、长高和昂首的健康学（hygiène）意义。

这种将想象的高度和垂直性作为一种治疗手段的健康学已经获得了一些心理学家和临床医生的支持：在罗贝尔·德苏瓦耶（Robert

---

① 巴什拉这里提到的对土地的质料想象力研究，可参见其之后的两本著作：《土地与休憩的遐想》（1948）和《土地与意志的遐想》（1948）。——译注

Desoille）鲜为人知的作品中，他试图在神经症的心理现象中强化一种条件反射，这种条件反射使人们联想到上升的价值——高度、光明和平静。我将用专门的一章来说明德苏瓦耶的工作，他对我的许多研究都提供了巨大的帮助。另外，和其他章节一样，在本章中我也将借助心理学观察的名义，来发展一种关于想象力的形而上学论述——这种形而上学仍然是我整个工作的显要目标。

就像我在对火的分析时以霍夫曼（Hoffmann）为例，在分析水时援引了爱伦·坡（Edgar Poe）和斯温伯恩（Swinburne）一样，我认为可以用一位伟大的思想家或诗人代表空气的基本类型。在我看来，尼采可以成为这种**高度情结**的代表。在第五章中，我的任务在于通过一种合适的象征性命运，将各种象征与上升的动态自然地结合起来。我们将会看到，在天才那里，思想和想象力的结合是多么简单而自然；在他们身上，想象力产生思想的方式远不是从形象的商铺中寻找一些华而不实之物。借助一种米沃什（Milosz）式的省略，我们也可以这样说尼采："至高者，他超越。"——尼采以其对高度的动态想象力的极度忠诚帮助我们超越。

在尽可能全面的范围和细节上理解了空气想象力的**旅程之邀**的动态意义之后，我们就可以尝试确定各种空气的对象及现象所涉及的想象力载体了。我将用一系列简短的章节展示蓝天、星座、云、银河等精巧的诗歌形象中的空气性；我还会专门讨论**"天空之树"**，以便表明我们能够在依循空气的原则的情况下，同时梦想一个土地的存在。

正如在《水与梦》一书中，我将"暴力的水"的主题单独分离了出来，这里我也会考察一些关于暴力的空气、发怒的风的文献。但令人惊讶的是，尽管阅读了大量文献，但我找到的诗歌却并不多。一首关于暴风雨的诗似乎在本质上是为了表达愤怒——它需要比暴风席卷云层更为狂野的形式。因此，暴力这一特征在空气心理学中受到的关注依然不够。

此外，空气的动态论更应该被视作是一种关于温和气息的动态论。由于我的所有材料几乎都来自诗人，所以我想在最后一章回到关于诗歌的呼吸问题上来。在这里，我们需要把那些现实中的气息、一种空气心理学应考虑的呼吸心理学问题放在一边。因此，我们仍然是在想象力的领域处理它。即使是在韵律学方面，我也没有试图以科学的方式进行探讨。皮乌斯·塞尔维安（Pius Servien）的深入研究清楚地表明了气息和风格变化之间的关系。因此我认为可以提出一种完全隐喻性的观点：在题为"沉默之言"的篇章中，我试图呈现当身体和精神都服从于空气想象力时，存在者会获得怎样的活力。

经过如此多样的工作之后，仍然需要进行总结，但我认为需要写两章，而不是一章结论。

第一个章节用于总结**文学形象**所具有的真正特征，这些观点分散在整部作品之中。我倾向于将**文学想象**归为一种自然的活动，它是想象力**直接**作用于语言层面上的行动。

第二个章节的结论涵盖了我在行文过程中未能充分、连贯地展开的一些哲学观点。我倾向于将文学形象作为哲学直观的起源，并认为一种运动哲学可以从诗人的教导中受益。

第一章　飞行之梦

在我的双足上，有神翠鸟的四翼，
每个脚跟上各有两只，一蓝一绿；
当掠过腥咸的海面时，
它们便能追溯那曲折的航线。

——邓南遮，《阿尔库俄涅》

一

经典的精神分析习惯使用各种**象征**（symboles）的知识，仿佛那些象征可以等同于概念。我们甚至可以说，这种象征已经成为了精神分析过程中的基本概念，一个象征一旦经过解释、找到了其中的"无意识"含义，就被归为了某种简单的分析工具，而不再被认为需要在其语境或类别之中进行研究。因此对于经典精神分析而言，**飞行之梦**已经成为了一种清楚的象征，一种最常见的解释性概念——它象征着感官享乐的欲望。借由这种解释方法，那些天真的秘密似乎立刻被打上了烙印：它似乎是一种不会被弄错的迹象。飞行之梦简单而醒目，关于它的坦白看起来纯洁无瑕，不需要接受任何审察。因此在关于梦的分析中，"飞行之梦"经常是首要的破译语词之一，它能够帮助我们迅速地廓清整个梦中的情景。①

这种一劳永逸地给予某个象征以明确含义的方法，使得许多问题都被忽略了，尤其是想象的问题。想象力被视作是一种持续的情感活动中的空无。至少在两个方面，我们可以说经典精神分析没有保持其应有的好奇心：一是其并没有考虑飞行之梦的**美学**特征；二是没有考虑到塑造并破坏这种基本的梦想的**理性化**力量。

事实上我认为，精神分析带来的**梦中的享乐**是通过让梦想者**飞行**的方式来实现的。沉重、混乱而模糊的印象是如何吸纳关于飞行的**优雅**形象的呢？在它单调的本质背后是否有某种风景化的存在，能否带来关于羽翼之旅的无尽叙述呢？

要具体回答这两个问题，需要在两个方面进行研究：一是关于爱的美学，二是关于想象之旅中的理性化。

第一个问题事实上带给了我们一个关于优雅美学的新视角。这种美学并不是通过视觉描述而实现的。柏格森主义者清楚，任何一条优雅的曲线轨迹都必须包含某种令人愉快的内在活动。因此，所有优雅的线条都会展现出某种**线条的催眠术**——它通过给予线以连续性来指引我们的梦境。但除了这种模仿性的直观之外，还有一种冲力在驱使着我们。对于那些沉思优雅线条的人来说，动态的想象力提供了一种不同寻常的替代方式：正是你——梦想者，才是不断变化的优雅。让你自己感受到**优雅的力量**吧。意识到自己作为保存优雅的存在，有潜力进入飞行。你要明白，你的意志如同新生的蕨类植物的叶子一般，伸展开那些缠绕的螺旋。你的优雅伴随着什

---

① 当然，在精神分析的实践中有许多细微差别，使得符号化更加复杂。因此，关于阶梯的梦总是如此接近关于飞行的梦。勒内·阿伦迪（René Allendy）这样说："男人上楼（主动性），而女人下楼（被动性）。"（*Rêves expliqués*, p. 176）他在其他地方还指出存在着大量的反例，这使得这个简单的梦更加多样化。

么？是为了什么？或是反对什么？你的飞行是一场解脱，还是一场劫持？是出自你的能力，还是你的天性？在飞行中的享乐是美好的。飞行之梦是诱惑者之梦，在这一主题之下，爱及其形象不断积累；通过研究它，我们可以看到爱是如何**生产**形象的。

为了解决第二个问题，我们应该关注飞行之梦是否容易被理性化。在梦想的时刻，梦想者的知性也在不知疲倦地评价这场飞行，通过冗长的话语来解释它。在梦中，飞行者宣传自己是飞行的创造者，因此，他在灵魂深处形成了自身能够飞行的清晰意识。这有助于我们研究梦想中的逻辑和客观形象。当我们追随一个像飞行之梦那样明确的梦想时，我们会意识到梦想可以在理念中获得连续性，也可以在情感上执着于某种激情。

从现在起，虽然我们还没有给出足够证明，但应该也感受到了当精神分析宣称梦中的飞行具有享乐特征时，它并没有说出所有东西。和所有心理学象征一样，梦中的飞行需要多方面的阐释——包括激情的、美学的和理性客观的阐释。

当然，从机体角度作出的解释还无法说明关于飞行之梦的所有心理学细节。像圣提弗斯（P. Saintyves）这样博学的民俗学家作出的解释可能会让我们惊讶：在他看来，坠落的梦想与"典型的肠道收缩"有关，这可以表现为清醒日常中的"从梯子上跌落"。[1] 然而他也写道："在我的青年时期，当我从这类（想象的飞行）梦境中醒来，我几乎总是感觉到一种与呼吸有关的幸福感。"这种幸福要求进行一种心理学分析——我们必须最终抵达一种想象的**直接心理学**。

此外，通过研究飞行之梦，我们也能获得更多证据，以此说明想象心理学无法通过**静态的形式**获得，而必须基于对形式的破坏，并重视关于变形的动态准则。空气心理学是在四种关于质料想象力的心理学中"原子化"（atomique）程度最低的；它在本质上是**纯矢**

---

[1]　P. Saintyves, *En marge de la légende dorée*, Paris, 1930, p. 93.

量的（victorielle）。从根本上说，所有空气形象都是一个**未来**，拥有一个飞行的矢量。

如果有一种梦想能够表明精神的矢量性质，那一定是**飞行之梦**。其原因与其说是基于被想象的运动，不如说是其基于内在的实体属性。事实上，通过它的**实体**，飞行之梦归属于一种轻与重的辩证法。由这一事实出发，飞行之梦可以被分为两种类型：轻盈的飞行与沉重的飞行。围绕这两种类型汇聚了欢乐与悲伤、轻松与疲惫、主动与被动、希望与悔恨、善与恶等各种辩证法。这些发生在飞行之旅期间的多样活动将能够在这两种情况下寻找到联结的准则。一旦我们关注到质料想象力和动态想象力，关于实体和生成的心灵法则就将呈现出较之于形式法则的优越性：在看似同质的飞行之梦中，上升的心灵与倦怠的心灵截然不同。当我们研究它们的种类时，将会回到梦中的飞行最基本的二元性。

在开始这项研究之前，我们应该认识到这一点：关于飞行的特定梦境体验能够在我们的意识生活中留下深刻的印象——这在梦想与诗歌中都很常见。在清醒梦（rêverie éveillée）的情形下，飞行之梦似乎完全独立于视觉形象。所有关于飞行存在的形象都掩盖了精神分析所维持的一种统一的符号化。事实上我们应该相信，在某些关于飞行的梦境和诗歌中掩藏着一种隐秘的感官愉悦。轻与重所产生的动态印象则更走得更远：它会在一个人的身上留下比一时的欲望更难以磨灭的印记。更进一步说，我希望提出一种上升心理学，它比精神分析更适合用来检验梦想的连续性。我们在梦想中的存在是统一的——即使在白天，它也携带着夜晚的体验。

上升的心理学也应该建构一种完整的关于飞行的元诗学（métapoétique），这一元诗学为飞行之梦提供了美学价值。在诗人之间可能存在着彼此借鉴和模仿，一座现存的隐喻宝库可能到处被使用——而且往往被拆解得七零八落。但我们将会清楚地看到，系统地参照夜晚的体验能帮助我们有效地区分表面与深层形象，也使我们能够确定是哪一个形象真正提供了动态的益处。

最后，这项工作中还存在一个困难，即与飞行之梦相关的文献数量很少。然而这种梦本身实际上相当频繁常见，并且总是非常清晰。赫伯特·斯宾塞（Herbert Spencer）提到："在一小群人中，总会有几个人作证说他们曾经有过飞下楼梯的生动梦境，并对这种体验到的现实印象深刻，为此真的去尝试过。其中一人甚至因此而伤了脚跟。"[1]飞行之梦比我们想象的更广为人知。这种体验是如此轻易地留下了我们能够飞行的记忆，甚至让我们好奇为什么在白天无法实现它。布里亚-萨瓦兰（Brillat-Savarin）表明了他对飞行现实的信念：[2]

有一天晚上，我梦到自己发现了一种能使自己从重量中解放出来的秘密，我的身体变得不再关注向上或向下，我能够按照意愿同时维持两者的平衡。这种状态让我感到欣喜：或许还有很多人和我一样有类似的梦境；但是让这个梦境变得特殊的是，我记得自己当时非常清醒地（至少在我看来是如此）向自己解释了获得这个结果的方法，这些方法看起来是如此简单，以至于我惊讶于它们没有被更早地发现。

当我醒来，就完全记不清这些解释了，但是最后的结论依旧留了下来；从那时开始，我就完全相信不久之后，有一些更有天赋的人能够探索它。为了做好准备，我预计着它的到来。

约瑟夫·德迈斯特（Joseph de Maistre）也表现出了同样的确信：[3]

---

[1] Spencer, *Principles of Sociology*, 3ᵉ éd., vol.I, p. 773.
[2] Brillat-Savarin, *Physiologie du goût*, éd. 1867, p. 215.
[3] Joseph de Maistre, *Les Soirées de Saint-Pétersbourg*, éd. 1836, t. II, p. 240.

　　年轻人，尤其是那些勤奋的年轻人——他们之中的某些人甚至拥有逃脱特定危险的运气，都很容易做梦。当他们入睡之后，便升入空中并能够按照自己的意志活动；一个非常智慧的人……曾经告诉我说，当他年轻的时候经常做一个梦，在梦中他开始怀疑重量对于人而言并非自然的。就我个人而言，我可以向你们保证，这种幻觉是如此强烈，以至于我在醒来一段时间后都难以从中脱身。

　　某些关于滑翔般的行走或连续攀登的梦也可以被视作是梦中的飞行。在我看来，丹尼斯·索拉（Denis Saurat）所讲述的一次梦境体验就是这种状况：①

　　　　一座既不陡峭，也没有覆满峻石的山，但我们就是缓慢地爬了很长时间……一种漫长但有规律、稳定的移动——没有身体上的不适，相反，有一种力量感与喜悦……先是稀疏的草地，然后是雪地，接着是裸露的岩石，但最重要的是，风变得越来越强。我们边走边抵抗着大风；在我们又将开始一段主要的上坡路之前，现在我们正处在一个平缓的下降阶段；我们并没有失望，因为我们已经知道这一点了。

　　我略去了一些看起来多余的注释。但是在这四页的描述中有一种动态的统一性，读者可以在其中察觉到一种极度的简洁性和对梦中飞行的信赖。然而最常见的情况是，人们常常忽略这些描述，仅仅将之视作一种更复杂的梦。由于总是试图用理性的方式来解释这些事物，梦中的飞行被视作一种实现某个目标的手段。人们并没有看到，它是一场"自身之旅"（voyage en soi），一种最现实的"想象

---

　　① Denis Saurat, *La fin de la Peur*, p. 82.

之旅"；它涉及我们的心灵实体，飞行之梦在其生成过程中留下了深刻的印记。另一方面，关于梦中飞行的心理学文献也可能陷入无关的细节。因此。研究动态生命的心理学家必须进行一项特殊的精神分析工作，以抵制那些过度清晰的理性或过于风景化的形象。

通过检视一些文本，我将尽力去理解它们背后的动态根源，并进一步更明确飞行之梦中深刻而根本的生命。

在本书中，我将采取一种心理学视角，并研究对夜间体验所作的一些心理学阐释。在《梦的世界》（*Le Monde des rêve*）中，哈夫洛克·霭理士（Havelock Ellis）试图用"梦中的飞翔"这一个章节来阐释这种体验。他尤其对产生这种体验的心理学条件感兴趣。他谈到"呼吸肌节奏性伸缩的客观化，也许是在梦中心肌的收缩和舒张受到某些轻微且未知的生理压迫的影响。"然而，在霭理士的讨论中并没有考虑到这一事实——关于飞行的梦总是愉悦的，并且常常具有心理学上的益处。而且它也并不能解释为什么想象中出现的形象总是非常具体的。因此，我会将工作限定在形象的心理学问题上。

二

为了提出关于飞行之梦的心理学问题，我将从夏尔·诺迪埃（Charles Nodier）的一段话开始。在诺迪埃向科学院提交的一篇论文中，他讲道，如果他能变得"足够有名或富有，或是拥有了举足轻重的地位"，就会公开质问：

> 为什么一个从来没有梦见过自己像其他飞行的生物一样能够用羽翼划过空气的人，会经常梦见自己像高空气球一样上升并悬浮呢？而且，既然这种梦境在所有关于梦的古老文献中都被提及，如果这种预测能力并不意味着他有机体功能的进

步，那么为什么他在高空气球被发明很久以前就已经做了这个梦呢？

让我们首先去除对这个材料的所有理性化追溯。为了实现这一点，我们可以先找到其中起作用的理性化要素，并看看理性是如何作用于梦想的。换句话说，既然我们所有的官能都能够受梦想影响，那么我们将去检验**理性是如何梦想**的。

在 19 世纪初期——诺迪埃写作的时代，高空气球扮演着和 20 世纪的飞机相同的**解释性**角色。多亏了高空气球和飞机，人类的飞行不再是痴人说梦。为了确证我们的梦想，这些飞行的手段也在不断增加；即便这些飞行之梦不一定**有效**，但至少**叙述**它们的数量增加了。我们应该记得，逻辑往往喜欢利用梦来进行准备，在这个意义上，思想者喜欢将他们的梦描述为"理性的"期望。由此来看，诺迪埃的文章《人的再生与复活》(De la palingénésie humaine et de la résurrection）是非常有趣的。他的中心论点是：既然人在真实的夜晚梦境中体验了飞行，并且能够经过长期的客观研究，成功地试验出某种高空气球，那么哲学家也应该能够找到一种将个人的梦境与客观试验联系到一起的方式。为了创造这种关联，或者说梦想这种关联，诺迪埃假设一种"新生的存在"将**继续**使人类完善，让我们拥有飞行的能力。如果说这个预言在我们今天看来有点奇怪，那是因为我们并没有体验到高空气球的新颖性。高空气球这种简陋的"球形"对于我们而言只是一种过时的、无生命的旧事物，一个已经完全被理性化了的概念而已，因此对于今天而言，它并不具有太大的梦想价值。但是，为了理解诺迪埃的心理，我们应该回到热气球的时代。我们能够很快意识到，除去诺迪埃著述中常出现的文学效果，在这些形象背后有一种真正的想象力，一种天真地跟随着其形象之动态的想象力。这是一个高空气球般的人，一个新生的人：他将有着宽阔、坚实且增大了的躯干，"空中飞船的外壳"。他将"按照意愿在广大的肺部创造一种真空，并敲击脚下的土地，按照不断进步的机体在梦想中教导人们的那样"去飞行。

有一种在我们看来非常人为的理性化过程，实际上非常适合用于展示梦境体验和现实体验的互通。在一个人转向清醒状态之后，就习惯于用日常生活中的概念来将梦想理性化：他对梦的形象有一个模糊的记忆，并且通过清醒生活中的语言表达扭曲了它们。他没有意识到我们能够通过梦境自身纯粹的形式彻底进入到质料想象力与动态想象力之中，并从与之相反的形式想象力中解脱出来。最深刻的梦在本质上是一种视觉与语词的**休憩**（repos）现象。失眠有两种主要类型：视觉的和语词的。夜晚与寂静是梦想的两位守卫者；为了入睡，我们必须停止言说与观看。我们必须将自身交付给一种元素的生命，也即我们自身独特的元素想象力。这种**元素**的生命避免了构成语言的风景化印象之间的交换。寂静和夜晚是两个绝对物，即便是在最深沉的睡眠中，我们也无法完全抵达它们。但至少我们能够感觉到梦境的生活越是纯粹，就越能够将我们从形式的暴政中解放出来，并将我们引向实体和我们自身的元素性生命。

基于这些条件，每一种多余的形式——无论它看起来有多么自然，都有可能使梦境的现实模糊化，并导致我们深处的梦境生命出现偏差。因此，为了像进入飞行之梦一样清晰地进入梦境现实的本质，我们应该避免引入视觉形象。我们必须尽可能接近那些本质性的体验。

如果我对于质料想象力相对于形式想象力的**等级**角色的看法是合理的，那么就有如下悖论性的结论：相对于深层次的动态体验，也即飞行之梦，**羽翼已经是一种理性化**。准确地说，诺迪埃在他作品的开头——在他开始从事一种梦幻的理性化活动之前，就已经指出了这个伟大的真理——**梦中的飞行从不曾是一种有翼的飞行**。

从这一点出发，我们可以假设，当羽翼出现在飞行之梦的描述中时，**有理由怀疑这种描述已经被理性化了**。几乎可以肯定这种描述受到了污染——要么来自清醒状态下的思想，要么来自书本的启示。

自然界中的羽翼和这种情况无关。客观的羽翼的**自然性**并不改变羽翼不是飞行之梦的自然组成部分这一事实。总而言之，对于梦中的飞行而言，羽翼代表了一种古老的理性化。正是这种理性化形成了**伊卡洛斯（Icare）的形象**。换言之，伊卡洛斯形象在古典诗学中的角色、高空气球这种"灵气的骨架"在诺迪埃诗歌中的角色，和飞机在邓南遮（Gabriel d'Annunzio）的诗学中所扮演的角色相同。诗人并不总是能够忠实于他们最初的灵感。他们也可能摒弃了深层而纯粹的生命，还没有认真读懂就急于翻译那些原初的语词。由于古人并没有一种绝对的理性现实——也即一种依靠理性建构的现实，就像气球或飞机一样——并用它来解读那些飞行之梦，因此不得不回到自然现实中。他们由此创造了某种按照鸟类的方式来飞行的人的形象。

因此，我将提出这样一个原则：在梦想的世界中，我们并不是因为拥有羽翼才能够飞行；相反，正是由于已经飞行过，我们才认为自己拥有羽翼。羽翼是一个结果。梦中的飞行法则更为深刻，动态的空气想象力必须重新探索这一法则。

三

现在，让我们拒绝承认任何理性化，以这样一种精神回到最根本的梦中的飞行体验里，并以尽可能纯粹动态的描述方式来考虑它。

在本书中我会借助诺迪埃的清晰论述——在关于水的想象力的研究中我也使用过这份材料。[1] 我们将会看到，这种感觉是如此清晰，

---

[1] Charles Nodier, *Rêveries*, p. 165.

以至于做梦者在醒来之后也想要去尝试体验它。

> 在我们这个时代最智慧且深刻的一位哲学家告诉我……在他年轻的时候[1]，他连续好几个夜晚都做了同一个梦，梦中的他拥有一种神奇的能力，能够让自己在空中站立并且移动。之后，每当他穿过一条溪流或沟谷时，都忍不住想要尝试一下这种感觉。

蔼理士告诉我们："杰出的法国画家拉法埃利（Raffaeli）梦见自己漂浮在空中。这种体验是如此真实，以至于他醒来时从床上跳下来并渴望重复这场体验。"[2] 其次，有一些非常明显的例子能够说明在夜晚的生活中形成的信念同样在白天的生活中得到了证实——在其中无意识的情况与梦境具有惊人的同质性。对于某些沉醉在梦中的灵魂而言，白天是为了解释夜晚而存在的。

对这类人的审视有助于帮助我们理解想象力的动态心理学。为了给想象力的心理学提供一种根基，我倡议从一种系统的梦境探究开始，揭示出其中真正的元素与运动——两者都先于形象的形式。因此，需要读者们尝试结合自己的夜晚体验，以纯粹动态的方式去探索梦中的飞行。任何一个曾经有过这种体验的人都会承认，这种占主导地位的梦境印象是一种最真实的本质轻盈——它是整全存在的轻盈，一种在自身之中、做梦者意识不到其原因的轻盈。做梦者经常讶异于自己好像被赋予了某种天赋，只需要一点轻盈的**驱力**，就能够激活这弥漫在他整个存在中的轻盈。这很容易，也很纯粹：在地面上**脚跟的轻微敲击**给我们一种释放感。这种部分运动似乎释放出了我们内在的流动性力量——我们从未知道它的存在，但梦境

---

① 见米什莱："在他的青春年华时……在他年轻的梦中……一个人是何等幸运，能够遗忘他被束缚在土地上。他起飞了，他在翱翔。"（Michelet, *L'oiseau*, p. 26.）

② Havelock Ellis, *Le monde des rêves*, trad., p. 165.

揭示了它。

在梦中的飞行期间，如果我们回到了土地，会有一种新的驱力将我们立即带回到空气的自由中。我们并不感觉紧张，因为我们知道有一种力在体内，并且我们知道如何释放它。重返土地并不是坠落，因为我们确信自己的**灵活性**（élasticité）。每个曾在梦中飞行的梦想者都拥有对这种灵活性的认识，他们也知道那种**纯粹跳跃**的感觉——没有目的性，没有目标的感觉。当回到土地上时，梦想者——这位**新的安泰**（Antée），感到充满了轻松、肯定和兴奋的力量。但并不是土地真正提供给了他这种冲力。如果说安泰的神话经常被阐释为大地母亲的神话，那只是因为关于土地元素的想象力非常强大且普遍。另一方面，空气想象力则缺乏这种力量与清晰性。任何研究质料和动力想象力的心理学家都应该致力于仔细分辨梦想中存在的神话学迹象。梦中的飞行似乎表明，安泰的神话是一个关于**睡梦的神话**，而非生活的神话。只有在睡梦中，脚的行动才能够将我们带给我们空气的本性，让我们重获鲜活的生命。确如诺迪埃所说，这种关于飞行"本能"的运动印迹存在于我们夜晚的生命中。可以说，这是一种**轻盈的本能**之印迹，是生命最深刻的本能之一。本文试图从大量材料中寻找与之相关的现象。我们相信，在最为简单的形式之下，飞行之梦是一种关于本能生命的梦。这也解释了为什么两者很难区分开来。

在这些条件之下，在重忆夜晚的空气之旅时，如果我们想要将理性化降到最低限度，那么该如何处理羽翼呢？在我们关于夜晚的内在体验中，并不需要安置在脚跟上的羽翼。在梦中，梦想者并不需要扇动羽翼，除非是在个别受污染的想象中。这种扇动羽翼的梦只不过是一种关于坠落的梦。我们通过活动自己的手臂来与眩晕（vertige）抗争，这种动态催生了肩上的羽翼。但是梦中的自然飞行——即我们夜晚活动中的主动飞行，并不是一种节奏化的飞行，它有着一种连续性和冲力的历史，是一种**动态化瞬间**的快速创造。

因此，对于羽翼的形象来说，与原初的动态体验相对应的理性化就是**脚跟上的羽翼**——是墨丘利这位夜间旅者的副翼。

相应地，墨丘利（Mercure）的副翼也不过是动态化了的脚跟。

我们可以肯定地将这些羽翼视作梦的真实性的符号（signe），它们在动态的意义上象征着空气的梦想，并且不具备现实的视觉含义。如果一位诗人知晓如何用这些羽翼来表明他的形象，我们就可以比较确定地说，他的诗与一种**实际的动态形象**之间存在关联。而且在这些形象中并不难看见某种特殊的连贯性——它不属于那些借助幻想而集合在一起的形象，而是属于一种最广阔的诗歌现实——**梦中的现实**，它们产生了自然之梦。为此，脚跟上的羽翼在世界各地的神话传说中都可以找到就不足为奇了。朱尔·迪昂（Jules Duhem）在他关于飞行史的论文中指出，在西藏，"一些佛教徒借助一种叫作'轻足'的鞋子在空中穿行"；他还提到在欧洲和亚洲的民间文学中，关于飞行鞋的故事是如此常见，例如千里靴就起源于此。[①]作家会本能地将飞行与这类神话联系起来，例如文学家福楼拜（Flaubert）在《圣安东的诱惑》（*La tentation de saint Antoine*）中写道："在这里，墨丘利神带着他防雨的佩塔索斯帽和为了旅行的靴子。"但在这里我们可以注意到，过于轻松的语调不利于把握形象的梦幻性。在该书的其他段落中，我们能更忠实地感受到这种梦幻——这种飞行的力量驻足在梦想者的脚上。因此，为了避免过于冗长的解释，我在研究中会简单地将脚跟上的羽翼视作一种**梦中的羽翼**。

脚跟上的羽翼所具有的显著的梦境性似乎并没有引起古典考古学的注意。雷纳克（Salomon Reinach）将它们简要地归结为某种理

---

　　① 一位将自己从冗长的过渡中解放出来的超现实主义者写道："穿着千里靴行走……踏上征服世界的旅程。"（Léo Malet, «Vie et survie du vampire», *Cahiers de poésie. Le surréalisme encore et toujours*, août 1943, p. 17.）传统的文论批评更关注骑兵靴，而看不起这些"透明的靴子"。事实上他们忽略了一种基本的动态想象力：所有穿越空气的事物在动态和实体的意义上都是飞行的。

性主义的要素："古希腊时期的理性主义总是在重申它的权利……尽管赫尔墨斯是一位神灵，但正如维吉尔所说的，他在起飞之前仍要先将羽翼系在脚跟上（*primum pedibus talaria nectit Aurea*）。"① 维吉尔的这一评论并不能取代关于梦境的考古学，它将考察潜藏的轻盈感。

当然，和所有的形象一样，梦中的羽翼也可以作为某种拼凑的部分，被人为地添加到各种类型的梦境描述中。在诗歌中，它们或许来自对某种书面化形象的摹仿，也可能是某个多余的比喻，某种简单的修辞手法。它们是如此缺乏生机，毫无用处，以至于当心理学家想要思考动态想象的予料时，总能轻易地辨认它们。他总是能够认出被动态化的脚跟——以一种对真诚的无意识——种对梦境的无意识的虔信，悄悄潜入那些无意识的形式中。因此，在《失乐园》中，弥尔顿提到有着六翼的天使："第三对护在双脚上，从后跟起，都是天上染就红霞色的羽甲"②，对于想象的飞行而言，更大的羽翼似乎也不够，天使还需要梦中的羽翼。

反过来，我们对梦中羽翼的研究也使我们能够对某些文献中的纯洁性提出质疑。在有些案例中，缺乏对梦中羽翼的批判。

正如阿尔贝·贝甘（Albert Béguin）所指出的，让-保罗（Jean-Paul）的"个别梦境"看起来很像"诗歌的梦境"，在其中也有飞行之梦。通过练习创造并指引这些梦境，让-保罗试图让自己**在清晨重新入睡，**回到飞行之梦中。因此，这些梦境在严格意义上并不是夜晚的梦。他描述道：③

在这次飞行中，我时而攀登，时而通过手臂如同桨般的拍打垂直向上，对于大脑而言，这是一种真实的空气。事实上，

---

① Salomon Reinach, *Cultes, mythes et religions*, t. II, p. 60.
② 弥尔顿：《失乐园》，朱维之译，上海译文出版社 1984 年版，第 186 页。
③ 引自 Béguin, *Jean-Paul, Choix de Rêves*, p. 40.

如果不是因为在梦中手臂的快速上下让我头晕目眩，担心大脑充血的话，它将是舒适而惬意的。真实的幸福，身体与心灵的兴奋——有时我甚至直接上升到了漫天繁星的空中，向宇宙以歌致意。

当然，在我的梦中，我无所不能……我飞快地攀上齐天的高墙，以便找到一个好的角度俯瞰广阔繁茂的原野；（我对自己说）由于心灵的法则和**梦想的欲望**，想象力必须用山川与草原覆满四周的所有空间；而**每当它**这样做的时候，我就会攀到顶峰，然后欢愉地俯冲下去……

在个别的梦，或者说**半梦半醒**中时，我总是想到自己关于梦的理论……除了这些美丽的风景之外，我总是在其中寻找（但往往以飞行的方式，这尤其被解读为某种个别的梦）那些美好的图像，并试图抓住它们……唉！我总是花了太长的飞行时间来追寻它们……有一次我对显现在我面前的图像说："我将要醒来，而你们将要消失"；还有一次我甚至站在镜前，不安地说道："我想看看当我闭上眼之后自己是怎样的。"

不难看出，这些文本是**沉重的**：在其中，手臂的拍打和桨的并置并没有构成飞行之梦的动态统一性。在一个我们可以将两种形式联结起来的梦想中，我们就不能够联结两种力；动态想象力具有另一种奇特的统一性。对"大脑充血"的担心和"对大脑而言真实的空气，舒适而惬意"，这两者肯定不存在于同一种夜间体验中。此外，对于梦想者而言，"大脑"并不存在。另一方面，关于梦的目的论是一种为了**梦的书写**而进行的建构。在梦中，没有人是为了到达天空而飞行；我们**上升**到天空，是因为我们在飞行。最后，飞行的情况与上升的手段是如此多样。**梦中的羽翼**会被这种沉重所掩盖。我们将给出一个反例，在其中，只存在真正的梦中的羽翼。

四

接下来的这个例子来自里尔克的第十一个梦 [①]——它有一种非常纯粹的动态想象力视角，因为它的整个叙述都是以一种动态的轻盈感为出发点的。

> 接着出现了一条街道。我们沿着它一起往下走，一步接一步，逐渐靠近彼此。她的手臂缠绕在我的肩上。
>
> 在这个空旷的清晨，街道是如此宽阔；这条下坡的林荫道，倾斜的角度正好足以减轻一个孩子步伐的重量。她行走着，就像是脚上有着小小的羽翼。
>
> 我想起……

可见，这是一段记忆，一段多么愉快的记忆！它关乎沉睡的形式，但是在其中有着一种坚不可摧的、确定的幸福。在这里，我们难道没有一种关于飞行状态的无时间性的记忆吗？——在这种状态中，所有事物都丧失了重量，我们自身的质料是一种内生的轻盈。我们感觉所有的事物都在使我们抬起，升高，即便是当我们在下降的时候——"正好足以减轻一个孩子步伐的重量"。这种年轻的轻盈感难道不表明了一种自信的力量吗？它使我们脱离土地，让我们相信自己可以**直接**通过一种难以言喻的幸福感，和风、和呼吸一起，**自然地**上升到空中。如果你在动态的梦中发现了这种小小的斜坡，这种只有一点下行、肉眼甚至难以察觉其坡度的街道，那么它会促使你的脚跟长出羽翼——那些在脚上的小小羽翼；它将有着轻盈灵

---

① Rainer Maria Rilke, *Fragments en prose*, trad., p. 191.

巧的力量，使你能够充满活力地飞行。通过一个非常简单的运动，你就能从下降转变为上升，从行走转变为飞跃。你将会体验到"尼采审美的第一准则"——"美好的东西是轻松的，一切的神圣迈着轻盈的步子走来"。①

　　通过追随梦中这一**缓和的斜坡**，我们体验到了一种通过梦想来获得休憩的方式。为了治愈疲惫的心灵，曾经有一种被称作**行走疗愈**（cure des terrains）的医学技术，它试图通过制定一系列渐进的散步计划来恢复被扰乱的周期系统的节律（Eurythmie）。到了晚上，当无意识终于主导了作为统一体的我们时，它也引导我们走向一种**想象的行走疗愈**。我们的心，带着白天的重负，在被夜晚梦中飞行的愉快与轻松所治愈。当一种轻盈的节奏被添加到这种飞行之中时，它是一种平静的心之节奏。难道我们不是在内心深处也感受到了一种飞行的**幸福**（bonheur）吗？在里尔克为阿尔贝-拉萨赫（Lou Albert-Lasard）夫人所写的诗歌中，他写道：

　　　　通过我们的心，我们保持开放，
　　　　一位神灵经过，羽翼长在他足上。

　　是否有必要强调这样一个事实：如果没有一种我们之前所说的空气的参与，就不可能真正体验到诗中所描述的这些事物？墨丘利的羽翼是人类飞行的羽翼，它们是我们的一部分，以至于我们可以说它们对于我们而言同时意味着飞行与天空。在飞行中，我们似乎处于宇宙的中心，或者说宇宙在这一过程中变成了我们的存在深处的现实。从阿尔贝-拉萨赫夫人的画册借用的一首诗中，我们能够更清晰地体会到这种奇妙的飞行：

————————
　　① 尼采：《瓦格纳事件 / 尼采反瓦格纳》，卫茂平译，华东师范大学出版社 2007 年版，第 17—18 页。

看，我知道，他们就在那里，

从未像常人一样学习如何行走，

但上升到突然展现在面前的天空，

对他们而言只是开始。飞行……

不要问

他们还能感受多久；

还能看见他们多久。

因为不可见、不可述的天空

存在于内心的风景之上。

　　对于一个如里尔克这般真诚的灵魂而言，这些梦中的事件虽然罕见，但却是从生活中获得的质料；它们扎根于我们的存在所拥有的漫长、动态的过去之中。梦中飞行的目标难道不是教导我们去克服对坠落的恐惧吗？那种幸福难道不正标志着我们第一次尝试克服这种基本恐惧的成功吗？它们给那些里尔克式的灵魂给予了多少罕见而稀少的慰藉啊！对于一个忍受着针落在地上、落叶坠落的可怕声音的人而言，万物的坠落是一首命运的交响曲——在梦中迎来脚上的小小羽翼，这难道不是一个温柔的惊喜吗？通过在梦境中体验坠落和飞行的频繁联系，我们可以看到恐惧是如何变成欢乐的——这正是一种**里尔克式的转向**（virement rilkéen）。在对第十一个梦的优美描述中，我们可以清楚地看到这一点：

　　　　难道你不知道欢乐实际上是一种我们未曾害怕过的恐惧吗？人们从恐惧的一端到另一端，这正是一种欢乐。一种比起初知道得更多的恐惧，一种我们所相信的恐惧。

梦中的飞行因而是一种缓慢的坠落，你可以轻松地站起来，不受到任何伤害；它是坠落与上升的综合。只有一种完全综合的灵魂——就像里尔克那样——才能在欢乐中保有欢乐本身所克服的恐惧。越是分裂、松散的灵魂，越是只能通过记忆来将那些矛盾体联结在一起，以此来体验它们的相继出现与彼此影响，体验痛苦与欢乐。但这已经是梦想所带来的一种光明，它向我们表明，恐惧能够催生幸福。如果有一种最初的恐惧是对于坠落的恐惧——正如我们稍后将看到的那样，如果人类在身心上最为重要的责任之一就是对**垂直性**的责任，那么这样一种梦想是多么振奋人心、奇妙动人啊——它让我们挺立，为我们的笔直性赋予活力，让我们从头到脚伸展，使我们摆脱重量，第一次拥有空气的体验。它知晓如何连接夜晚的生命与诗歌的遐想，这在灵魂中留下了多么美妙的记忆！精神分析家会重申道，飞行之梦是一种享乐的符号，我们对它的追求，正如让-保罗所说，是"为了抓住美的图像"。如果我们必须通过爱来释放让人窒息的焦虑，那么的确，飞行之梦可以在夜间安抚那些不幸的爱，用夜晚的幸福填充那些不可能的爱。但是，飞行之梦的功能并非如此间接：它是一种属于夜晚的现实，一种具有自主性的夜间现实。从夜晚的实在论出发，在飞行梦境中得到满足的白天的爱仅仅被视作一种上升的个例。对于某些拥有强大的夜晚生命的灵魂而言，爱即飞行；梦中的悬浮是一种更为深刻、本质的心灵现实，它比爱本身更为纯粹。这种变得轻盈、被释放、在夜晚获得广阔自由的需求，似乎是作为一种心灵的命运而存在的，它发挥着与正常的夜晚生命——休憩之夜相同的功能。

五

研究睡眠的教学家应该关注这种梦中飞行的夜晚体验。但是，他们只是想教我们如何睡得好吗？赫胥黎（Aldous Huxley）式的关于催眠的看法[1]就一定超过了盎格鲁-撒克逊人幻想般的预言解释吗？依照我的个人经验，为了更好地入睡，应该找到无意识的基本元素。更准确地说，我们应该在自身的元素之中入睡。好的睡眠是那些被抚慰、被孕育的睡眠，想象力清楚地知道，我们是被某些事物所抚慰与孕育，而非某人。在睡梦中，我们是一种宇宙（Cosmos）的存在；我们被水所抚慰，被空气所孕育——通过我们所呼吸的空气，通过跟随呼吸的节奏。这是童年的睡眠，或者至少说是一种年轻时平静的睡眠；在其中，夜晚的生命经常听见旅行之邀的声音，邀请它进行一场无限之旅。在《太阳帝国及其国度的喜剧史》（*Histoire comique des États et Empires du Soleil*）的序言中，伯杰拉克（Cyrano de Bergerac）写道："在我的青春年华，睡眠似乎让我变得轻盈，我上升至云霄……"他使用了主动的心理体验作为小说的基础，在这一点上他做得很恰当——因为在我们充满梦想的青春中，那些夜晚的飞行不正是一种主动体验吗？在研究了笛卡尔的机械论之后，伯杰拉克又给到达太阳和月亮帝国的旅行者添上了机械论的色彩，它们也是机械的生命。这就是为什么伯杰拉克的作品虽然让我们得到了乐趣，但却并不能触动我们——它们属于幻想的范畴，过快地丢掉了想象力的伟大家园。

事实上，真正的催眠应该能帮助我们外化梦中飞行的力量。与那些必须采用羽翼、齿轮和撬杆的事物相比，或许那些实体性的直观，甚至更质朴的饮食上的直观，能够给予我们更强大的质料性形象。当看到蒲公英或蓟花带着冠毛的种子在夏日的天空下飞行时，谁不曾发现自己正在梦想呢？迪昂告诉我们，在秘鲁，那些想要飞行的人会吃下一种"漂浮在风中的轻盈的种子"；同样地，约瑟夫·德迈斯特指出，"在净化仪式期间，埃及的祭司们只吃飞行动物的肉，因为鸟类是所有动物中最轻的"。[2] 一位阿拉伯的博物学家认

---

[1] Aldous Huxley, *Le meilleur des mondes*, trad., p. 30.
[2] Joseph de Maistre, *Les Soirées de Saint-Pétersbourg*, éd. 1836, t. II, p. 238.

为，鸟类被制造为某种轻盈的动物："神通过除去一些部分来减轻它们身体的重量……例如牙齿、耳朵、心室、血管和背部的脊柱。"[1] 为了飞行，我们在根本上需要的不是羽翼，而是某种带有羽翼的实体，或者说是羽翼的滋养。吸收某种**轻的**质料，这和意识到某种本质的**轻盈**是同一个梦，唯物论者和观念论者都曾表达过这种观点。此外，有趣的是，在对约瑟夫·德迈斯特著作的评注中，我们可以读到："需要注意的是，这一表达有必要考虑到**清淡肉类**（viande légère）[2]的通俗含义。"评注者似乎努力尝试为这种有着明显的想象力价值的设定找到一种质料上的意义——这是一个没有认识到心理学现实的理性化的例子。

在高空表演者（icariens）的故事中，我们也能找到大量的例子，一些唯物论者相信自己是通过羽毛的天性来参与飞行的。例如1507年，在苏格兰法庭任职的意大利人达米安神父（abbé Damian），尝试借助用羽毛制造的羽翼来实现飞行。他从一个高塔的塔尖上俯冲而下，落地时摔断了腿。他将自己的坠落归因于制作的羽翼上有几片公鸡的羽毛，这些公鸡的羽毛表现出对饲养场所在地面的"天然亲近"，如果使用的都是真正的飞行的羽毛，就能够保证他成功飞向天空。[3]

上述的例子似乎依旧有些粗糙，依照本研究的方法，我将提出一个更为文学、更为精细的例子，但它使用的是同样的形象。在《失乐园》中，弥尔顿提出了一种植物的升华，它通过长时间的发展，为变得更加空灵提供了一系列滋养：[4]

所以植物从根上生出较轻的绿茎，

---

① 引自：Boffito, *Biblioteca Aeronautica Italiana*, p. XLIX。

② 这里的 légère 在法语中既有轻的、轻盈之意，形容食物时又有清淡的、易消化的意思。因此"viande légère"用于日常语境中多指容易消化或口味清淡的肉类。——译注

③ 参见 Laufer, *The prehistory of aviation*, Chicago, 1928, p. 68。

④ 弥尔顿：《失乐园》，朱维之译，上海译文出版社 1984 年版，第 195 页。

再从绿茎上迸出更轻盈的叶子，
最后开出烂漫圆满的花朵，
放出缥缈的香气。花和果，
人类的滋养品，也逐步上升，
沿着阶梯，上升到生物，到动物，
到万物的灵长，给以生命和感觉，
想象和理解，灵魂从中接受理性……

将来会有一天，人和天使同吃，
而不觉得那些食物太轻，不习惯。
而且，你们由于那些食物的滋养，
时长日久，会使你们的五体变得
轻灵起来，终于全部化灵，
同我们一样长了翅膀，飞升天上。

维柯（Vico）曾说过："每个隐喻都是一个小型神话。"我们可以看到，一个隐喻也可以同时是物理或生物学意义上的，甚至是一种饮食计划。质料想象力的确是一种灵活的中介，它联结着文学形象与实体。通过一种**质料化**的表述，我们能够将所有生命带入诗中。

六

为了证明我对梦中飞行的这种具体解读能够为阐明某些作品提供一种普遍的主题，我将从这个角度出发对雪莱的诗歌进行检验。毫无疑问，雪莱热爱整全的自然，他比任何人都更加乐于歌颂河流与大海。他悲剧性的生命总是与水的命运密切相关，然而，对于我们而言，一种空气的印记则更为深刻，如果只能用一个形容词来定义一首诗，我们将毫不犹豫地将雪莱的诗描述为**空气的**。然而这个形容词虽然确切，但并不够。我想要证明的是，雪莱在质料和动态的意义上是一位属于空气性实体的诗人。在他的作品中，风、气息、光线、无形的存在都有一种直接的行动："风、光线、空气和花的气息，都在我的内心激起一种剧烈的情感。"① 通过考察雪莱的作品，我们能够理解某些灵魂是如何被一种温和的暴力所束缚的——它们感受到了多少难以称算的重量，又是如何使自身动态化并升华的。

我们会在雪莱的诗中发现许多直接或间接的证据，它们表明了一种关于**梦的真诚性**的印记，并在诗歌中发挥着关键作用。但为了立足于我们的讨论，首先需要说明一种看起来明显属于"梦中羽翼"的形象："你们从何而来，如此朴质，如此轻盈？因为你们脚上穿着闪电的便鞋，你们的羽翼如同思想般轻柔温和。"在这里有一种形象上的细微转变，即将羽翼与闪电的便鞋分离开来，但这种转变并没有打破形象的统一性。这种形象是一个整体，因为真正流畅且柔和的是运动本身，而不是羽翼或梦想者手上抚摸的羽毛。让我们再次重申：这种形象拒绝那些比喻的属性。它必须通过一个喜悦的灵魂，作为一种想象力运动而得到理解。我们可以说，这是一种灵魂的行动，在**从事它**的过程中，我们才对之有所理解。雪莱写道："一只羚羊，在它高速奔跑过程中的悬停驱力下，将丧失它的灵动和轻盈。"通过这种**悬停驱力**的观念，雪莱给了我们一种象形文字，它让形式想象力变得很难被破译。动态想象力给了我们一把钥匙：悬停驱力本身就是一种**梦中的飞行**，只有通过一首诗才能解释另一首诗。**悬停驱力**将它的飞行印象留在了我们内心之中，对此我们可以和里尔克的诗进行比较：

在没有行迹的道路上

---

① 引自：Louis Cazamian, *Études de psychologie littéraire*, p. 82。

我们飞行。

在我们精神中的弧线依然鲜明。

目前我们已经认识到了这种基本的印记，接下来可以进一步研究雪莱诗歌中那些更深层的资源——例如《解放了的普罗米修斯》（*Prométhée délivré*）。我们很快会意识到，这是一位**空气的普罗米修斯**：这位巨人被锁在山顶，因此他可以从空气中感受到某种生命；他朝高处伸展，**紧紧抓住**他的锁链——他的**渴望**是一种动态的完美。

或许，在关于人类的渴望，关于一种更快乐的、清晰的人类梦想中，雪莱看到了普罗米修斯的故事如何将人**提升**到了对抗命运以及神灵的位置上。在雪莱的作品中充满了社会性的诉求，但是想象的方式和运动则完全独立于这种社会激情。可以说，在《解放了的普罗米修斯》中，真正的诗歌力量并不在于任何社会象征因素；对于某些灵魂来说，想象与其说是社会的，不如说是宇宙的——在我看来，雪莱式的想象正是如此。神和半神与其说是人类——因为他们或多或少是关于人的清晰形象，不如说是在一种在鲜活宇宙的真实命运中发挥作用的**精神力**。尽管如此，我们不能就这样草率地说各种人格因此就是不同的**抽象**，因为精神上的提升力——这种卓越的普罗米修斯的力量，同时也是极度具体的。它对应着一种精神活动，雪莱很清楚并试图向读者传达这一点。

但我们首先需要注意到，《解放了的普罗米修斯》的写作是建立在"卡瑞卡拉浴场层峦起伏的废墟之上的，那里漫地鲜花……"他是在"悬停在空气中，**令人眩晕的穹顶**"前写成的。如果说**土地之人**在这里看到的是某些支撑物，空气之人则只看到"**悬停在空气中**的那些拱门"；或者更准确地说，雪莱沉思的并不是如何**构想**那些穹顶，而是那种**眩晕**。雪莱将自己的整个灵魂置于一个空气的国度——它是最高的国度。这个国度由于他的眩晕而变得戏剧化——它唤起了某种因克服的胜利而产生的愉悦。因此，人之所以拉着他的锁链，是为了知道是哪种**冲力**将使他获得自由。但是在这里我们必须注意：自由是一种主动功能——它告诉我们空气的直观比土地的直观、锁链的坚固更为优越。这种对眩晕的克服、被囚禁者努力争取自由时锁链的颤动，正是一种普罗米修斯式的动态论的意义。

在序言里，雪莱表述了普罗米修斯式形象所具备的一种心理学色彩更明显的意义："我所使用的这种形象很大程度上与人类的精神活动，或它们所表达出的外在行动相关联。这在近代诗中或许不常见，但在但丁或莎士比亚那里却十分寻常；事实上，但丁比任何诗人都更好地做到了这一点。"因此，《解放了的普罗米修斯》可以看作是对但丁的继承与发展；但丁深受垂直性的吸引，他探索了两种垂直性——天堂和地狱。对于雪莱而言，整个形象就是一种人的精神活动，它拥有一种内在的精神性原则，外部世界被视作是对其的简单映射。因此当雪莱说"诗是一种摹仿艺术"时，需要认识到它摹仿的是我们所看不见的事物——在深处的人类生命；它摹仿的是力，而不只是运动。对于我们所看见的生命、所实行的运动而言，散文就足以描述它们；而诗只用来揭露那些隐藏着的、属于精神生命的力。用叔本华的术语来说，这些诗是精神力的现象；真正属于诗的形象都涉及一种与**精神**活动有关的形态。**为了理解雪莱意义上的诗**，我们不能以仓促的方式阅读《解放了的普罗米修斯》的导言，这不是一个分析孔狄拉克（Condillac）式的"人类精神活动"的问题。诗的任务是为了促使形象轻盈化，确保人类精神以一种人性的方式在其中运作，并保证是人的形象让整个宇宙的力获得人化——由此我们获得了一种人的宇宙学。这并不是一种天真的拟人论，而是需要将人置于一种更基础、更深层的力之中。

另一方面，精神的生命中有一种主导的活动：它想要发展、提升，它本能地寻求**高度**。在雪莱看来，诗的形象意味着各种**上升的行动**；换句话说，诗歌形象是人类精神的活动，它让我们变得轻盈，抬升我们、使我们升高。它们只有一种指引的轴线——即垂直轴；

43

这些形象在本质上是空气的。如果说一种诗的形象并不能履行它轻盈化的功能，那么这首诗就是失败的；人将重新坠入奴役状态，他的锁链则使他受伤。雪莱的诗——带着一种属于天才的无意识，完全避免了这些偶然的重负；他就像用一束完美的花束，联结了所有上升的花朵。他似乎能够用精巧的手测量出所有花序的竖直力。通过阅读他的诗，我们领悟到了马松–乌塞尔（Masson-Oursel）话中的深意："精神历程的极点就像某种趋向性（tactismes）。"[1] 人们不断攀向更高处。在这一领域内，雪莱的动态形象正是在精神历程的极点上活动。

不难理解，在高度的意义上，这些极化的形象极易接受某种价值化——无论是社会的、道德的还是普罗米修斯式的。但是这种价值化却并不是被寻找到的：它们不是诗人的目标。在各种社会的隐喻产生之前，一种动态的形象就已经作为一种首要的精神价值自我呈现了出来。人之爱（l'amour des hommes）——这种让我们超越自身存在的爱，只不过是在帮助一个想要不断超越并生活于其自身之上的存在达到他的极点而已。因此，想象意志的提升容纳了各种关于人之伟大的隐喻。但是这种提升的精神实在论拥有自己的内在动力——即一种空气精神的动态实在论。

在《水与梦》中，我们已经研究了与船相关的诗歌主题，并指出这类主题蕴含有巨大的力量——因为它们反映出关于**摇篮中的幸福**的无意识记忆——在这个摇篮里，人的存在属于一种**整全**的无限幸福。对于一些梦想者来说，在海浪中保持平衡的梦之船已经悄无声息地离开了水的领域，来到了天空的范畴。只有一种关于动态想象力的理论能解释这种形象的连续性，任何形式的实在论或者清醒时的生命体验都无法替代它。水与空气的动态形象之间的连续性只不过是一种梦中的飞行——如果我们理解了这种摇篮中的幸福的深

---

[1]　Masson-Oursel, *Le fait métaphysique*, p. 49.

刻意义，感受到梦中的旅行所具有的温和，那么空气之旅就会展现为一种超越：在海浪上的旅行是如此轻松，存在者在摇篮里摇摆，与土地不同，如今摇摆他的是母性的臂膀。他体验到了一种最高形式的摇篮中的幸福——被孕育的幸福。至此我们可以说，关于空气之旅的形象都是温和的；即便混入了某种享乐，这种享乐也是柔和、弥漫且遥远的。属于空气的梦想者永远不会苦恼于一种激情，也不会被暴雨和劲风所挟卷——或者至少说，他总是感觉到处于一双守护之手下，处在庇护者的怀抱中。

雪莱就常常登上这种空气之船——他真正体验到的是**风的摇篮**。在《心之灵》（*Epipsychidion*）中，他写道："我们的船像一只信天翁，可以飞往那遥远的伊甸，那紫色的东方；我们将坐在她的双翼间，听凭日夜，风雨，晴和，不断地更替交接……"如果只看见形象的表象，就不可能将船和信天翁结合起来，也不可能看到拂晓在地平线上的光芒。但是，动态想象力拥有另一种力量：乔治·桑（George Sand），这位作家的理性主义经常阻止她梦想的步伐，在《勇气之翼》（*Les ailes de courage*）中，她让一只鸟在云层中产卵——它们是被风所孵化出来的。但是乔治·桑本人却无法体验到这种形象，无法像雪莱一样带领我们参与空气的生命与旅行之中。①

和船一样，浮岛——这种经常出现在心灵中、以水为核心的梦境，将空气的心灵转变成一种**悬停的岛**。对于雪莱来说，天选之子的国度事实上是"一座悬停在天空、空气、土地和大海之间的小岛，在一种清澈的宁静之中摇摆"。在这里我们可以看到，诗人由于想象或经历了一种宁静的摇摆，因此可以**看见**这种天上的岛屿——这种运动创造出了一种视觉；带来某种使人平静的抚慰，而这是沉思的运动所无法带来的。诗人何尝不是"在这些漂浮着空气般露珠的岛

---

① 　　它们将从由云层构成的蛋中诞生，
　　在由勿忘我编织的天空之巢中。

　　　　　　　　　　——盖冈（Pierre Guéguen），《宇宙游戏》（*Jeux cosmiques*）

上"获得休憩的呢？

在无尽的天空中，雪莱栖居的地方是一处用"白天明亮且祥和的日光"所搭建、并覆上"月光作为外观"的宫殿。如果我们想要检验那些被照亮或抬升的事物中存在着的想象之统一性，或是指出在光明与高度背后，吸引我们的是同一种事物——即"人类的精神活动"，那么我们总会回到这种半透明的（diaphane）质料上来：在飘逸的天空中，我们是如此热爱这种近乳白色的状态。在这一点上，我想要留下这样一种印象：正是光亮自身如此强烈，它环抱着做梦者。在动态想象力中，充足的光亮扮演的角色之一便是一种充盈、活动着的形式，它是不可被穿透或分割的；然而，还有一种与黑暗共生的光亮，在它的怀抱中孕育着阴影。"白天和夜晚，在远方，从塔楼和露台的高处，土地和海洋像是沉睡在彼此的臂膀中，它们梦想着海浪，花朵，云层，树木和岩石——所有那些我们在它们的微笑中读到的、被称为现实的事物。"[1] 在**浮岛**上，所有元素都是想象的：水、土、火和风通过空气的转化混合成不同的花朵。这座岛悬停在天空之中——这是一种有形的天空，而这些花朵则是属于土地之花的柏拉图式理念——它们是诗人所思考过的最为**现实的**理念。如果我们真的想要体验一种形象的空气实在论，就必须意识到，在雪莱的诗歌中存在的远不止对土地上所见之物的理念化——空气的生命是一种现实的生命；而土地的生命则是一种想象、逃逸且遥远的生命；树木和岩石是一些模糊不清、转瞬即逝且死气沉沉的对象。生命的真正国度是蓝天——世界的滋养品是那些气息与芳香。在这一点上，里尔克和雪莱不谋而合：[2]

　　　　天使的视野，树木的冠顶

---

[1]　这类质料化的观点或许可以用来解释叔本华式的直观，他认为颜色是光线与阴影按照一定比例的结合。

[2]　里尔克：《里尔克诗全集》（第四卷：法文诗全集），何家炜译，商务印书馆 2016 年版，第 35—36 页。

第一章 飞行之梦

> 或许是树根，畅饮着天空；
>
> 而土壤里，一棵山毛榉深深的树根
>
> 在天使看来仿佛无声的峰顶。
>
> ［里尔克，《果园》(*Vergers*)］

当我们像雪莱那样在高处入睡，在空气的气息中入眠时，无尽的群山与海面将穿行过属于土地与海洋的睡梦。在昼夜流转的万花筒中，土地与海洋共同摇摆在广阔无垠的天空之下，在同一种幸福中入眠。雪莱的诗是一种关于"**摇篮中的广阔**"的诗——这是一个宇宙的摇篮，在这里梦不曾停止过翱翔。此外，正如我们之前在关于水的质料想象力研究中指出的，我们还能看见梦想者的印象是如何**被提升到宇宙层面**的。

有些人可能会指责我使用了一种过于简单的夸大，而没有给出真正充分的理由。但是如果我们停止这种夸大和扩张，梦想的心理学中就始终缺乏某些事物——一种无法改变世界维度的梦想还是真正的梦想吗？一种无法**扩展**领域的梦想能被称为诗歌的梦想吗？空气的诗人**扩展**了世界的各种界限，正如路易·卡扎米安（Louis Cazamian）在对《风瑟》(*La Harpe éolienne*)的评论中所言，雪莱的"整个存在都随着千万种感官的律动而震颤，自然将这些律动送往他的方向，并制造出宇宙的琴弦，这种'理念的微风'是所有生灵与万物之神的灵魂所共有的"。[1]

因此，或许没有任何一部诗作能像雪莱的那样辽远，宽广；或者更准确地说，雪莱的诗是一个空间——一个垂直的动态空间，它扩展并增强了高度意义上的所有存在。我们必然参与一种攀登，一种上升；我们总是听见一种邀请的低语："时日已至，你需要和我一同翱翔。"在雪莱的诗中，所有事物都有一种离开地面、朝向天空的

---

[1]　Louis Cazamien, *Études de psychologie littéraire*, p. 53.

持续倾向；当我们理解了在真正属于**元素**驱力的瞬间想象力中相应的动态类型时，那些对形式想象力而言无法理解的形象看起来也拥有了一种**瞬间的**形式。例如《阿特拉斯的女巫》中的片段："她会经常攀上那蒸汽凝结成的、最陡峭的梯子，直至云遮雾绕的尖角，就像在海豚背上的阿里昂一样，她一边骑行穿梭在没有海岸的空气里，一边歌唱；跟随着闪电蜿蜒曲折的痕迹，她总是在风的平面上奔跑。"天空并没有海岸，因为上升不存在障碍——对于这种动态想象力而言，所有天空的线条都是平滑的航迹，是召唤；上升的欲望与各种垂直性的表象相关，即便是那些最为转瞬即逝的表象。

可以肯定地说，在雪莱的诗中，运动沉淀了空气的形象，就像在柏格森哲学中，生命冲力在其轨迹中沉淀了生命的形式一样。为了理解诗歌活动，我们还需要看到实现了的形象之外的另一种运动；因此，只有当我们想要攀登，从灵魂深处想要升高时，云层的集聚才是一种**梯子**。如果读者拒绝参与到产生这些形象特定的诗歌冲力之中，那么这些形象也变得模糊乃至无用了。相反，一种令人喜悦的动态想象力可以在其中找到活力，也即一种**动态的清晰**——它使我们能够谈论一种动态的清晰性和区分性，它们对应着自然和原初的动态直观。在动态想象力的秩序下，所有的形式都被赋予一种运动：我们无法想象一个没有旋转的地球，一支没有飞行的箭，一位没有微笑的女人——当诗的直观延展到宇宙的范围时，是我们的内在生命获得了最大的提升。所有使我们朝向、高处、云朵、光明和天空的事物，也是我们内在渴望的事物，因为在我们内心深处有着一种飞行。雪莱意识到："这种朦胧的狂喜是不能被抑制的……传来的欢乐将我包裹，让我如浴光明之中，如同风卷云层般携带着我。"在这里我们可以看到，风在云层之中，而云成为一种风的实体，具有与空气的流动性相同的准则。这种流动性和轻盈的实体一样丰富。为了理解质料想象力和动态想象力的原初性，没有人能像雪莱那样如此长时间地沉思，在他那里，质料想象力和动态想象力总是不断交换着它们的准则。所有属于空气的存在都深知，是它们自身的实体让自己能够天生轻松地飞行，而不需要羽翼的运动。它们"按照自己的速度饮风而行"。正是这种运动，而非实体，在我们内部永存："运动可以变化，但永远不朽。"

这样一种"以其自身的速度被风"所携带的流动形象，在什么意义上不同于皮亚杰在研究儿童心灵时提到的那种亚里士多德式的身体运动呢？[1] 但是诗人知道如何同时去除事物中的稚气和哲学理论化的方面。借由将身体与灵魂两方面都交付给想象力，诗人通向了一种首要的心灵现实——即形象。他留在了一种动态和形象的生命中。所有理性或客观的简化此刻都丧失了意义。通过与雪莱一起体验这种形象，我们相信了一点：**形象永不变老**。描绘**想象力的各阶段**并没有太多意义，然而布伦茨维格（Léon Brunschvicg）还是试图在《知性各阶段》（*Les âges de l'intelligence*）中对知性的成熟过程给予一种清晰描述。这也意味着想象力是一种永恒年轻的准则，它通过恢复那些首要的动态形象来使精神重焕生机。

没有什么能够逃避开这种动态想象力。例如，雪莱在《阿特拉斯的女巫》中说道："有时她乐于爬上那些高空的气流，它们'日夜在既定的轨道上'绕着地球旋转[2]，她会获取那些区域的精神，并加入到它们的合唱中。"对于这些精神而言，歌唱是一种质料的行动。它们生活在空气之中，而所有的生命和运动都是借助空气才得以可能。因此，是空气的气息让地球得以旋转。对于动态想象力来说，这颗庞大的星球就像所有球体一样，是一种旋转的局部运动。

这种想象的天文学可能会让某些理性主义者觉得好笑，他们会质问诗人什么是"地球日常的运行轨道"。还有一些理性主义者可能指责雪莱这种"朦胧"的诗歌只不过是简化改写了关于气体膨胀的

---

[1] 参见 Jean Piaget, *La causalité physique chez l'enfant*, p. 27。

[2] 需要提醒的是，在笛卡尔的宇宙论中，由于一种清晰的、精神的直观似乎有时和诗人的视域存在相似之处，那么可以说是天空的质料使得地球能够自转吗？

科学法则。例如怀特海（Whitehead）就认为，像雪莱这样的现代主义者应该更多去关注一下物理科学。[①] 经典文学批评渴望着某种清晰认识，因此也自然地认为应该积极追求这类科学。事实上，我们认为，"气体膨胀的科学法则"在雪莱的空气诗歌中扮演的角色少之又少，它忘记了对于一位伟大的诗人来说，诗之梦想具有自主的特征。

保罗·德勒尔（Paul de Reul）的评论总是如此细致而微妙，其精确程度丝毫不比那些数学哲学家的假设逊色。《阿特拉斯的女巫》吸引了他，因为其中创造出了一种"火、雪和流动的爱"相杂糅的复合存在。诚然，一位生物学家会对之作出批评，但是真正的梦想者将会立马表明这种混合中存在动态的力。如果说风带来了生命，流动的爱——多么令人惊讶的存在——带来了爱的质料，雪则带来了纯洁、美和顶峰的视角。雪——这是一种属于空气的雪，一种在顶峰的雪，它给被创造的存在物带来了一种非现实的视角——对于雪莱而言，这种视角正是现实的顶峰。面对这几句美妙的诗：

> 与一条回环的蛇相结合
> 那些带翼的骏马之模样

德勒尔"忍不住揉了下眼睛"，他说这些段落应该属于精神分析的范畴，并且"我们应该停止这场控诉，因为它只是安抚了那些批判者的良心"。这确实很奇怪——一种批判因此只是一种对良心的安抚吗？

然而，对于雪莱作品中最让人共鸣的一些篇章，德勒尔写道，他的诗"是一种比空气更为轻盈的机体，是支持并使人翱翔的羽翼"。[②] 德勒尔还肯定地说，对于雪莱而言，这是一种关于"解读那些灵魂的运动，或运动的灵魂"的问题。在这之后，我会回到关

---

① A. N. Whitehead, *La science et le monde moderne*, trad., p. 116.
② Paul de Reul, *De Wordsworth à Keats*, p. 213.

于动态想象力的综合特征上来——正是它使得整个灵魂处于运动之中。我们将会看到，这种从灵魂中的运动到运动中的整全灵魂的转变，在根本意义上是一种梦中飞行的教益。这种飞行让人体验到一种惊人的统一性；它给予梦想者一个同质的世界，在其中，梦想者能在白天的风景中认出那些属于夜晚生命的光亮。在我看来，没有比"一场向上、朝着纯粹光明的梦中飞行"能更好地定义雪莱诗歌特征的了。

在一种完全由想象力所产生的运动中，也很容易伴生一种想象的音乐——一种朝向神圣和谐的、天上的运动。哲学中的天文学——例如毕达哥拉斯主义，或许思考了天体演化中数字和时间的契合度问题，但也唤起了各种关于和谐的隐喻。但是在诗歌的沉思中，如果足够真诚与深刻，我们就能以一种更自然的方式聆听到同一种和谐：这是因为哲学总是在数字中寻找它们，但是在想象力中，它们天生就具有一种主动性。所有真正的诗人都凝视着星空，都会**听见**星辰的轨迹，听见"空气的合唱"，以及"漫步的温柔夜晚"。

为了听见属于无限空间的事物，我们应该让所有大地之声沉寂下来。我们也需要忘记那些从神话学或课本中学到的事物——这点或许无需重复了。这之后我们才能理解，沉思在根本上是一种创造性的力量。我们在自身之中感知到某种**沉思的意志**的诞生——它立刻参与到沉思运动之中。意志和表征不再是两个对立物——就像在叔本华的哲学中那样。**诗歌实际上是意志的泛美活动**（activité pancaliste）；① 它表现出对美的意志。所有深刻的诗歌必然在本质上是一首颂歌——它的功能在于**超越**现实，将一个声响的世界投射到无声的世界之上。叔本华的诗歌学说太过依赖于强调自然美的诗学理论。事实上，诗不是对一种静止、无声的美的解读，而是一个具体的行动。

---

① 为了回应那些反对我们使用"泛美主义"（pancalisme）这一词的人，需要说明这一词借用自鲍德温的说法。

在《解放了的普罗米修斯》的第四场中贯穿着一种**直接**想象力的和谐，正是通过这种和谐，产生了一种动态想象力的活力。在这些精彩的篇章中，雪莱将这种和谐与夜晚或是与白天联系起来。例如冬天的笛声是一个全然清晰的实体形象——它结合了**冬季空气的清澈**和**刺耳但动人的声音的清澈**，以一种轻柔的方式带来启示："你再听，每一句后面总拖着委婉的尾声，又清脆，又明净，一声声撩人心思，刺进了你的感觉，占据住你的灵魂，正像尖锐的星星，穿过冬天晶莹的寒空，在海水里欣赏自己的身影。"听听那冬天的光之箭，它们向四处涌现，整个空间都随着寒冷那生机勃勃的声音而震颤。没有音乐就没有空间，因为不存在没有扩展的空间。音乐是一种震颤的质料。诸神从"音乐般和谐的流水——如同一池波光粼粼的水，或是一池天光"中出场；在《解放了的普罗米修斯》第二幕第一场中，在天空之下出现了一阵琴弓的鸣奏：

> 听！精灵说话了。它们空气结成的
> 舌尖却发出了清澈的回音。

对于**土地**而言，一切离开地面的事物都会四散、消失；而对于空气而言，一切都在上升的过程中逐渐聚集、充实。对此，我们可以将雪莱在空气中实现的感应（correspondance）与**波德莱尔式的感应**相比较。

波德莱尔式的感应通过一种质料实体上的深层和谐来实现；它是伟大的感受**化学**之一，并且在许多方面比兰波的炼金术更具有**统一性**。对于质料想象力来说，波德莱尔式的感应是一种强大的联结工具，通过它，各种想象的质料、"诗歌的元素"能够交换彼此的丰富性，通过隐喻相互滋养。

雪莱式的感应是各种缥缈轻盈的动态形象形成的一种共时性现象。如果说波德莱尔式的感应属于质料想象力，那么雪莱式的感应

52

则属于动态想象力。在雪莱的元-诗学中，各种性质似乎是出于它们共有的轻盈性才能抵达更高的位置——它们共同升华，并在无尽的升华过程中帮助彼此。安德烈·舍弗龙（André Chevrillon）在《雪莱诗歌中的自然研究》（Étude de la Nature dans la poésie de Shelley）中写道："在英国，雪莱当之无愧地被称为诗人中的诗人。事实上，他的诗歌是双重蒸馏的产物；他对于其他诗人而言就像是另一种现实……他的诗反复无常、缺乏稳定、激烈炽热而又捉摸不透，总是准备着升华，没有既定的形体。"舍弗龙这样说明这种空气的升华："所有的描述都具有一种共通并重要的特质，随着它们的发展，事物逐渐失去了个体的细节以及稳固性，以便朝着模糊、缥缈和光明的方向转变。"在雪莱的诗歌中，这种在光明中的逐渐消逝（évanescence）是一种极其明显的升华。

夜晚的寂静增加了天空的"深度"——一切都在这种寂静与深度中彼此协调。矛盾不再，不和谐的声音也变得沉寂。这些天空的记号中可见的和谐，平息了我们心中属于土地的声音——它只是在抱怨和悲叹。忽然，夜晚成为主要的颂歌，一种属于欢乐与幸福的浪漫主义被保留在阿里埃尔（Ariel）的竖琴中。事实上，雪莱是一位属于空气与高度的幸福的诗人；他的诗是一种**飞行的浪漫主义**。

这种属于空气与飞行的浪漫主义为土地上的所有事物都赋予了羽翼。从实体到它的环境，这个奥秘一直延续，一切都只是为了给每个独立的存在以一种普遍性生命。在听见黄香李成熟的时候，我看见阳光轻抚着那些果实，为它们圆润的轮廓镀上金色，擦亮它们的丰盈。在轻盈的瀑布下，碧绿的溪流摇动着猫爪花的铃铛，发出一种蓝色的声音。那些花簇在蓝天下发出无尽的颤音。此刻我理解了雪莱在《心之灵》中所说的："她的嘴唇像充满甘露的风信子花，从那儿滴下晶莹温柔的音波，热情得令人神志昏迷，又甜蜜得仿佛人在销魂境界所听到的天外的美妙乐曲。"当一朵花如此低语，当花的铃铛在它的伞尖响起，整个大地都沉默下来，天空开始说话。空气的宇宙被一种颜色的和谐所充盈，五彩缤纷的银莲花渲染着各处驰骋的天风……当花开始说话的时候，这种颜色便与声音、气息相混合……

随之又出现了一个问题：在何种意义上我们可以说一种声音是空气的？只有当它处于寂静的端极（extrémité），在遥远的天空翱翔——温和而宽广的时候。这里存在着一种小与大的悖论：声音是一种无穷小，是花之和谐的暂停——但它却撼动了言说的宇宙之无穷大。在这里我们体验到了一种雪莱式的时间："光明变成了爱"，这是一种爱的低语，百合花拥有一种如此有说服力的声音，它能教会整个宇宙爱的含义。我们听见一种静止的风的步伐，一种连续的节奏："它的运动就像是风的精神，它柔和的步伐使睡梦更加深沉。"

关于在想象力的高处形成的感应，我们还可以在一些不那么知名的哲学家那里找到例证。例如路易-克洛德（Louis-Claude de Saint-Martin）在《欲望之人》（L'Homme du désir）中写道：

> 这并不像我们黑暗的居所——在那里声音只能与声音比较，颜色只能与颜色比较，实体也是如此；所有事物都是均质的。
>
> 光明催生出声音，旋律孕育出光明；颜色是一种运动，因为它们总是生机勃勃的；为了彼此渗透并在所有领域表现出一种特质，事物同时是声响的、半透明的、流动的。

为了找到深度和夜晚之间的统一性，我们紧随一系列波德莱尔式形象的界线，向下来到了一座感官的地窖。在路易-克洛德那里，这是一种将我们引向光明之统一性的颠倒运动；更准确地说，这是一种对光明、声响和轻盈的综合，它决定了一种垂直的上升。这种运转和太阳在空中的运动不同，它只遵循一种简单的视觉形象；我们不应该将它与纯粹轻盈的实体感官相混淆。相反，在垂直的上升中，那些所经过的"区域性力量"会用"它们的羽翼"支持着灵魂；并用它们鲜活的气息，除掉灵魂在低处的睡梦中染上的污渍；"然后，它们用火之手，为灵魂留下被接纳的真正证据，以便当它出现在下一个区域时，入口能够即刻开启，灵魂也能够得到一种新的净化和奖赏。"

这是一种净化和奖赏的综合，它具有物质和道德两方面的性质，并且在"生命的界线"上运作——这是一种空气的动态梦想。正是那些半透明、轻盈和声响之物决定了一种以想象为条件的反思；这些条件性的反思与想象的性质一起，共同表现出诗歌的不同气质（tempérament），我之后将再回到这一问题上来。

七

雪莱不寻常的作品依旧只能算是极个别的，要想理解在清醒梦（rêverie éveillée）的情况下关于飞行之梦的印象的持续性，仅仅考察诗歌是不够的。出于动态想象力的视角，我们或许可以研究一些客观的人类精神的观察者。因此接下来，我会分析巴尔扎克（Balzac）的几部作品，从中我们会发现上升的心理体验在心理学意义上的现实性。

例如巴尔扎克的《流亡者》（*Les Proscrits*）[1]，从叙述方式来看，这似乎是一部症候性的（symptomatique）作品。首先在某些篇章中，巴尔扎克似乎采用了某些现成的形象，它们或许会被指责是某种简单的口头隐喻。但是紧接着，读者会认识到一种清楚的特质——在追随巴尔扎克的过程中，我们感到他的想象力延续着那些夜晚飞行的印象。如果我们再回到那些乍一看是虚假的形象上，就不得不

---

[1] Balzac, *Les Proscrits*, Éd. Ollendorff, Paris, 1902.

承认它们也是现实的梦境体验的一部分。我们需要去梦想那些文字——传统的文学评论只尝试去理解，但最后却忽视了梦想。因此，巴尔扎克谈论但丁时说道："手持圣经，在使得质料精神化，精神质料化之后……他承认通过信仰，我们有可能从一个领域通达另一个"，人们往往没有太关注质料的精神化或是精神的质料化——因为我们总是太快地试图去理解，而忘记了去想象。这使我们无法从质料想象力中获益——而正是它使我们能够生活在一种强大的现实中，这种现实是固体和液体之间的中介状态（mésomorphe）；在其中，到达精神和质料的距离是等同的。因此，虽然巴尔扎克的论述可能并不够，只是语词的；但是如果我们理解了巴尔扎克谈论他所敬爱的但丁时属于物质、质料的层面，就能够意识到这种属于想象物质的**中介状态**，并更好地体验到这些语词，所有的隐喻也因而具有了某种连贯性——一切关于翱翔、飞行、上升或轻盈的隐喻都将成为积极的心理体验。

例如，在翱翔中可以注意到一种特殊的张力："我们通过这种沉重的张力投射出自己的力，就像是鸟儿准备起飞时那样。"（Balzac, 345）的确，我们也可以无视这种动态的标记，而只是思考**理念**（idées），并认为隐喻只不过是对这些理念的暗示；但是这同时也意味着摒弃一系列的心理学观察，尤其是对投射心理的观察。为了解读这种不仅属于冲力，而且属于冲力意志的经验，心理学需要一种特别且关键的动态形象，这种形象介于跳跃和飞行、非连续和连续性之间。巴尔扎克需要解读的**张力**是这样的：它能够给予某个决定的瞬间以一种时间性接续，是一种能产生行动并追随某个目标的力的意识。这种张力在本质上来源于投射心理，是表征与意志的核心。在飞行的动态想象力中，这种投射第一次获得了教益。为什么它不受欢迎？在书中有另一处关于梦中飞行的清晰说明："我在夜晚之中，但却是在白天的界限（limite）之上。我跟随着向导飞行，一种力量驱使着我，它就像是在梦中将我们带到肉眼不可见领域的那种力量。"①

这种飞行发生在夜晚与白天的界限之上——这是一种**复合升华**的记号：正是在这里，就像是雪莱诗歌中的感应那样，轻盈带来了光明，而光明带来了轻盈。这种**复合升华**同时表明了一种光晕（auréole）的质料和动态特征，它环绕在"上升"之物的四周。在巴尔扎克的作品中，进行"思考"的读者只会收获一堆无用的形象；我们希望读者能够去"想象"，以有力的、有形的方式阅读这段文字："围绕在我们前方的光晕驱散了道路上的阴影，就像一种无形的尘埃。"因此，我们必须将抽象的进程具体化，并始终通过形象来为语词重新赋予活力。我们需要驱逐前方的阴影，驱逐那些遮蔽我们目光的东西，驱逐那些如同灰尘、轻烟，或是更遥远的薄雾般使我们忧愁的事物。这种光晕也像是一场轻柔而渐进的物质征服——它征服了一点点意识到自己的清晰性的精神。在想象力的主导下，微光与昏暗彼此斗争，它让薄雾成为薄雾，让液体成为液体。在形式诞生时，光晕便不再放射出它的光线；它只是致力于控制那些"无形的尘埃"。光晕是一种幸福的运动质料，维克多-埃米尔·米舍莱（Victor-Émile Michelet）写道："星体在光晕下缄默，如同水中的鱼。"②此外，在更抽象的意义上，光晕创造了一种可以成功抵抗上升的阻力的形式：这种上升时的阻力随着我们升高的过程在未来逐渐减弱，与土地上那种随着挖掘的深度逐渐增强的阻力完全相反。可见，与充满偶然性的现实世界相比，这种在想象的世界中观察的结果是更为准确和规律的。

此外，一种宇宙的形象放大了这种光晕。对于升高的事物来说，地平线扩宽，变得更清晰了。对于它而言，地平线就是上升时沉思的大地所拥有的广阔光晕；而这种上升是物质还是道德的并不重要。

---

① "和莱纳德（Léonard）及我们所拥有的机械、外在的羽翼完全相反，但丁的羽翼是生机勃勃的、内在的……"（Merejkowski, *Dante*, trad., p. 449.）

② Victor-Emile Michelet, *L'amour et la magie*, p. 68.

看向远方之人的目光是清晰的，他的面庞被照亮，前方一览无余。理想的物质是如此连贯，以至于它能够接受各种相互作用。

但是我们像之前所表明的那样，对文学形象进行质料化和动态化，就意味着不再有传统意义上的隐喻。所有的隐喻自身都包含一种可逆性（réversibilité）的力量——一个隐喻的两极能够交替发挥现实与理念的功能。伴随着这些颠倒，那些最常用的措辞就像经历了一场**语句的飞行**，开始具有一些现实的质料和运动。我们试图去做的是用想象力让形象运动起来，并在空气质料中以轻松的方式将它们质料化，正如下面这段文字：

> ［伟大的流亡者］在空间中旅行，他将满怀激情的灵魂引向言语的羽翼，让听众感受并沉浸到天空之海的无限中。一些学者给出了一个合理的解释，说地狱来自其他圈层，它遵循的秩序和渴望上帝的光明行星相反，在那里，痛苦和黑暗取代了明亮和精神。折磨和乐趣一样都是可理解的，因为对比的形式存在于人类生命的过渡中，存在于所有痛苦与理智的氛围里。

我们相信，这里的解释更多是物理学和生理学意义上的，而非"逻辑的"。酷刑和乐趣确实是一种宇宙学中的元素，它们是土地想象力和空气想象力的双重宇宙学中的基本标志，涉及我们的自身经验。朝向高处的渴望在一种梦想动态学中找到了一种看似贫瘠但直接的意义。我们何不再参考一下巴尔扎克的文本呢？在我看来，天上的海洋属于夜晚——我们夜晚的生命是一片海洋，因为我们漂浮在其中。在梦中，我们从未感觉到土地上的那种静止，我们从一个梦坠入到另一个更深层的梦之中，或是灵魂的一部分在召唤着我们醒来：它将我们抬升。我们不断地上升或坠落。梦想守护着垂直的动态性，它在深层和浅层的睡眠之间摇摆。睡眠，就是如同浮标般在夜晚的水中起伏涨落。[①] 在我们内部，夜晚和白天拥有一种垂直性的未来。它们是密度不均的大气，让梦想者随着其罪责的重量或至福的轻盈而升降。因此，不难理解为什么巴尔扎克会说，但丁"从理解力的深处掘出坠落这一词在语言中的真正含义"（Balzac, 322）。如何理解坠落体验是一种**原初的文学形象**？我们对它的谈论先于思考，它表达出一种遥远而梦幻的体验。坠落的确处在动态想象力的"深处"，重力是一种人类心灵的直接法则，它在我们的内部，是一种有待征服的命运；而在遐想中，空气的气质带给了我们胜利的预言。巴尔扎克继续写道，但丁"清晰地表明了所有人类共有的对上升、攀高的热情，这是一种本能的愿望，一种在我们命运中的永恒启示"。在这里，我们清楚这段文字并不是为了唤起一种关于人如何在社会中自我提升的雄心，而是表达了一种**原初形象**，它在自然想象力中有着自己笔直的生命。即便这些形象有着隐喻的外表，但只有当我们理解了其中关于道德物质的教益时，才能真正发挥它们的力量。一种道德已经存在于质料元素的象征性生命中。它们不等同于隐喻，更不是比喻，而是启示性的直观。至此我们可以理解若阿基姆·加斯凯（Joachim Gasquet）为什么会这样写道："运动不正是质料的祷告，是向神言说的唯一的语言吗？啊，运动！它在自身的秩序中表达出对存在的爱，事物的欲望。它的完善联结了所有事物，使它们生机勃勃：土地与云朵相连，婴孩和鸟类相连。"因此，加斯凯认为，在这种表达和完善中，本质的运动是一种能够联结"婴孩和鸟类"的垂直运动，他说道："在稀薄的空气、灵魂的顶端，神不正像白云上方的拂晓般漂浮着吗？"[②]

　　但是，有人可能会说，巴尔扎克的作品毕竟只是文学，它不过是一项重新召唤但丁式的文学形象的事业，无论如何，都会有人将

[①]　"那晚，我做了一个美妙的梦……我在一座高塔之上，它深扎大地，又高矗天空，似乎我的整个存在都在不断的上升与下降中被耗尽。"（Gérard de Nerval, *Aurélia*, éd. Corti, p. 84.）

[②]　Joachim Gasquel, *Narcisse*, pp. 199, 214.

这项工作视作一种比喻。通过阅读这些流亡者的悲剧，我们可以看到巴尔扎克对中世纪哲学以及但丁宇宙观的"了解"明显并不深；但是确切地说，学识越是薄弱，想象就越重要，那些形象也显得更直接。巴尔扎克想象的但丁只不过代表了他自己的一种心理体验，但这是一种**主动**体验——它带有着一种特殊的无意识印记，来自一个极为真诚的梦想世界。

在巴尔扎克的另一部作品——《塞拉菲塔》(*Séraphita*) 中，我们也能看到这一点。事实上，这是一部完全以上升心理学为主题的作品，它的书写是为了将无意识的上升带到意识的运作层面。能够进入这部作品的动态共情中的读者将会获益无穷。正如斯坦伯格 (Strindberg) 所说，在那个"被污秽的地狱之力量所诅咒"的时代，像他那样饱受困扰的灵魂在《塞拉菲塔》中获得了某种救赎："对于我而言，《塞拉菲塔》就是一部福音书，它让我重新与超越之物取得了联结；当生活让我厌恶时，一种不可抗拒的怀旧感将我推向天空。"[1] 也正是通过巴尔扎克，斯坦伯格被引导去进一步阅读斯威登堡 (Swedenborg)。鉴于斯坦伯格真诚的叙述，我们应该重视《塞拉菲塔》中蕴藏的这种上升愿望的心理学价值。斯坦伯格在天空与土地之间作出了清晰区分："奥菲拉 (Orfila) 和斯威登堡，我的朋友、守护者，他们既鼓励我，又惩罚我。"塞拉菲塔既是化学家，又是预言者——这是同一个存在的两种运动，在他身上产生出一种**动态的不幸** (malheur)。因此，这种**动态统一性**总是对斯坦伯格有所启发。对于这种动态统一性，我们会在之后进一步阐明。

在《塞拉菲塔》中，对于这样一个没有什么能够明确指明方向的时代，巴尔扎克写道："只有人能感受到一种存在于特定组织中的垂直性。"[2] 这种垂直感是动态的，因为它推动人不断去赢获那种**垂直性**，直到高处。人被一种想要显得伟大、**不断升高**的愿望所激

---

[1] A. Strindberg, *Inferno*, trad., pp. 117—118.

[2] Balzac, *Séraphita*, éd. Ollendorff, Paris, 1902, p. 199.

励。我们必须尽可能地从贴近心理现实的角度来理解这一隐喻："塞拉菲提斯（Séraphitüs）逐渐长高，露出前额，就好像他即将翱翔。"（Balzac, 180）塞拉菲提斯似乎应该说是塞拉菲塔的一种更高大、动态化的形式；她的前额变得更加男性化，作为获得解放了自身、即将"飞行"的存在，她让自己的头发在风中飘荡，顺着风前行的轨迹。有时候，巴尔扎克试图用大量篇幅来呈现一种精微的心理学，在**自然的运动**、征服的飞行之后，紧跟着一种**英雄般的退场**。在这里我们可以再次看到，在羽翼心理学（ptéropsychologie）中，想象的羽翼总是**后于**飞行。当飞行不再费力时，我们就会感到羽翼的出现；它们发生得如此迅速，如同一个胜利的记号，随后可以看到一种关于滑翔的心理学。此外，通过阅读这一章节，我们意识到：鲜活的动态形象主导着由视觉产生的形象；视觉形象在根本上只不过是一些苍白的记忆，它们并不能赋予创造的动词以生机。就像《路易·朗贝尔》（*Louis Lambert*）一样，《塞拉菲塔》是一部诗性小说，它是一首关于意志的诗，一首动态的诗。

某些质料主题有助于建构整部作品中的上升形象。例如在挪威冬季的全景中，人物最初的出现总是显得很隐晦；作家为他的人物写下的第一个语词标志着一支指向远方天空的箭。从那时起，这支箭就是感应的语词（mot inducteur），是产生其他次要形象的首要形象。如果我们像对待分析系统一样研究这个形象，就会发现它有着自身的秩序。另一方面，如果对这种感应形象的关注不够，整个篇章就会显得晦涩、贫瘠与冷漠，缺乏生机——这意味着我们并没有融入它们的生命之流。

箭的形象恰当地结合了速度与直度（droiture），它是最原初的动态方式。当这种箭在冬日天空中飞行的简单形象给予了想象力它能感受到的所有印象后，作家往往会通过**滑雪**的活动或是滑雪者而将之理性化，因此我们可以看到滑雪者"像箭一样"穿过地平线。**但是真实的事物总是在想象的运动之后才被指明。**作家对各种人物的刻画总是在滑雪场上的追逐之后——在他们借助动态想象力参与其中，在如箭般笔直而迅速的运动之后。这正是一种清晰的动态优先于形式的情况。因此我们可以看到：诗歌的形式是由想象的运动所决定的，就像在柏格森学说中，质料是由生命冲力所决定的一样。

当然，我们关注的不仅是那些转瞬即逝的形象。并非所有的形象都能自主地构成一个系列。为巴尔扎克的文字赋予活力的箭指示了一种上升运动，但它也要求读者深度参与到这种上升的生成中。正是通过这种关键的需求——如同一种对虚无的征服，我们成为想象的升高中的一部分。至此，我们参与到了自己的整个存在之中——这是一种深渊与顶峰的辩证法。深渊如同怪物、老虎，张着血盆大口，它觊觎着精神的食粮（pâture）；用巴尔扎克的话来说，它仿佛想要"趁早撕碎自己的猎物"。上升心理学在本质上是一种关于升高的教学法，它必须对抗这种多形态的怪物。

在塞拉菲提斯让塞拉菲塔抬头朝向天空中时，他对依旧战栗的塞拉菲塔说："你不要害怕，看看那些依旧如此广阔的空间吧"，他向她展示那些"云朵勾勒出的蓝色光晕，让他们头上呈现出一片清晰的空间"（Balzac, 174）。"在这个高度，你能够毫不颤抖吗？这些深渊是如此深不可测；它们拥有一种统一的景象，综合了大海、云浪和天色。"

在动态的意义上，我们多少生活在这种巨渊的**统治**之下：我们意识到，这种深渊之所以不可测，是因为我们距离它太过遥远。上升者见证了深渊的轮廓是如何逐渐淡去的；对他而言，深渊在逐渐消融、朦胧，变得模糊不清。所有动物的形象都黯然失色，在隐喻中只留下一种模糊的动物性（animalité）。然而，对于上升的存在而言，还有另一种收获：高度在不断变得清晰，并呈现出差异。动态想象力服从于一种奇特力量所提供的目的性：人之箭不仅活在冲力，而且活在目的中——活在属于自己的天空之下。人正是通过对上升力的意识而懂得了他自身的整个命运；更准确地说，它关乎一种希望的质料，一种希望中的实体。希望似乎在形象中最为清晰精准：它是一种笔直的命运。

因此，想象的升高是一种动态印象和动态形象的综合。我们可以看到《塞拉菲塔》里空气的痕迹是如何与雪莱式的感应自然地结合在一起的。在最后一章"圣母升天日"（Assomption）中，我们读到："光明孕育出旋律，旋律孕育出光明；颜色是光明与旋律，运动则是一个被赋予言语的数量；而所有这一切都同时是声响的、半透明的、流动的。"

根据书中的主旨，声响、半透明和流动构成了产生**轻盈**的三部曲；这种轻盈来自内在印象，而非外在世界。这是一个曾经沉重、困惑的存在，他通过想象力运动倾听了空气想象力的教益，从而变得轻盈、清晰而充满活力。当然，一些人可能认为这些只是无用的比喻，但是这种轻率的判断只能证明这些读者不假思索地将形式形象视作了想象生命的本质。由于与土地的形式相比，空气的形式形象总是贫瘠的、非连贯的，所以**空气想象力**总是会成为一种**蒸发的想象力**，这使得许多"实证"哲学家或现实刻画者都喜欢蔑视这种想象。然而，如果我们为它赋予适当的动态意义，就会发现：如果说天空的形象是贫瘠的，运动却是自由的；或者说，仅仅是自由的印象所投射的出色形象，就胜过所有关于"逝水年华"的追忆。这种形象是一种投射心理学的基本法则，它关心的是未来。空气的自由总是在说话、发光、飞行，也因此投射出声响、半透明与流动的三部曲。

通过对《塞拉菲塔》的研究，我们有意搁置了上升形象之下、作为基础的道德现实。事实上，本书的目的既是为了确定那些纯粹的心理状态，同时也是为了尽可能研究想象的综合。一位真正的道德家应该在这些材料中致力于以特定的视角去证实高度不仅仅是道德化的，而且在物质的层面上也已然是道德的。高度不仅仅是一种象征。对于那些追寻它的人，那些尝试利用各种想象力去想象的人来说，它是我们精神动态的驱动器，这种道德既存在于质料和动态层面，也存在于生命的层面上。

八

通过雪莱和巴尔扎克的例子，我们可以看到一些最为多样化的诗歌形象，它们建立在梦中的飞行的内在体验之上；我们也因此理解了巴尔扎克这句话的意义："飞行的语词是这样一种语词——在那里，一切都在向感官言说。"[①] 我们可以通过一些往往显得贫瘠和过时、零散而短暂的形象来探寻属于想象的飞行的迹象（indices）。我们有理由相信，关于动态想象力的研究有助于我们在生活中重新前行，重新确立那些隐藏在语词中的内在形象。对形式的使用总是比力更频繁，因此，动态想象力需要在最常使用的语词中重新找到那些隐藏的力。所有的语词中都隐藏着一个动词；一个句子就是一个行动，一种举止。甚至可以说，动态想象力就是一座举止的博物馆。因此，让我们重新体验那些诗歌所表现的举止。

例如，在埃德加·基内（Edgar Quinet）的《魔法师梅林》(*Merlin l'enchanteur*) 中，维维亚娜（Viviane）说："要想遇见一头牝鹿，我必须像她一样跳跃。"这时读者如果不调动感官，就会感觉这段文字和其他表达一样索然无味。那么，那些在本质上属于动态化的景象是如何让《魔法师梅林》在心理上如此具有感染力的呢？然而，"索然无味"的形象似乎总是坚持重回我们的视野。在第一卷，基内就写道："维维亚娜比山羊还要轻盈，她如同鸟一般"；以及在第二卷，"有时候我跑得比黄鹿还快，超过它直至山顶——在那里总是带

---

① Balzac, *Louis Lambert*, éd. Calmann-Lévy, p. 5.

给我希望。让我们攀上顶峰吧，维维亚娜说。"如果说维维亚娜比牝鹿、山羊或黄鹿还要轻盈，那么正是这使她在飞行中能够更有效地参与到形象之中去，并同时保有这些形象的动态本质。维维亚娜是依靠一种**驱力**飞行的，她凭借的是那些轻盈、骤然的瞬间。在《魔法师梅林》所营造的世界里，维维亚娜是一种唤醒力，她为沉睡的景象带来了飞行的**瞬间**；这些属于飞行与清醒的瞬间是如此鲜明，以至于它们可以呈现为一种关于表征之瞬间性的主题；形而上学家或许会这样表达：世界是我清醒时的瞬间，是我的清晨的表征。《魔法师梅林》中的动态性之所以如此具有启发性，是因为这些**飞行的瞬间**属于人类的飞行。鸟类的飞行太过客观，这种运动外在于我们的存在，对于我们的梦想之力而言是陌生的；它所提供的视域总是全景式的，休憩中的世界在一种固定不动的视域中呈现出来。在召唤梦中的飞行时，比起用清醒时的形象来勾勒漫长的遐想，维维亚娜更信赖梦想的魔力。

而对于像歌德那样的天才，他们更少属于空气，而更多属于土地，因此对跳跃瞬间的经历会显得更加强烈。在他们的诗句中，我们将会听到脚跟敲打地面的声音。在土地的直观指引下，大地将赋予那些回跳的存在以力量。就像大多数神话学家一样，歌德也在土地上体验到了安泰的神话，然而空气的特质依然存在，只不过看起来更模糊了：它们只是作为一种动态的附属品。在《浮士德》第二部（*Second Faust*）中，我们读到：[1]

> 裸体天使，没有翅膀，好像羊人，不像畜生，
> 他一跳到坚实的地上，地面却像具有弹力，
> 把他弹到半空之中，他又跳上两次三次，
> 一直碰到圆形穹顶。

---

[1]　歌德：《浮士德》，钱春绮译，上海译文出版社 1999 年版，第 536—537 页。

> 母亲担心叫道：多跳几次尽随你高兴，
> 可是当心不要飞翔，我不许你自由飞翔。
> 忠实的父亲也劝告他：地中具有一种弹力，
> 把你弹了上去；你只要用脚趾接触地面，
> 你就会像大地之子安泰一样，体力增强。

　　但是，欧福里翁（Euphorion）并没有意识到这笔财富，他憧憬着动态而非质料，向往空气而非土地。因此，他只是沉浸于跳跃的欢喜之中："现在让我跳，现在让我蹦！向太空之中，往上面直冲，是我的欲望，情不自禁。"当我们认识了那种梦中飞行所带来的欢喜，体验到那些属于脚跟上的羽翼的动态形象时，就能更好地理解这些段落的含义了。

　　当欧福里翁掉落在地面上，粉身碎骨时，坠落并没有抹去这次跳跃的胜利。在坠落时，欧福里翁似乎一分为二，两种在本质上是同一的元素彼此分离，并回到了各自的源头："可尸体很快便没有了，只见一束光芒如彗星冲向天空，舞台上只剩下了衣服、披风和里拉琴。"在这里，我们也可以看到光芒、里拉琴等无生命的形式形象。诗人似乎已经满足于追寻这些比喻的含义，并隐隐认识到它们丧失了某些属于垂直的动态想象力的伟大特质。

　　此外，脚拍击地面的节奏也可以成为一种音乐节奏的基础。安德烈·夏福勒（André Schaeffner）观察到，在原始舞蹈中的节奏结合了土地的博爱与植物的冲力。舞蹈的起源之一是"土地之母遭到踩踏，而跳跃则变得更高，因为植物会长到它们应有的高度——在这里存在着关于春天和生产习俗的符号，《春之祭》（*Le Sacre du Printemps*）将同时充满着对土地的践踏——这或许也是这些踩踏和跳跃被赋予的最初含义"。在人类的青年时期，在他蓬勃发展、富有生产力的阶段，人类总是想要从土地上升起——跳跃是一种最初的欢乐。

九

为了结束这一章的话题，我将用一个非常简明的例子来说明遐想的连续性，这种连续性联结了成长的欲望和飞行的欲望——通过这种方式我们可以理解，在人类的想象力中，飞行是一种对高度的超越。济慈（Keats）的诗能说明这一点：[1]

> 我提高脚尖站立，如同站在山顶上……
>
> 有那么一瞬间……我感到如此轻盈，如此自由，
>
> 就好像墨丘利的羽翼在我的脚跟上扇动：
>
> 我的心是那么轻盈，
>
> 无数的喜悦跃上海面，涌上双眼；
>
> 就在那时，我给自己编织了一捧花束
>
> 充满绚丽、明亮、柔白、和谐和露水。

这是一捧属于天空的花束，需要升高才能够采摘到它："如此轻盈，如此自由"——这两种表达在传统意义上总是被联系在一起，以至于我们都忘了去寻找这种联结中的规律性特征。只有动态想象力能够让我们理解这种同义关系：这两种表达都来源于空气想象力相同的趋向性（tropisme）。正是这种趋向性——这种梦中飞行的天空趋向性（ouranotropisme）[2]，推动着所有空气的梦想者。

---

① Keats, *Poèmes et poésies*, trad., Gallimard, p. 93.

② ouranotropisme 这个词在法语中并不存在，属于巴什拉自创词，学界暂无统一翻译。英译本译为 excessive tropism，西班牙语译本作 utranotropismo。这一词主要由两部分组成："ourano" 和 "tropisme"，其中 "ourano" 在词源上指古希腊神话中的天空之神乌拉诺斯（Ouranos），在这里指代天空，而 "tropisme" 指的是 "趋向"，原初含义表示生物学上有机体朝向或远离外部刺激（如光、热等）的生长或运动。"ourano" 和 "tropisme" 组合起来指的是某种事物朝向天空的自然倾向，因此译作 "天空趋向性"。——译注

第二章　羽翼之诗

那些无形的羽翼飞得更远。所有圣女或许都能成为信使……

——邓南遮,《死城》

一

遐想并不是一种概念化,并不能像高尔顿式的方法那样,将多重形象聚合成一个对象,将整个族类的肖像放在同一个照相版上。[①] 遐想并不会因为在天空或水中看见了各种各样的鸟,就对那些飞行或游水的鸟产生某种突然的共情。飞行运动在一种闪电般的抽象中产生出某种完善、整全的动态形象——这种迅速性和完善性来自形象在动态意义上的美(belle)。对美的抽象不属于任何哲学议题,在通常情况下,无论是数学中理性的抽象**活动**,还是迅速勾勒出本质美的美学

---

① 高尔顿式的方法,指的是英国优生学家、博物学家弗朗西斯·高尔顿(Francis Galton,1822—1911)提出的复合肖像技术。他认为某种群体——例如罪犯、精神病患者、结核病人等——具有特定的面部特征,我们可以通过肖像照片将人们分为不同的类型,并以此为基础来改善人类的遗传构成。——译注

活动，这些议题都无益于研究精神或创造活动。如果我们注意到想象力，就会发现心理学中的许多问题都是虚假的。抽象是如此具有活力，它由质料想象力和动态想象力所产生；尽管形式和运动非常多样，但抽象使我们能生活在一种确定的质料之中，并积极追随一种选定的运动，远离那些曲折的探寻。美之理念的参与似乎决定了形象的**方向**（orientation），但它不同于形成概念所探索的方向。

然而，正是这种**抽象**将我们引向一种背景简单的飞行，它发生在夜晚的单调体验中，在其中没有形式的形象，所有事物都作为一种整全凝聚在轻盈的幸福里。这种在**自身之中的**、**抽象的飞行**作为一个轴，连接了色彩化的形象，并使白天的生命变得更为多样——这向我们提出了一个有趣的问题：如何以一种瞬间、极度抽象的方式来装点原初美（beauté première）的形象呢？

关键的一点在于，这种装饰不应该负载着多重的美——否则一声惊叹可能会变得冗长。但是，在被震撼的那一瞬间，个体需要抽象整个宇宙，以便将注意力集中到火的某一特征之上，或是专注于唱歌的运动。

但是让我们放弃泛泛而谈，将问题限制在飞行之诗的领域中。我认为：在想象中，如果说鸟类能激发想象力的翱翔，这并不是因为它们明丽的颜色。在鸟类身上，最原初的美来自飞行。对于动态想象力而言，飞行是一种原初的美。鸟儿羽毛的美只有当它憩息在大地上时才展现在我们面前，但是对于遐想而言，它已经不再代表着鸟儿了。因此我们可以说：存在一种想象的辩证法，它将飞行与颜色、运动和装饰区分开来。我们不可能同时拥有一切——正如不可能同时是云雀和孔雀。孔雀显然属于**土地**，它拥有着属于矿物世界的宝库。为了说明这一悖论，需要指出：在想象的领域中，**飞行必须创造出它自身的色彩**。[①] 因此我们感到这种想象的鸟类——在我们的梦想和真诚的诗歌中飞行的鸟类并不是**五颜六色的**（bariolées）；

————————
① 灯火闪烁的渔船似乎是个例外——它们是否保留了河流所有的倒影？

它们通常都是蓝色或黑色的，正在上升或坠落。

多重颜色闪耀着——它们是蝴蝶扇动翅膀的运动所携带的色彩。这种蝴蝶不会持续出现在基本的梦想力量中，它似乎只出现在喜悦的遐想中，出现在那些在自然中寻找风景的诗歌中。在梦想的真实世界中，飞行是一种统一且规律的运动，而蝴蝶只是一种微不足道的偶然——它并不飞行，而是飘荡（volette）。它的羽翼太过美丽，但也太过庞大，因此阻碍了飞行。

因此，依据在前一章中所澄清的梦想的价值化，我们能够看到，在所有飞行的存在中，只有鸟类能够承担并实现一种在人类视角下被称作原初形象的形象——它使我们生活在一种属于幸福青春的深层睡梦中。之所以创造可见的世界，正是为了描绘睡梦中的美。

二

接下来，我将提供一个例子，在这个例子中，鸟类的形象被夸大了，理想与真实、梦想与现实都以一种朴实、笨拙的方式被联系在一起。由此我们会更容易看到，诗歌形象是如何以恰当的方式将运动的形象与形式的形象统一起来的。在这里，我们会再次运用之前提过的批判法则：过于**精确地**描绘诗歌形象会显得荒诞。从这种琐碎和荒诞的形象中去除掉一些精确性，才可能产生一种诗意的情感。这就是为什么阅读图斯内尔（Toussenel）的作品总会让我们感到处于热情与荒诞的边界上：从一页到另一页，我们似乎从一位诗人的梦想来到了一位猎人的叙述。但这种奇怪的混合并不妨碍图斯内尔成为一位伟大的鸟类专家。在德拉曼（Delamain）关于鸟类歌声的著作前言里，塔霍得兄弟（frères Tharaud）向他表示了公正的敬意。

从图斯内尔《鸟类世界》（*Le Monde des Oiseaux*）的前几页我

们就可以肯定，这部关于鸟类的自然史所关注的核心是人类遐想的自然史。事实上，图斯内尔很早便提到了夜晚的体验："当我们二十多岁时，有时会在梦中感到自己的身体变得轻盈，离开地面，在空中滑行，受一种不可见的力的保护，不再遵循重力的法则。"（Toussenel, 3）随后，伴随着对梦中飞行的无限回味，图斯内尔要求重视夜晚的记忆，他说："这是一种来自神的启示，一种关于芬芳生活之极乐的预示……"芬芳的生活属于未来，当我们抵达纯粹的空气状态时，紧随而来的、等待着我们的是一种傅立叶主义①的、超越的真正和谐。飞行因而既是我们对梦想的记忆，也是对神将给予我们的回报的渴望，所以"我们羡慕鸟儿的命运，我们将羽翼借给所爱之人，因为我们本能地感受到，在幸福的领域，我们的身体将拥有穿越空间的能力，就像鸟儿穿越空气一般"。在这里可以看到，羽翼心理学提出了一个理想，一种已经在梦中体验到的超越。追随这一理想的人类将变成一种超-鸟类，他远离了大气，将穿行在世界的无限空间之中，被芬芳的力量带到他真正的故乡——空气的故乡。"羽翼是飞行的根本属性，是几乎所有存在者中关于完美的理想标志。我们的灵魂摆脱了这个在次级生命中容纳它的肉身，被赋予了一个比鸟类更轻盈、更迅捷的高贵躯体。"那么，我们是否能够以严谨的方式，在柏拉图和图斯内尔之间建立一种比较呢？在《斐德若》（*Phèdre*）中，我们发现羽翼同样具有超越性："羽翼的本性是带着沉重的物体向高飞升，升到神的境界，所以在身体各部分之中，是最近于神灵的。"羽翼带着其空气质料，给柏拉图式抽象的分有学说赋予了极为具体的意义。只要在人的心中**升起**一种情感，想象就能唤醒天空和鸟类。因此，图斯内尔用优美的口吻写道："我的爱从未

---

① 指法国哲学家、空想社会主义学家查尔斯·傅立叶（Charles Fourier, 1772—1837）的理论体系。傅立叶提出了一个人类社会从物质到精神、逐渐发展完善的秩序体系，但需要注意的是，其特殊性在于，傅立叶认为并不是通过塑造个人来改善社会、经济和政治结构，而是应该改变社会生活的形式来让它们适应我们个人固有的激情与欲望，因此人类社会的发展动力是一种"激情引力"（attraction passionnée）。——译注

缺乏羽翼。"①

不难看出，在图斯内尔关于羽翼的心理学研究中，鸟类所拥有的特质并不必然显现在视觉活动中。他说道："鸟类的活力、优雅和轻盈，反映出对美好、青春、柔和、纯粹的形象的偏爱。"（Toussenel, 4）事实上，这些形象正是**原初的心灵现实**。因为我们生活在一种幸福的飞行想象之中，这种飞行给予我们一种青春的印象，由于梦中的飞行——这种抵抗一切经典精神分析教益的飞行，总是一种纯粹的感官享乐，它让我们在白天穿梭在天空中的鸟类身上感觉到一种**道德的**特质。在这里我们能看到一个非常简明的象征的例子，或者更准确地说，**一种象征性力量**，它存在于形象之前。在潜意识中，所有关于轻盈、活力、年轻、纯洁和温柔的印象都交换着它们的象征价值。羽翼只是随后给这些象征赋予了一个名字，而鸟类最后才为这种象征赋予了存在。

因此，图斯内尔相信他能够以某种方式恢复创造性的行动，空气质料和自由运动也是鸟类形象的生产者。可以说，在创造性的空气想象力领域，鸟类的身体是由围绕着它的气流构成的，它的生命是由携带它的运动所构成的。想象力同时是质料的和动态的，这丝毫不是一个选择问题。想象并不**构想**（dessine），而是生活在抽象的价值中。图斯内尔的想象以直接的方式统一了**空气的纯洁性和羽翼的运动**："创造鸟类是为了体验那些最精微，同时也是最纯洁的元素，它必然是所有创造模型中的最后一个，它最为独立，也最为辉煌。"（Toussenel, 51）

马塞利娜·德博尔德-瓦尔莫（Marceline Desbordes-Valmore）在她的小说《维奥莱特》（*Violette*）中写道："鸟儿！你的飞行是如此

---

① 参见 Francis Jammes, *La légende de l'aile ou Marie-Élisabeth*, p. 77。当伊丽莎白听见夜莺的歌声时，她意识到鸟类"除了羽翼之外，还有着对飞行与爱的无限需求"。羽翼是关于扩展的无数隐喻的起源。

之高，在自由的歌声散落在我们头顶之前，你又是怎样一副模样？或许是思想的奴隶；一种神的言语被灵魂中的暴力所压制，但这种暴力最终被打破，由此给予你羽翼并**重获自身**。"

　　有人或许会反对说，我们的这些论断只是一些无用的**遐想**。但是我们可以说，这些**遐想总是天生的**；它们**天生地**活跃在梦想者的灵魂中，这种灵魂即使在白天也追寻着夜晚的体验。不幸的是，图斯内尔并非一位诗人：他既能体验到夜间梦想的连续性，也能体验到清醒时的遐想；但他并没有领会联结**遐想和诗歌**的那种连续性。对于他而言，鸟类那**永恒的青春**只是一种让人困惑的印象，一种惊人的价值化；他没有追随那些传说中美好的鸟儿——它们让我们**遗忘了时间**，让我们离开大地上的线性之旅；用让·莱斯屈尔（Jean Lescure）的话来说，这种鸟儿将我们引向一场**静止之旅**——在那里，时钟不再响起，**岁月不再积淀**。但是，图斯内尔——这位猎人，这位制作动物标本的人，他知道梦想中的鸟类不会死去。没有任何一个自然的梦会让我们杀死**正在飞行的**鸟儿。我们所轻抚的鸟儿则是另一回事；它们很快便死于精神分析师所熟知的那种命运。在动态的梦想中，一只被死亡击中的鸟儿从不会笔直地从天空坠落，因为从来没有一场梦中的飞行是以笔直坠落的方式结束的。梦中的飞行是一种**睡梦的幸福**现象，而不是一场悲剧。人只有**在幸福的时候**才会梦想。因此，正如皮埃尔·埃马纽埃尔（Pierre Emmanuel）所评论的：①

　　　　……在鸟儿面前

　　　　不再有不幸。不再有阴郁的翱翔……

　　鸟类是一种让人振奋的力量，它唤醒了整个自然。在女伯爵诺

---

①　Pierre Emmanuel, *Le jeune mort, Messages*, 1942, cahier I.

瓦耶（Anna de Noailles）的《统治》（*La Domination*）一书中可以读到，鸟类几乎等同于春天的垂直性（verticalité）："春天回来了。它遍生整个土地，如此幼小、轻盈、翠绿而笔直。人们听见树林中鸟儿络绎不绝的叫声，那是春天清亮的鸣叫。这只鸟似乎喉咙有些受刺激，就像从中长出了一片美妙的、小小的枫香树叶。它不停地鸣叫着，就像是要鼓励那些土地中柔弱的花儿快点生长。这叫声在向风信子、黄水仙和郁金香说：'再冲一下，再努点力，刺破这坚实的土地，向上伸；不久你便会拥有空气和天空；来吧，我是您的鸟儿……'"还有一处评注更加柔美："看见您生机勃勃，精神获得舒缓；灵魂逐渐向上，人们通往峰顶，羽翼！鸟儿！空气之高贵……"

在雨果的作品中也有数量浩瀚的形象，其中鸟儿代表着灵魂（âme）：[1]

> 我爱。噢风，驱走了冬天。
> 原野充满芬芳。
> 在阿瑟尔树林中，鸟儿看起来
> 像是在枝冠中的灵魂。
> ……
> 我仿佛翱翔在召唤我的空气中，
> 我的灵魂似乎也曾
> 由鸟儿的羽毛所构成。

在让·塔迪厄（Jean Tardieu）的优美诗句中，我们或许能够更明显分辨出梦中关于鸟类的形象和飞行的内在力量：[2]

> 一种奇异的梦将我围绕：

---

[1] Victor Hugo, *La fin de Satan. Le cantique de Bethphagé.*
[2] Jean Tardieu, *Le témoin invisible*, p. 30.

我一边行走，一边放飞那些鸟儿，

我所触碰的一切都在我之中；

一切界限都消失了。

三

如果我们试图在一种梦中视角下重建图斯内尔的梦想，就会自然地看到，在他的作品中，有一种纯粹想象的鸟类学（ornithologie）是对现实中鸟类学的延续。对于图斯内尔而言，神创造这些充满活力的、热情的鸟类，并不只是为了让它们在天空和云层下嬉闹，这种创造也是"为了他的忠实者——属于天空的仙女、天使和精灵"。由于只有更高级的事物才能够解释更低级的事物，图斯内尔也多少有意识地从精灵推导到了鸟类。我们可以说，这正是想象的至高性——自然中之所以有鸟类，正是因为在想象的空气中确实有着各种精灵。事实上，由于**空气的纯洁**是创造性的，因而这种纯洁必须在白鸽出现之前先创造出精灵——最纯洁的事物要先于最质料性的事物。

这种从精神到肉身的演变联系是想象心理学最重要的真理之一。心理学家并没有注意到这一点，因为他们总是将想象的过程与概念化的过程相混淆，仿佛形象只是一种模糊不清的简单概念。他们用关于鸟类的概念污染了飞行的基本形象。事实上，他们没有意识到，对于梦想者来说，在想象领域中的飞行会抹去鸟类——飞行的实现会使鸟类的现实居于次列。因此，这些心理学家仅仅将想象中空气的幻影看作胡言乱语，但他们从没有去想过为什么想象力能够在不可见的元素中看见这些幻影。而且，一切都证明他们似乎是正确的——甚至是神话！实际上，在神话中，精灵的数量总是远远少于其他元素性的精神。但是这种贫乏对于我们而言，恰好证明了空气想象力比关于水、火或土地的其他想象力要稀有得多。但这也不能成为判定空气想象力更不稳定的理由。一种空气想象力必须通过一种内在的命运来重新创造空气的精神。

此外，还有一些细节性的例子，可以让我们看见空气想象力是如何在从精灵到鸟类的演变关系中发挥作用的。这个例子在我看来极具启发意义，因为它发生在一个适合思考但又比较轻松的氛围里：一位自称维留尔·德马维尔（Vigneul de Marville）的修士，在笛卡尔主义者、物理教授罗奥（Rohault）组织的一场晚宴上表达了这样一个奇特的想法：**元素性的精神**游荡在宇宙中，它们生活在元素性的质料中，并依据它们的本质分别**栖居**在鸟类、鱼类和哺乳动物的身体里。正是这些精神唤醒了**动物性的精神**，驱动了所谓的动物-机器。"在鸥鹆、灰林鸮或猫头鹰构成的机器中居住着一个梦想的精灵；相反，在歌鸫、夜莺或金丝雀那里，潜藏着一个活泼的、爱唱小曲儿的精灵。"① 虚构的思想、玩笑的思想和梦想的思想由此联结在一起；人们低估了将它们进行颠倒、运用的意义——准确说来，它们正意味着想象作用于知性、戏言作用于知性生命的影响。这幅轻盈的画面使得关于动物机器的艰涩理论变得可感——因为它将关于元素性精神的模糊信仰质料化了。它从梦想和理论这亦敌亦友的两面构成的二元论中获得了乐趣。

在孤独中，远离科学沙龙中的各种废话，一些理性的灵魂也可以用同样的方式梦想。伽桑狄（Gassendi）让我们联想到朱尔·迪昂，因为他也认为在鸟类的飞行中有一种精微流体的显著影响。鸟类之所以能够飞行，是因为它们参与到一种轻盈的空气之中。他描述了一种被称作斯特里诺（Stellino）的鸟，这种鸟"被水星所吸引，

---

① 引自 D. V. Delaporte, *Du merveilleux dans la littérature française sous le règne de Louis XIV*, 1891, p. 124。

出于仰慕，它尽可能地升到空气中最高的地方"。[1] 为了更好地理解这种吸引力，我们必须看到质料和精神之间的矛盾。斯特里诺实际上是一种真正的**鸟类升华**（sublimé d'oiseau）——这种鸟极为纯洁，以至于它热爱的是大气中最为纯净的地方；它借助一种出自自身的轻盈实体的简单力量来上升。

然而，在某些空气想象力中，关于空气之纯洁性的梦想是非常活跃的，以至于我们在一些颠倒的质料形象中也能出乎意料地撞见它们。一些观察者为鸟类内在的热情所震撼，因此认为鸟类飞行的力量来自火的元素。他们说，鸟儿逃离土地是为了生活在阳光普照的空气之纯洁中。但是一位 18 世纪的作家毫不犹豫地颠倒了这种想象力："……火的强大影响赋予它们活力，也使它们生活的地方变得健康，因为火吸收了不好的空气。从那时起，鸢鸟——这奇妙的空中飞行者，便被东方视作一种大气的净化者。"如何更好地证明形象的创造性观念是一种关于**纯洁性**的观念呢？这类在价值上的颠倒能让我们更好地领会到关于升华的问题，让我们直接看到**纯洁性的质料想象力**。

如果一位心理学家根本没有梦想，他又怎能确定想象性生命中的心理现实呢？这类心理学家害怕去研究谵妄，而是更想知道形象是如何形成的！他们情愿去研究现实的形象，而对那些在夜晚紧闭的双眼中形成的、活生生的形象却提不起兴趣。但我们并不会排除其他可能性：在飞行成为羽翼之前，它也可能是一阵热风。我们相信，对于有些梦想者来说，是精灵教会了他们什么是鸟类。对于动态想象而言，在梦中最初的飞行者正是梦想者本身。如果说还有谁伴随着他的飞行的话，那么首先会是一个精灵、一朵云或一片阴影——它们作为一层面纱，一种被笼罩的空气形式，是幸福且模糊的笼罩，是生活在可见与不可见的界限之中的面纱。为了看见有肉

---

[1] Jules Duhem, chap. «Électricité».

身、有羽毛的鸟类飞行，我们必须重回白天，恢复清晰的、逻辑性的人类思想，但是这种极度的清晰性会使得属于睡梦的精神消失殆尽。诗歌需要重新找回那些精神，尽管它们像是一种彼世的遥远回忆。如果灵魂不会遗忘，就会永远记得：和图斯内尔那里的神一样，梦想在创造鸟类之前，首先创造了飞行的精神。

四

如果说天空的纯洁、光明和壮丽召唤着纯净且有翼的存在，如果说唯有通过价值的颠倒，才有可能让一种纯洁的存在将它的纯洁性带给其所处的世界，那么就不难理解——想象的羽翼为自己赋予的是天空的颜色，而天空则是羽翼所处的世界。人们会像博兹（Booz）那样，在入睡时用灵魂的声音低语：

> 天使的飞行或许是沉郁的，
> 因为有时，人们在夜晚看见，
> 某种如同羽翼的蓝色事物经过。

所有动态的、转瞬即逝的天蓝色都是一种羽翼。蓝色的鸟儿是空气运动的造物。正如梅特林克（Maeterlinck）所说："当它被放进笼子里时便会改变颜色。"[1]

如果说在梦想中，这种柔和的光线和幸福的运动真正产生出了蓝色的运动、羽翼和鸟类，那么相反地，某些昏暗、沉重的事物也会同时聚集在这些属于夜晚的鸟类形象周围。这就是为什么对于许多想象力来说，蝙蝠的飞行是糟糕的，因为它属于沉默、黑暗和低

---

[1]　Maurice Maeterlinck, *L'oiseau bleu*, p. 241.

处——它是对雪莱关于声响、半透明和流动三部曲的"反-三部曲"。被迫拍打翅膀的蝙蝠并没有体验到翱翔飞行的动态休憩；正如朱尔·米舍莱（Jules Michelet）所说，"在它之中，我们看到自然在寻找羽翼，但只找到一种毛茸茸的、丑陋的膜状物，尽管它依然发挥着作用"。

　　　　我是鸟；看我的羽翼。

　　"但是，羽翼并不构成鸟。"在雨果的羽翼宇宙学中，蝙蝠是一种被诅咒的存在，它是无神论的化身，位于猫头鹰、乌鸦、秃鹫和老鹰等鸟类之下，属于鸟类中的底层。（参见雨果，《神》）但是关于中世纪著作中鸟类的象征性问题并不常见，为了处理它们，必须仔细审查关于动物想象力——也即在动物的运动中一种动态想象力如何具体化的问题。在这里，我们只需要着重关注一条垂直线即可——它沿着动态想象力，将各种有生命的事物价值化。在这个角度下，图斯内尔的直观带给了我们启发。

　　在论野兽的著作（*Les Bêtes*）中，图斯内尔写道："蝙蝠比其他任何动物都更有助于将多少是虚构的、关于鹰头马身兽、狮鹫、龙和奇美拉的神话嵌入到轻信者的想象中。"[1]需要注意到的是，图斯内尔的傅立叶主义式的乐观使得他既相信神创造了精灵，同时又指责某些紧张地谈论鹰头马身兽、奇美拉的人太容易轻信。但是，这种矛盾并没有影响图斯内尔对高度有着清晰的极化想象——对于完全动态化的空气想象力而言，所有**上升**的事物都在这个过程中苏醒，并参与到存在之中；与之相反地，所有下降的事物则分散到晦暗之中，并进入虚无。**价值化决定存在**（la valorisation décide l'être）——

---

　　① 布封（Buffon）倾向于将蝙蝠定义为"某种怪物"，它"在空气中的运动与其说是飞行，不如说是一种不确定的飞舞（voltigement），看起来只是在以一种笨拙的方式使力。"

这是想象力最伟大的法则之一。

五

到目前为止，我们已经花了大量时间来证明动态想象力优先于形式想象力，接下来要说明的是，我们几乎不可能让鸟类的羽翼与人类的形式完全匹配。这种不可能性并不是因为形式上的冲突，而是来自一种绝对的差异——人类的飞行条件（梦中的飞行）与在空中飞行的真实存在之间有着明显的属性差异。在飞行想象力中，动态的形象和形式的形象之间存在着分歧。

通过检验想象力运用形式来表明某种飞行运动的各种方法，我们可以思考表现人类的飞行所存在的困难。维莱特（J.Villette）出版了《西方艺术中的天使》（*l'Ange dans l'art occidental*）这样一本佳著，其中有着大量文献材料。

她论断道："要求雕塑家创造某种非质料的幻觉，这像是一种与他的工作条件截然相反的赌注。"人类的羽翼似乎很快就成为了某种拖累——无论是大是小、是垂落还是舒展、是覆满羽毛还是光滑无羽，它们都是某种无生命的存在；在其中想象力无法将它们联系起来——只有形象，带羽翼的雕像，而没有运动。

最后，为了尽可能解决人类飞行的表征问题，最好采用一种间接的手法。为了满足传统与逻辑的需要，羽翼被视作一种飞行的隐喻符号；此外，人们试图找到某些动态的迹象，这些迹象的暗示通常比直接刻画更加有效。例如，一种艺术天才的预见力会让我们关注到赋予脚后跟活力的某种运动。维莱特指出，米开朗琪罗笔下的某些天使，"他们抬腿的某个简单运动似乎就足以让他们飞行"。

维莱特还指出，为了解决如何表现天使的飞行的问题，许多艺术家受到了游泳的启发："倾斜或近乎水平的身体在云层之上，上半身挺直，双臂舒展或双腿抬起——这些天使在如同云层与海浪交错的苍穹中穿梭，在它们出现的地方伴随着的平行的长线条，使这种幻觉更加强烈。"在这个例子中，水的想象力占据了主导地位，以至于其赋予了空气想象力以一幅航迹的形象。维莱特借用了一幅戈佐利（Benozzo Gozzoli）的作品，这幅画很有启发性：通过人为的方法，画作中用我们感兴趣的游泳代替了飞行，因为我们已经看见，在某种类型的想象力中，从游泳到飞行之间存在某种连续性；但是从飞行到游泳之间却并不存在着连续性：羽翼在本质上是属于空气的，我们在空气中游泳，但却不能在水中飞行。想象力能够在空气中延续水的梦想，但是并不存在一种反过来的想象力超越。因此，我们可以说艺术家无意识地遵循着一种动态想象力的规律关系，他们用游泳的梦想来暗示观者对飞行的梦想。

有时候，雕塑家获得的并不是一种飞行的幻觉，而是某种共情的飞行之邀，它要求用眼睛去阅遍各种形式。因此维莱特才说：艺术家"通过某种简单的褶皱游戏给形式带来了延长的比例和突出的效果，在其中直线占据着主导地位。目光跟随着那些上升的线条而忘记了质料的重量。"换句话说，动态想象力从一种静态的**延长**形式中获得了某种冲力，它能够唤醒那些天真的梦想，带领它们向上提升。

我们似乎还没有充分考虑这个词组："**延长的形式**"（forme élancée），它是一种能让形式想象力和动态想象力交汇的形象。在这个词组中，一些语词的反复使用几乎抹除了动态的特点。为了让这类形象发挥出其真正的力量，即恢复其完整的意义，我们应该将相互作用重新引回形象：我们可以在生命中重新找到**延长的形式**，并将它视作某种**成形的冲力**（élan formé）。但在这种冲力中，动态想象力替代了形式创造者的角色。需要注意的是，所有**延长的形式**都倾向于朝向高度和光明，它是一种在纯净、明亮的空气中发挥作用的**成形的冲力**。我们无法想象一种朝向低处、暗示着坠落的延长形式，在想象力的界域中，这种空气的动态形象是不合理的。

六

为了同时体会到力和形式这两种想象力的增长，有一类作品似乎对我们有所助益，那就是诗人兼版画家威廉·布莱克（William Blake）的作品。他的作品既是一种强大的梦幻，也是一种宏伟的**诗歌演说**——它能为我们之后在结论中会回到的"言说的生命"提供一个绝妙的例子。在布莱克的某些诗中，我们能够找到某些可以被称作**"绝对之诗"**的作品，它们无法被解读为理念。它们所作的，是让想象的质料和梦幻的形式、言语的运动和身体的运动、思想和运动，或者更应该说是言说者和运动者，在字词中紧密相连。例如，在布莱克那里，思想的翱翔并不是一种老旧的形象、一种无力的隐喻。在这里，这个古老的字词重新变得年轻，具有使《预言书》（*Livres prophétiques*）充满活力的某种精神热情。在《预言书》中，作出预言者正是动词形象。在其之下，并不潜藏着某种预言的思想。在巴尔扎克的作品中，思想的翱翔虽然是一种现实的运动，但是这种运动依旧是一般性的、服从于一种单调的空气想象力；而在布莱克那里，**思想的翱翔**具有鸟类现实飞行中的那种多元性。布莱克式的心理学是一种真正的鸟类心理学。

在《阿尔比恩女儿们的幻觉》（*Visions des filles d'Albion*）中，短短几页我们就可以数出数十种飞行物、几十次飞行：老鹰、夜莺、云雀、猎鹰、鸽子、风暴、呻吟、风……这些具体的飞行正是贯穿全文的宇宙运动的源泉。正是这些绝妙的形象让我们意识到，对于**飞行想象力**而言，正是飞行催生了宇宙，调动了风，给予了空气以动态的存在。因此，布莱克写道："海鸟将冬季的狂风当作它身体的衣裳。"[1]

---

[1]　William Blake, *1 er Livre prophétique*, trad. Berger, p. 111.

在这里，我们怎能不动态地感受到鸟儿将自身的**航迹**视作一件外衣呢？不正是这件轻盈的外衣让狂风四散开来吗？一些神话中的人物能够通过呼吸带来风暴——风暴就在他们的嘴边。在布莱克那里，则是整个身体创造了暴风雨——海鸟内在于暴风雨的存在之中，它们是暴风雨的动态中心。

对于布莱克而言，飞行是世界的自由。因此，空气的活力也会因受禁锢的鸟儿而受到贬损。在《预言书》的第二部分中，我们可读到这动人的双行体诗（distique）：

> 一只笼子里的红喉鸟，
> 让整个天空发怒。

因此，鸟儿是自由空气的人化（personnifié）。我们应该记得在德语中，鸟儿也总是出现在有关自由的格言中，并且不是以"像空气一样自由"这种暗示的方式，而是"像空气中的鸟儿一样自由"（frei wie der Vogel in der Luft）。

在这一页上，我们也能以动态的方式感受到**游荡**（vagabonde）的思想：

> 思想啊，你要去往何方？
> 飞向哪个遥远的国度？
> 如果你回到不幸的当下，
> 是会用羽翼带来甜蜜、露水和香膏，
> 还是带来妒忌者眼中的旷野之毒？

这一页之所以让我们留意，因为在这之前的几行，我们刚刚读到这样一个问题："思想是由什么实体构成的？"结合布莱克的想象，应该这样回答这个问题：思想由其运动所创造的存在所构成。布莱克的思想是一种朔风（aquilon）的**质料**。例如，一种关于鹰的强健飞行的思想实际上已经充满了残酷，它创造出的这种鹰是贪婪的。对于那些思想敏捷者来说，羽翼划动的力量也吞噬着羔羊。

一些羽翼也会带来甜蜜："抬起那闪耀的羽翼，歌唱你幼时的欢乐！起来吧，饮下你的欢乐，因为一切活着的都是神圣的。"在这里，是这些羽翼在歌唱。

通过对布莱克的这种**动态**阅读，我们不难认识到，他是一位在土地与空气之间作斗争的英雄。更准确地说，他是**连根拔起**（arrachement）的英雄：他让事物将头抬到质料之外，用陌生的事物联结两种动力——离开土地和升向天空的动力。在《蒂丽儿》（Tiriel）中，布莱克写道："当昆虫长到爬行动物的长度时……"这种**延伸**唤醒了我们的动态想象力中关于爬行动物的那部分存在。这种**爬行**的动态在布莱克的许多作品中都明显可见，当我们采用动态阅读的方式时，它们就会闪现出来——不是以一种缓慢的能量消耗的方式，而是通过构成性的运动。在这方面，我们可以将布莱克的爬行力与罗赞诺夫（V. Rozanov）的《启示录》（Apocalypse）中毛虫扭动、柔软的运动进行对比。我们将会看到一个有生命的黏状物的运动和能意识到其固定联结点的运动之间的区别。威廉·布莱克是**一位脊椎动物的活力论**诗人——他拥有各种形象，生活在整个历史中，熟悉各种退化。在想象的领域中，正如在古生物学中一样，鸟类起源于爬行动物，在许多鸟类的飞行中都可以看到蛇类爬行姿势的影子。人在飞行之梦中战胜了爬行的肉身，但相反，在梦里的扭动中，背脊有时会忆起它曾经是一条蛇。[1] 布莱克写道："在可怕的多梦的昏睡中，就像那连在一起地狱的锁链，一块巨大的脊骨迎风痛苦地扭动，受伤的痛苦的肋骨，像一个曲折的山洞，而坚硬的骨

---

[1]　V. Hugo, *L'homme qui rit*, Éd. Hetzel, 1883, t. II, p. 73. « La colonne vertébrale a ses rêveries. »

头冻结了他的所有欢乐的神经。于是第一个年代度过了，一种可怕的痛苦状态度过了。"①

如果我们进一步了解土地的梦魇，就能更好地理解空气的飞行之梦。它将让我们看到，空气的形象是一种姗姗来迟的征服，空气的机体意味着一种艰辛的解放。

人们首先认识到，爬行动物的意识存在于腰部："整日整夜这虫子躺在她的胸中；整日整夜在她的子宫内。这虫子躺着，直到长成一条蛇，带着忧伤的嘶嘶声和毒液，围着艾涅哈蒙（Enitharmon）的腰盘成一圈。"扭曲的痛苦需要脊椎的存在——折磨会制造扭曲，而扭曲将制造脊椎。虫子过于柔软，无法忍受这种酷刑，因此它需要变成蛇。蛇遍布在胸中，环绕在艾涅哈蒙的两侧，"这蛇逐渐长大，扩大它的地盘；怀着强烈的痛苦，嘶嘶的声音开始变成一种咬牙切齿的叫喊。历经许多苦恼和剧烈的阵痛，历经许多鱼、鸟和野兽的形状，在从前蛇盘踞的地方，产生出一个婴孩的形状"。

因此，这些形式诞生自酷刑的原浆中——它们是痛苦的**形式**。创世来自地狱，挺立来自扭曲。在布莱克那里，所有土地上的事物都受到一种关于扭曲的动力影响。扭曲对他而言是一种原初形象，如同大脑一样："就这样扭紧了绳索，就这样结好了网眼，错综复杂如人的大脑。"

由于缺乏对这种最初酷刑的认识，我们对这个被扭曲的宇宙的理解还不够。这种扭曲化的思想产生了一种**空气的法则**，一种布莱克式的**流溢**（Émanation）——它一直是痛苦的。这种流溢或许生成了普遍的自由和正直，但在它的挺立中，依旧保存着最初的痛苦：

> 我的鬼魂日夜环绕着我，
>
> 像一只猛兽守护着我的道路。

---

① 威廉·布莱克：《天堂与地狱的婚姻》，张德明译，中国文联出版公司 1992 年版，第 52 页。

我的流溢，远在我的内心，
为我的罪孽不断哭泣。
……
在暴风雨中的我，
如此悲惨，苍白而可怜！
铁之花与铅之怒号
包围了我痛苦的心灵。

在布莱克那里，空气并不平静，它保存着"能量"，这是一种表达性的能量——这正是莱斯屈尔所指出的。（*Messages*, 1939）布莱克"给这种全然创造性的能量赋予了形体，让它从无用且痛苦的混乱中挣脱出来，并通过表达将它带入生成和行动"：

醒来吧，醒来吧！你这暗之国度的沉睡者，舒展筋骨，做好准备！

一种让存在者挺直身体的紧张感，这正是布莱克的诗歌带给我们的最后教益。

接下来，我们将进入一首更舒缓的诗，它更明显有空气的感觉。我想展现这样一种痛苦：存在者一方面因土地的束缚而痛苦，另一方面，离开大地的想象力同样是一种折磨。在布莱克的作品中，人们常常看见因新普罗米修斯的努力而收紧的锁链——这是一位充满生命能量的普罗米修斯，他的口号是："**能量是唯一的生命，它来自身体。能量即永恒的至乐。**"这种能量要求我们去想象——它的**现实**纯粹是**想象性**的。一种被想象的能量即从潜能到现实，它希望在形式和质料之间创造形象——充实那些形式，激活那些质料。对布莱克而言，动态想象力是一种能量的信息。为了理解这一点，读者必须学会提醒身体的每一处肌肉，并在每一次努力中加入一种根本性的呼吸——发怒的呼吸。这种方式赋予了布莱克式的呼吸以真正的意义——**一种嘶哑的呼吸**。这种饱受折磨的呼吸是一种预言的声音，它在关于由理生（Urizen）、罗斯（Los）和阿哈尼娅（Ahania）的篇章中都出现过。[①] 在《图像、诗歌和历史创造的描述性目录》（*un Catalogue descriptif de tableaux, d'inventions poétiques et historiques*）中，布莱克写道：

> 一种精神和幻象并不像现代哲学所设想的那样如蒸汽般缥缈，或纯归虚无；它们是被精心组织并阐明的，超越了常人所能理解和易逝的自然所能制造的一切事物。谁若是无法以更有力和更好的方式去想象，以比凡人之眼更有力、更好的视力去看见某种清晰，那他就根本没有想象。

想象，就是提高现实的音调。布莱克的幽灵似乎也必然具有一种深处的、来自喉部的声音，它比那些"根本没有想象"的诗歌中所发出的模糊声音更加清晰分明。如果将《预言书》理解为关于受尽折磨的呼吸的诗歌，那么它就如同一首关于能量的连祷曲，一串**思考中的感叹词**。在更深层的意义上，我们必须认识到，在言语之下生活着一种想象，或者说有一种想象性生命。布莱克是这种**绝对想象**的一个稀有案例，他指挥着质料、力、形式、生命和思想，并试图为一种通过想象来解释现实的哲学正名——这也是我们的目标。

七

在这一章中，我试图对关于羽翼的美学，或者更确切地说，对

---

① 由理生（Urizen）、罗斯（Los）和阿哈尼娅（Ahania）都是布莱克创作的一系列预言式长诗中的人物名称，他们代表了一系列神话先知或革命先知的形象。相关介绍可参见布莱克诗歌中译本《天堂与地狱的婚姻》译序。——译注

带来轻盈和舒缓的能量所提供的各种诗歌主题进行一个小结。我的整体目标是：尽可能准确地研究在想象中所经验到的形式和力的关系这一难题。我并不认为我们有权对累加在一个孤立存在中的所有形象进行完整的研究；但对一种鸟类提供的不同诗歌形象进行个别研究也颇有意义。一个文学形象的动物群（faune）将有助于建立某种泛灵论的一般学说，就像在神话学中德居伯纳蒂斯（Angelo de Gubernatis）所建立的动物神话形象一样。但这一工作也超出了我的能力范畴，而且过度重视例子，可能会让人忘记之前提出的哲学任务——即不断回到想象力的**一般**法则上，回到对想象力的基本元素的沉思中。

然而，我想用一个很特殊的例子来结束这一章节，我相信它有助于证实关于动态想象力和形式想象力的基本观点——这个例子就是云雀的形象，它在所有的欧洲文学中都是一个常见的形象。

我的直接论点是：云雀是**纯粹文学形象**的范例。它只是一个**文学形象**，是众多隐喻的一种原则；这些隐喻是如此直接，以至于当我们描写云雀时，会以为自己在描述一个现实。但是在文学中，云雀的现实只是一种纯粹、清晰的**隐喻实在论**。

事实上，对于画家的眼睛而言，迷失在高度与太阳之中的云雀是不存在的。在风景的尺度上，它太过渺小。它有着和田野一样的颜色，不能给秋之大地带来任何一束花朵。因此，云雀在文学的风景中扮演着重要角色，但在画家的风景画里却并不显眼。

当诗人呼唤云雀时，它就会出现。无论大小规模，云雀的重要程度与森林、溪流是一样的：

在《无名者的冒险》（*Aventures d'un propre à rien*）中，艾兴多夫（Joseph von Eichendorff）让云雀在风景的宏大存在中占据了一席之地：

我让良善的神主宰万物，

> 他给予溪流、云雀、
> 森林、田野、土地
> 和天空以生命。

　　但这位作家能够给予我们一种真实的描述吗？他真的能够让我们对云雀的**形式、颜色**产生兴趣吗？米舍莱试图让它触动人们的心灵，但是对这种"外表单薄，但心灵与歌声如此丰富"的鸟儿的研究，很快变成了一种道德上的研究。我们可以称之为"米舍莱的云雀"。在描述图斯内尔那里这种鸟类的特征时，米舍莱说，云雀"如今是人，且将一直是人"。图斯内尔在这个问题上更多强调了政治而非道德立场："云雀穿着灰扑扑的外套，悲哀的工作服，这是田间的工作，是最高贵、最有用、回报最少、最无私的工作……"它将永远是"劳作者的伙伴"，是田野的女儿；正如博雷尔（Petrus Borel）所说，我们为她而播种。[1] 然而，正是这种道德和政治象征让我们远离了自然或宇宙的象征——云雀更多与后者密切关联。

　　米舍莱和图斯内尔的例子已经说明了一个问题：**描述云雀**，这意味着要**逃离**描述性的工作，意味着要找到一种无法描述的美。雷纳尔（Jules Renard）是眼光敏锐的"形象猎人"，他熟练、不知疲倦地操纵着形象的万花筒。但当他面对云雀的现象时，却突然发现自己找不到合适的景象：

> 我从未见过云雀，即便我在拂晓起床也是徒劳。
> 云雀不是一种土地的鸟儿……
> 但是你是否像我一样听到，
> 在高处的某处，如同一个金杯中的水晶碎片的声音？
> 谁能告诉我云雀在何处歌唱？

---

[1]　参见 Petrus Borel, *Madame Putiphar*, éd. 1877, p. 184。

89

……

云雀生活在天空之上，它是唯一在天上
为我们唱歌的鸟儿。①

[《自然史：云雀》(*Histoires naturelles, L'alouette*)]

诗人唤醒了云雀，但却拒绝描述它。至于云雀的颜色，雷塞（Adolphe Ressé）是这样描绘的："然后，你听：不是云雀在歌唱……是一种有着无限颜色的鸟儿。"我们也可以说，这是一种上升的颜色。云雀代表着雪莱式的升华——它是轻盈、不可见的，是一种成功**摆脱了**土地的存在；它的叫声没有任何布莱克式的特征，因为那不是解脱，而是某种最初就存在的自由。在它的歌声中有一种超越性的音调。由此我们很容易明白，为什么让-保罗会如此刻画云雀："你歌唱，因而飞翔。"鸟儿歌声的强度似乎随着翱翔而增长。查拉（Tristan Tzara）赋予了云雀一种最终行动"之后"的命运："我们总希望能够借助某种云雀的迂回，被带到某种行动结束后的延续之中。"

为什么**歌唱的垂直性**会对人类灵魂产生如此强烈的影响？我们如何从中获得巨大的快乐和希望？或许是因为这种歌唱的活泼和神秘。在离地面几米高的地方，云雀已经在太阳之下**闪光**：它那自由的形象如同那些颤音，消逝在光明之中。为了表达这种夺目的不可见性，我们是否可以在诗学中实现与科学精神的伟大综合呢？可以说：**在诗学的空间中，云雀是一种看不见的粒子，伴随着欢乐之波**。如艾兴多夫这样的诗人正是在拂晓中得到了这种欢乐之波："最后，我看见几条淡红的长光在空中散开，像镜子上的呼吸痕迹般轻盈；

---

① 布兰查德（Maurice Blanchard）通过从沉重的外表中提取出形象的碰撞和相互作用，用几句话就表达了云雀的超现实主义："刺耳的云雀飞溅在镜子上，从那时起，它们就成了一直歌唱哈利路亚的水果碎片。它们透明的喉咙已经变成了黑点，迷失在脊骨的长牙里。玻璃工的声音让它们重新拥有了水晶般的羽毛。"(*Cahiers de poésie, Le surréalisme encore et toujours,* août 1943, p. 9.) 因此，云雀拥有水晶般的透明度、硬度和声音。在这里，质料的硬度构成云雀超质料（surmatérialisme）的特征。

一只云雀已在山谷的最高空歌唱。随着这声清晨的问候，一种巨大的清晰感侵入我的灵魂，所有的忧虑都消逝了。"哲学出于轻率，往往会提出一种关于云雀的波理论。应该意识到，正是我们存在中**振荡**的部分让我们能认识云雀；我们能够以一种动态想象力的方法去动态地描绘它，而不应在视觉形象的感知领域中形式地描述。对云雀的**动态描述**意味着一个苏醒的世界借由其中的一个点而歌唱。但是，当这个世界已经开始扩张时，就不需要再试图在起点捕获它了：没有必要再花时间去分析这个世界，因为它是对存在与生成的纯粹综合——一种对于飞行与歌唱的综合。云雀所激活的世界是一个最无差异的世界。这是一个平原的世界，是十月的平原——在那里，初升的太阳完全消融在无尽的薄雾之中。这样一个世界无论在深度、高度还是规模上都异常丰富。看不见的云雀正是为了这样一个无形的世界而歌唱。"它的歌声欢乐、轻盈、不知疲惫、毫不费力，似乎是一种不可见的精神之欢乐，想要抚慰土地。"

没有哪位诗人能比雪莱的《致云雀》（To a skylark）更好地唱出了云雀那夺目的不可见性（invisibilité）。雪莱明白，这是一种宇宙的快乐，一种"无形体"的快乐，它总是如此崭新，以至于似乎成为了新远征的信使：

似无形的喜悦，刚刚开始远征。

就像一片火云，云雀为蓝天的深处赋予了羽翼。对于雪莱的云雀而言，歌声就意味着翱翔，而翱翔即歌声。它是一支在银光闪闪的领域中疾驰的利箭。云雀蔑视所有形式和颜色的隐喻。诗人"藏匿在思想的光芒中"，不曾知晓云雀"在天空的所有分岔口"发出的和声。图斯内尔说：

你是何物，我们不知道；

雪莱也写道：

> 鸟也好，精灵也好，
> 说吧，什么是你的思想？
> 我从未曾听过
> 对爱情或对美酒的颂歌，
> 会迸出如你这样神圣的万分狂喜。

云雀并没有表达宇宙的欢乐，而是将它现实化，将它**投射**出来。通过聆听云雀，想象力逐渐被激活，不再有任何**颓丧**，不再有厌倦（ennui）的阴影——雪莱称之为"苦恼的阴影"（shadow of annoyance）；这难道不正是**"怀旧的厌倦"**（ennui nostalgique），一个沉眠在一门外语中的古法语词吗？谁未曾在被寒冷的晨曦划亮的平原上，在孤独中感受到这种**"苦恼"**呢？但只需一首云雀之歌，就能消除这种怀旧的厌倦。

云雀的宇宙论在这一节中体现得淋漓尽致：

> 是什么物象形成你
> 欢乐之歌的源泉？
> 什么田野、波浪或山峦？
> 什么天空或平原？
> 是对同类的爱？
> 还是对痛苦的绝缘？

在我们看来，云雀是**充满欢乐的浪漫主义**的典范，[1] 它是雪莱诗

---

① 梅雷迪斯："云雀在飞行，仿佛生活中的一切都很顺利。"（引自 Lucien Wolff, *Georges Meredith, poète et romancier*）

歌的精髓，是无法超越的、振荡的空气之理想：

> 只要教会我歌唱
> 你熟知的快乐中的一半，
> 从我的喉间就会流出
> 一种和谐炽热的激情，
> 那世人就会侧耳谛听，
> 如此刻的我！

　　至此我们可以理解《致云雀》的第一句："愿你长生，快乐的精灵！你似乎从不是飞禽？"现实的存在者从未教会我们什么；云雀是一种"纯粹的形象"，一种精神的纯粹形象，它只在空气想象力中寻得自己的生命，作为空气和上升的隐喻中心。在这里我们可以看到，谈论"纯粹的云雀"和谈论"纯粹的诗歌"具有同样的意义：**纯粹的诗歌**并不以描述为任务，拒绝在一个充满美的对象空间中进行规定。纯粹的对象必须超越表征的法则。因此，一种**诗歌对象**必须同时容纳整个主体和客体。雪莱那里，纯粹的云雀有着**无形体的欢乐**，它是主体的欢乐和世界欢乐的总和。人们可能会不在乎一颗疼痛的牙齿，因为它不属于人之恶，但没有任何诗歌的灵魂会无视这种"无形体的欢乐"——这是**宇宙在扩张中**的幸福，一个在歌唱中成长的宇宙。[①] 米舍莱说："云雀将土地的欢乐带向天空。"

　　通过歌唱希望，云雀也创造了希望。对于达芬奇而言，云雀是一位女预言家和愈疗师："据说当云雀被带到病人面前时，如果病人将死，云雀就会转过头去……但如果病人有望康复，云雀便会死死

---

　　① 普赛尔（Victor Poucel）也写道："那高处的云雀，不过是蓝天下的欢喜。我在清晨穿过田野时聆听它，在我看来，喜悦的正是我自己。"（*Mystique de la terre*）福尔特（Paul Fort）："每当我们在天空的心脏处听见云雀，我们的心就跳动一次。"（*Ballades françaises inédites*）

地盯着他，通过它的凝视，病情能得到缓解。"①

我坚信，云雀这种纯粹的文学形象具有指称的力量，在我看来，将空气的风景置于空中云雀的符号之下时，它就获得了一种明确的动态统一。

邓南遮给我们提供了一个例子，在其中云雀起初似乎不过是一种隐喻，但整个章节似乎从这个隐喻中获得了上升和空气的符号：②

> 整个傍晚的天空响起一阵云雀的奇妙合唱、
> 那是首羽翼的圣歌，一首翎毛和箭羽的颂歌，
> 如同无限的天使……
> 这是一首属于整个春天的羽翼交响乐。
>
> （交响乐）不断上升，上升（如同攀登，如同云雀的歌唱）。
> 渐渐地，在这森林的诗篇下，
> 一首由各种鸟鸣组成的音乐，依据某种未知的距离和诗意
> 转化成和谐的音符……
>
> ……钟声响起，宛若蓝山。

在喧杂的乡村所有不和谐的噪音里，云雀在夜晚的祥和中实现了这种"转化"，创造了一个声音的统一体，一个音乐的宇宙，一首上升的颂歌。空气想象力会立刻意识到，是**上升**决定了和谐，它将轻松地体验到审美和道德的统一。在这一段落中，我们能体会到一种审美情感和道德情感的连续性："这是一首无尽的赞歌。在歌唱的欢喜中，一切似乎都在上升，再上升，永久上升。**复活的节奏使土地升起**。我再也感觉不到自己的双腿，也不再占据任何地方；我

---

① Léonard de Vinci, *Les Carnets de Léonard de Vinci*, trad., t. II, p. 377.
② Gabriel d'Annunzio, *La contemplation de la Mort*, trad., p. 136.

是一种上升的多重力量，一种用以滋养未来、神性的、更新的实体……"这种多重狂喜同样可以在他的《死城》(*La Ville Morte*) 中找到：

> 整个乡村覆满即将凋零的小花。云雀的歌声充斥着整个天空。啊，如此美妙！我从未听见过这般急切的声音。数以千计的云雀，数不胜数……她们向四面八方飞去，如同弹弓般射向天空，似乎疯了一样，消失在光线之中，再也不见，仿佛被歌声所消弭，被太阳所吞噬……突然，其中一只云雀如同沉石般坠落到我的马下；她躺在那里，被狂喜所击中，死去了，因为她唱得太过欢乐。

所有诗人都无意识地服从于这种**歌声的统一性**，在文学的风景中，是云雀的歌声实现了这种统一。诗人兼小说家沃尔夫 (Lucien Wolff) 在论梅雷迪斯 (George Meredith) 的著作中写道："云雀的歌声不再是鸟类的个体狂热，而是所有欢乐的表达，是动物界和人类界全部热情的混合。"他还引用了梅雷迪斯形容云雀歌声的诗句：

> 它是树林，是水，是良善的羊群；
> 它是山丘，是靠近葱绿草地，
> 褐色荒地的人类家园，
> 是那些在城中劳作的人们的歌。
> 它歌唱花儿的活力与生命，
> 以及太阳和雨水的结合。
> 它是孩子们的圆舞曲，
> 播种者的赞美，
> 是报春花和紫罗兰开花的欢乐与呼声。
>
> [《升起的云雀》(*L'alouette qui se lève*)]

在云雀的号召下，树林、水、人、羊群——甚至地面上的草地和山丘仿佛都变成了空气，参与到了一种空气的生命里。云雀赋予它们**统一的歌声**。因此，**纯粹的云雀**是升华的至高符号。沃尔夫说："云雀触动了我们身上最纯粹的事物。"

在天际线细长的尽头、寂静的消逝中，我们也能找到同一种纯粹。忽然，我们停止了聆听。垂直的宇宙如同一支不再射出的箭般陷入沉寂：①

> 空中的云雀已死，
>
> 无人知晓如何坠落。

---

① Jules Supervielle, *Gravitations*, p. 198.

第三章　想象的坠落

> 我们没有羽翼，但总是有足够的力坠落。
>
> ——克洛岱尔，《观点与建议》

一

如果同时对坠落和上升的隐喻进行统计，我们将会惊讶于前者远多于后者。甚至在道德生活之前，就已经有了明确的坠落隐喻。似乎有一种难以否认的心理现实，它们形成了一种心灵的印象，在我们的无意识中留下了不可磨灭的痕迹——对坠落的恐惧是一种**原初恐惧**，它作为一个组成要素出现在各种各样的恐惧之中：它是黑暗恐惧中的动态元素，逃跑的人感到双腿在打颤。黑夜与坠落，坠入黑暗——它们为**无意识想象**准备了一些轻松的戏剧。瓦隆（Henri Wallon）已经指出，广场恐惧症在根本上只是一种坠落恐惧的变体；它不是害怕与人相遇，而是害怕不能获得支持（appui）。只要有一丁点退缩，我们就会由于这种幼时的恐惧而颤抖。最后，梦想本身也经历了这种令人眩晕的深渊坠落。这就是为什么杰克·伦敦（Jack London）强调，梦中坠落的戏剧性可以成为一种"种族记忆"；对他而言，这种梦想可以"远远追溯到我们还生活在树上的祖先。由于他们是林栖动物，因此坠落的风险对他们来说是一个持续存在的威胁……我们会注意到，在坠落之梦中，我们永远不会触底……你和我都是那些从未触及土地的人的后代（在这场噩梦般的坠落中，他们紧抓住了树枝）；这就是在梦中我们不会触底的原因。"① 在这里，杰克·伦敦发展出了一种人类双重人格的理论：梦中人格和理性人格，这也深刻区分了属于白天和夜晚的两种生命："这一定是另一种独特的人格，它在入睡时坠落，并且我们实际上已经有过这种坠落体验——简言之，这是一种对过去的种族经验的记忆，就像我们清醒时的人格对于我们清醒生命中的活动也有记忆一样。""我们最常见的种族记忆是关于坠入空间的梦……"这类丰富的假说让我们意识到**坠落的隐喻**在多大程度上影响到了各种各样的心灵。

垂直心理学因此似乎需要花费大量时间来研究关于坠落的印象和隐喻。然而在这一章中，我们的处理很简单，目的只有一个，就是为了更好地澄清什么是真正主动的垂直性体验：在我们看来，这就是由高度所激活的垂直性。事实上，无论坠落印象的数量和实在性，我们都相信**垂直想象力**的现实轴是指向高处的。我们**想象着朝向高处的冲力**，并**意识到**朝向低处的坠落；但意识之物并不同于想象之物。正如布莱克所写的："自然的对象从未停止削弱、僵化和抹除自我内在的想象。"② 高处优于低处。非现实主宰着**想象的实在论**。由于这一论题有必要加以论证，我们会进一步给出这么做的理由。

虽然有很多关于坠落的形象，但是它们的动态印象并不像我们

---

① Jack London, *Avant Adam*, trad., pp. 27—28.
② 引自 Herbert Read, «Le poète graphique», Apud *Messages*, 1911。

最初以为的那样丰富。"纯粹的"坠落是很罕见的。在大多数时候，坠落的形象都附加上了其他事物；诗人增加了外部的整体环境，然而这并没有真正触发动态想象力的行动。例如，弥尔顿在《失乐园》中讲道：路西法被掷下天空，一直**坠落了九日**。但这坠落的九日并没有让我们感觉到下坠的风，这一历程的浩大也并没有增加我们的恐惧；即使我们被告知恶魔坠落了一个世纪，这一深渊也不会在我们的眼中显得深不见底。诗人知道如何向我们传达**生命的坠落微分**：也就是说，在坠落时实体也发生了变化，在那一瞬间，它变得**更重**或**更轻**，或是更加**罪恶**——印象是如此活跃。在关于堕落者的复杂心理学中，这种**生命的坠落**是我们承担的原因和责任。这种原因和责任的结合将会增强音调——在道德的调性化中，坠落不再是一种偶然秩序，而是一种实体秩序。所有形象都必须通过隐喻来丰富自身，以便赋予想象力以生命。想象力——一种理想的哲学的首要法则，意味着要把整个主体置于各个形象之中。想象一个世界，意味着让自己对这个世界负责，对它承担起一种道德上的责任。任何关于想象的因果性学说都是一种关于责任的学说。[①] 任何沉思者在思考他们元素性的力量时，都总是在轻微颤栗。

因此，象征主义要求比视觉形象的联系更有力的联结力量。在弥尔顿那里，路西法可以说是道德堕落的象征，但是当他将堕落的天使视作一个被推操着、被掷下天空的**对象**时，他就熄灭了象征的光亮——量的眩晕往往与质的眩晕对立。为了想象这种眩晕，必须让它回到一种瞬间的哲学，必须在我们的整个存在衰退时，在整体的微分中将它捕获。这是一种迅若闪电的生成。如果我们要拥有这些形象，就必须唤醒自己内心中关于被闪电击中的天使的**心理学**。坠落必须同时拥有**所有意义**：它必须既是隐喻又是现实。

---

① 兰克（Otto Rank）已经详细阐述了因果性概念和罪责概念之间的关系（*La Volonté de Bonheur*）。

二

但是，我们之所以选择用高度作为动态想象力的主导方向，并不只是因为坠落形象中**动态的贫乏**。更深层的原因在于，我们相信这样做更忠实于动态想象力的本质。

事实上，当动态想象力被赋予激发运动形象的角色，不再局限于从运动学角度描绘外部现象时，它想象着**在高处**。动态想象力实际上只提供关于驱力、冲力和飞跃的形象，也就是说，这些形象中**产生的运动**从主动想象的**力量中获得方向**。想象的力量总有一种积极的效用，动态想象力并不适用于提供抵抗的形象，为了真正的想象，它必须总是行动、进攻。视觉捕捉到的现实运动或许玷污了动态形象；但是在原则上，形象**意愿**运动，或者更准确地说，动态想象正是一种**意志**的梦想。这种意志梦想着自己的成功，它无法否认自己，尤其无法否认自己最初的梦想。因此，动态想象力天真的生命是关于征服重力的传说。没有任何一个动态隐喻朝向低处，也没有任何一枝想象力的花朵向低处绽放。这不是一种简单的乐观主义。并不是说从土地的梦想中获得的想象力的花朵就不够美丽，但在灵魂的夜间、在地底之人温暖的土地之心中绽放的花朵，依旧属于上升的花朵。**上升**是形象生产的现实方向，是动态想象力的主动行动。

因此，如果我们没有**首先**感觉到上升方向的垂直轴，就很难察觉到行动的想象力。一个活生生的地狱不是我们挖掘出来的，它在燃烧、在上升、趋向火焰和号叫——这是一个痛苦不断增加的地狱。这种痛苦在疼痛中丧失了**地狱的微分**（différentielle infernale）。如果我们从不是几何和抽象的角度考察这种增长中的动态想象力法则，就会意识到，增加总意味着提升。在想象的生命中，一些人的提升伴随着痛苦——他们属于土地；而另一些人的提升则是近乎奇迹的、轻松的——他们属于空气。借由土地和空气想象力元素，我们基本上可以描述一切关于**增长意志的梦想**。一切都在形象的领域中增长。

三

坠落想象可以被视作一种上升想象的疾病，它是对高度的一种难以平息的怀旧。

我们可以举例来说明这种依附于深渊的动态想象的怀旧感。在阿韦德·巴里纳（Arvède Barine）对德昆西（Thomas de Quincey）的引用中有一种鲜明的表达："这不是一种比喻，而正如字面所说——对我而言，每个夜晚，我似乎都下坠到毫无光亮、深不可测的深渊之中，仿佛没有任何再度上升的希望。当我醒来时也没有感到**振奋**。"[①] 在这里和弥尔顿的过程不同，坠落并没有一个结束的时间——它标志着更深刻的绝望，实存且持久。有些事物在我们心中长期存在，剥夺了我们"重新上升"的希望，让我们永远意识到自己已然坠落。存在者"堕入"他的罪责中。

需要注意德昆西这种深渊概念的动态本质：深渊是不**可见**的，深渊的黑暗并不是恐惧的来源。视觉与形象无关。深渊是从坠落中**推衍**出来的，形象是从运动中**推衍**出来的。德昆西用一个直接的动态形象开启了文本：我在坠落，而深渊正在我脚下打开。我不断坠落，因此深渊也是深不可测的；**我的坠落创造了深渊**，但深渊却远不是让我坠落的原因。企图让我重获光明、恢复活力是徒劳的，夜间的坠落已经在我的生命中留下了不可磨灭的痕迹。我已经无法再感觉到提升，因为坠落将是今后铭刻在我的存在中的心理轴——坠

---

① Arvède Barine, *Les Névrosés*, Hachette, p. 55.

落，是我的梦想之命运。梦想通常使人在空气中感到幸福，却驱使我远离光明。那些梦想沉重的人是多么不幸，那些梦想生了深渊之病的人是多么不幸！

爱伦·坡也明白，想象的坠落现实是一种必须在存在者的痛苦实体中寻找的现实。深渊的创造者的问题直接传播了这种痛苦，在**展开客观形象的进程**之前，他必须找到一种方法，在读者的灵魂中诱发这种想象的坠落。先是触动，再是展现。只有当作家用一种本质的恐惧触及灵魂深处，话语性的恐惧装置才会发挥作用。爱伦·坡的天才之处首先建立在动态想象力的基础之上。例如《陷阱与钟摆》(*Le Puits et le Pendule*) 从第 1 页开始就陷入极端糟糕的环境，想象的坠落以一种现实、实质性的语调被陈述出来："随之而来的便是一片黑暗中的黑暗。所有的感觉仿佛都被灵魂坠入地狱时的那种飞速下降所吞没，然后就是那个沉寂而静止的冥冥世界。"[①] 爱伦·坡将昏厥描述为存在者内部的一种坠落，一种本体的坠落；在这种坠落中，首先消失的是身体存在的意识，其次是道德存在的意识。爱伦·坡说，如果我们知道如何通过动态想象力生活在两个领域的界限处——也就是说，如果我们真的是一种独特的想象性存在，一种心灵的原初形式——那么我们就能够唤起"跨越尘世的深渊中所有动人的记忆。那么，这个深渊是什么呢？至少，我们如何将它与坠落的黑暗区分开来呢？"但后来，这个故事演变成某种离不开恐惧的机械之物，那种深刻的恐怖丧失了威严，丧失了使开篇如此凄美黑暗的旋律音调。但是，关于"黑暗序曲"的主题被巧妙地再次提起，因此整个故事保留着一种最有力的联结——**深渊的联结**。

这种**深渊的联结**极为强大，它很容易包括道德价值。坡在一处边注中指出，我们在昏厥时可以感觉到死后存在的湮灭："我们有时可以在睡梦中感到这种湮灭的危险，有时甚至可以更清楚地在昏厥

---

① 爱伦·坡：《爱伦·坡暗黑故事集》，曹明伦译，湖南文艺出版社 2013 年版，第 42 页。

中感觉到。"[1] 衰退、昏厥，这也是想象和道德的广大同义词。

此外坡认为，在死亡与深渊的界限处，如果不将坠落与**重新上升**的努力联系起来，就无法带来关于本质坠落的印象，"拾起我的灵魂遁入的那种眩晕状态的残余；有些时刻我梦到自己成功了"。正是这种重新上升的努力，这些意识到眩晕的**努力**，让坠落有了某种波动性——想象的坠落成为一种波动心理学的案例，在其中，现实与想象的对子在一种矛盾游戏中不断交流，互相加强并彼此诱发。

随后，眩晕在这种颤栗的生死辩证法中加剧，抵达一种**无限的坠落**，这种难忘的动态体验在爱伦·坡的灵魂中留下了深刻的烙印：

> 这些少量的记忆隐隐约约地证明，当时一些高大的身影把我抬起，并默默无声地抬着我往低处走去——朝下——继续朝下，直到我因觉察到那下降没有止境而感到一种可怕的眩晕……接着突然有一种一切都静止不动的感觉，仿佛那些抬我的人（一群幽灵的队伍）在下降的路上已经超过了没有止境的界线，由于精疲力竭才停下来歇一会儿，在那之后我还记起了晦暝与潮湿，然后一切都是疯狂，一种忙于冲破禁区的记忆的疯狂。

我们可以看到，这种混合了凄暗的理性、衰弱的肉体和坠落想象力的说明很好地表现出形象和隐喻之间的联系——这正是文学形象的典型特征。借助坠落的"文学形象"，我们可以看见**说明**加之于**虚构**（fabulation）上的行动，因为对其形象进行**说明**，这正是文学想象力的标志：这种说明将精神投向四方，它唤起一个庞大的过去，聚集起一个梦想与恐惧的多元体。由此，想象自身的虚构被降低到最小限度；"幽灵的队伍"并没有构造某个角色，他们没有试图获得

---

[1]　Edgar Poe, *Contes grotesques*, trad. Émile Hennequin, p. 209.

某种身体，甚至是某种连贯性。诗人很清楚，运动是可以被**直接**想象的；他相信读者同样也拥有这种动态想象力——读者必须"**闭着眼睛**"去理解这种眩晕。

如果对想象的晕厥、本体的坠落、衰退的波动性没有一个动态认识，没有重生和再度上升的努力，我们就无法生活在想象的世界中；在其中，质料性元素在我们内心中梦想，事物的质料象征着"某种梦想蛛网般的"质料："从不曾昏迷过的人绝不会看到奇异的宫殿和在煤火中显现的非常熟悉的面孔，绝不会看到许多人也许看不到的黯淡的幻影在半空中漂浮，决不会沉湎于某种奇花的芬芳——他的大脑也不会为某种以前没引起过他注意的韵调的意义而感到困惑。"这种从存在的衰落中所提取出来的可感性，完全依赖于质料想象力。它需要一种突变，使我们的存在少一些土地的成分，变得更属于空气、更易变形，而非接近被构想的形式。这种感受性随着内部存在的减弱而加强，仿佛直接的感应，会受到言语的有形影响的直接感应。言语如果被用来唤醒视觉图像，它就会失去一部分力量。但是，言语是形象的影射与交融，而不是固化概念的彼此交换。它是一种用来撼动我们的存在的流体，一种在我们内心劳作的呼吸，当我们的存在"减弱"了自身的土地性时，它便成为空气的质料。因此，对于熟知这种状态的爱伦·坡来说，在梦想中，我们在空气中翱翔，与欲使我们沉沦的坠落精神作斗争。言语的力量非常接近一种质料性力量，它受质料想象力的支配。"当我向你言说时，难道你不觉得自己的精神被一些**与言语的质料性力量**有关的思想所贯穿吗？每一句言语难道不都是一种在空气中产生的运动吗？"在这里并没有任何神秘学意味，它是一种简单直接的遐想。因此，对动态化的诗歌，也即爱伦·坡故事的思考——这些故事通常拥有**纯粹文学形象**的绚丽背景——使我们成为了动态语言体系的一员，让我们在一个表达的运动系统中活动。在这一视角下，语言承认**与运动的联系**，就像承认它**与理念的联系**一样。想象的坠落以一种恰当的动态方式被言说，并动态地作用于想象力；它使形式想象力能够获得一些奇特的视觉形象，而同时不唤醒任何现实经验。形象直接产生于低语、暗示的声音。**被言说的自然**是能动的自然（nature naturante）之序曲。如果我们给予动词以应有的诗歌创造者的地位，如果我们考虑到诗歌先是创造了一种精神，随后才是一些形象，那么就应该在传统的体系上增加两个新术语：被言说的自然唤醒了能动的自然——后者创造了被动的自然（nature naturée）；我们在一个言说的自然（nature parlante）中聆听。是的，正如许多诗人所说，对于那些聆听者而言，自然在言说。宇宙万物皆在言说，但正是人这一伟大的言说者，说出了最原初的语词。

此外，在我们研究的这些运动中，灵魂越是坠落，它所获得的下坠景象就越是奇特。通常而言，为了获得**旅行之邀**的视野，灵魂必须**被调动起来**，向深处移动，以便寻找到那些黑暗深渊的形象——这些形象并不适用于正常理性的视角。从这一点出发，对于一位想象心理学家来说，将《莫斯肯漩涡沉浮记》（*Une descente dans le Maelstrom*）这样的故事和其可能的来源材料进行比较考察将是非常有启发性的，这有利于衡量一个**被想象的**叙事（récit imaginé）和一个**想象的**故事（conte imaginaire）之间的差距，并帮助我们理解**想象的自主性**，可惜还并没有找到做这一论题的哲学家。

遗憾的是为了进行这种比较，我找到的相关材料只有法文本。"想象的旅程：梦想、幻觉和神秘主义小说"系列的第十九卷中（Amsterdam, 1788）刊载的第二个故事为《穿越地心》，这个故事出版于《尼古拉斯·克里姆斯的地下世界旅行》（*Voyage de Nicolas Klimius dans le monde souterrain*）之后，爱伦·坡曾提及，这是他在罗德里克（Roderick Usher）家中令人不安的守夜期间读到的书籍之一。这部作品的完整标题为："穿越地心：从北极到南极的航行记述"，作者不详。根据"想象的旅程"系列出版商的说法，其最早刊行于 1723 年。[①]

《莫斯肯漩涡沉浮记》和《穿越地心》这两部作品在地理上的准确对应使我们可以毫不怀疑它们的相似性。那位 18 世纪的作者写道："我们当时在北纬 68 度 17 分"，并没有给出经度。爱伦·坡以其特有的谨慎方式写道："我们现在是在挪威海边，纬度 68 度……"尽管他在海洋问题上喜欢一丝不苟，但他并没有提及 17 分。

同样的出发点和地理环境，同样通过民间传说赋予叙述以某种传统——这些相同的原材料都是为了突出两种想象力的差异。那位 18 世纪的作者想凭借事物中的梦幻背景来唤醒人类社会中的梦幻，他所想象的国家很快变成一个社会乌托邦。这一叙述进一步可以变得像梦想一般充满戏剧性，叙述者被置于一种无梦的睡眠之中——当他从这个睡眠中醒来后，能够像《波斯人信札》(*Lettres persanes*)的作者描绘巴黎的风俗那样[②]，描绘属于地下之人的习俗。

另一方面，爱伦·坡的想象从未离开第 1 页的**梦境**，换句话说，他从现实中不知不觉地创造出想象之物，仿佛这种不寻常的感知本来就是为了触发梦想。在跟随这种渐进的梦境化一段时间后，我们将看到它证实了这一论点：形象需要被整合进一种基本的想象力运动中。

由于我们讨论的是一场深度之旅，一场关于唤醒坠落的梦，那么应该先从眩晕的印象开始。在叙事开头可怕的描述之前，作者就努力在两个对话者——言说者和倾听者之间暗示某种眩晕。**这种眩**

---

① 同年在鲁昂出版了一本匿名书：《自然的伟大奇迹》(*Principales merveilles de la nature*)，其中详细描述了挪威的深渊，即"海洋之脐"，所有的海水都经过这条深渊。作者说："这就像人体的动脉一样，将血液分配到所有静脉之中。"作者和爱伦·坡一样，也提到了基歇尔 (Athanasius Kircher)。——原注

基歇尔 (1602—1680)：德国耶稣会学者和博物学家，因其广泛的兴趣而被称作"百艺大师"(Master of a Hundred Arts)、"最后的文艺复兴者"。在地质学工作方面，他是第一批通过显微镜观察火山和化石的人之一。基歇尔还对古埃及文、汉学感兴趣，并撰写了一部中国百科全书。——译注

② 这里指的是法国启蒙思想界孟德斯鸠写作的《波斯人信札》。孟德斯鸠借主人公郁斯贝克等人之口，以通信的形式描绘了当时法国社会状况和异国情调，实则针砭时弊。但作者实际上并没有去过波斯，因此描述的异国世界和习俗是想象的产物。——译注

晕的共同体是对客观性的最初尝试。从文本的第 2 页开始，眩晕便如此深刻，以至于作者写道："我想摆脱这种想法是徒劳的：在狂风中，山的地基都受到了威胁。"眩晕已经从体感变成了理念，眩晕的体感印象被极端的运动性理念所取代——没有什么是静止的，甚至山也是如此。

　　爱伦·坡经常使用的方法是将现实与梦想相**对照**，这一点在这里体现得尤为明显。当坡描述船被莫斯肯漩涡中的海浪卷走时，他找到的最好的办法是将船的下落比作坠落的噩梦："一个巨大的浪头紧紧贴住了我们的船底，并随着它的涌起将我们托了起来——向上，向上——仿佛把我们托到了空中。我真不敢相信浪头能涌得那么高。然后伴随着一顿、一滑、一坠，我们的船又猛然往下跌落，跌得我头昏眼花，直感恶心，就像在梦中从山顶上往下坠落。"在刚开始阅读这个故事时，人们并不会马上有生动的共情或紧张的反感，因为有些人对爱伦·坡故事产生的更多是一种抵制，而非吸引——直到人们和作者一起体验到某种**下坠的恶心**为止，也就是说，无意识被卷入到一种元素性的生命体验之中。因此，我们必须承认，恐惧并非来自**对象**、来自作者所暗示的**景象**中；而是在读者的灵魂中被反复激活。作者并没有将一个可怕的情境带到读者面前，而是让读者直接置于**恐惧的情境**之中，并激发了基本的动态想象力。作家在读者的灵魂中直接**激发**了坠落的噩梦——他重新找到了一种原初的恶心，这种恶心深深根植于我们本质深处的遐想。在爱伦·坡的许多故事中，我们都能注意到这种**梦想的原初性**。梦想不是清醒生命的产物，而是一种根本的主观状态。形而上学家可以在这里看到一种**想象力的哥白尼式革命**。事实上，形象不是借由它们的客观**特质**（TRAITS）来获得解释的，而是凭借它们的**主观意义**（SENS）。这一革命：

　　　　将梦想置于现实之前，

　　将噩梦置于戏剧之前，

　　将恐惧置于怪物之前，

　　将恶心置于坠落之前。

　　总之，想象在主体中足够有生命力，以至于它能够将它的幻觉、恐惧和不幸施加到主体身上。如果说梦想是一种回忆说，那么它就是对生命从前状态的回忆——一种死去的生命状态，一种**幸福之前**的哀悼。我们可以更进一步，将形象不仅放置在思想和叙述之前，而且放置在所有**情感**之前。一种**灵魂的伟大**与诗歌的恐惧相关联——这种痛苦中的灵魂之伟大揭示出一种首要的性质，确保想象力永远处于原初的位置。是想象在思考，在忍受，是它在发挥作用；想象直接在诗歌中释放自身。象征的观念太过知性，而诗性体验的观念又太过"实验性"——思想和散漫的体验都不足以触及想象的原初性。霍夫曼斯塔尔（Hugo von Hofmannsthal）写道："你无法找到知性或情感的术语来形容这些灵魂的运动，它们在运动中释放自身；形象在这里获得了解放。"[1] 动态形象是一种原初现实。

　　对于坠落这样一个贫乏的主题，爱伦·坡知道如何通过客观形象来为根本的梦想提供精神食粮，来让坠落继续**绵延**。要理解坡的想象力，必须去体验这种经由**内心的坠落**运动获得的外部形象的**同化**；必须记得，这种坠落已经处在一种昏厥的秩序、一种死亡的秩序之中。如此这样，阅读中的共情便会更强烈，以至于当我们合上书时，仍然有一种"没有再度上升"的印象。

　　由于爱伦·坡的遐想是一种沉重的遐想，它使所有的对象都变得沉重，空气的气息也因此拥有了重量，在帷幕和呢绒中变得沉重且缓慢。在许多叙述的进程以及诗歌中，各种面纱都会不知不觉地变得沉重起来。[2] 没有事物能够飞翔——所有了解梦想的人都明白

---

① Hugo von Hofmannsthal, «Entretien sur la poésie», *Écrits en prose*, p. 160.
② 见爱伦·坡：《乌鸦》，曹明伦译，江西人民出版社 2017 年版。

这一点：在爱伦·坡的诗学中，**挂幔帐的墙是在梦中缓慢活着的墙，它是柔软的墙，带着几乎不为人察觉的微微颤动。**[①] 在《红死病的假面具》(*Le Masque de la Mort rouge*) 中，普洛佩斯罗宫殿的第七个房间——最后一间，"四壁从天花板到墙根都被黑丝绒帷幔遮得严严实实，帷幔的褶边沉甸甸地垂在同样是黑丝绒的地毯上"。在《丽姬娅》(*Ligéia*) 中，高得不成比例的墙"从墙顶到墙脚都重重叠叠地垂着看上去沉甸甸的各式幔帐。幔帐的质地与脚下的地毯、褥榻上的罩单、床上方的华盖以及那半掩着窗户的罗纹巨幅窗帘一样，都是最贵重的金丝簇绒"。随后，窗帘会颤动，它宽大的褶子会移动，但这不会干扰它永恒的沉重。如果我们回想一下坡的作品中所有这种充满戏剧性的房间，就会感受到这种笼罩着的重量。所有对象都总是比我们想要的客观知识和静态沉思要更沉重。些许坠落的意志——一种阻碍意志涌现的疾病，通过诗人特有的动态想象力被传达出来：

> 在每一个颤动的形式上，
> 帷幕，巨大的裹尸布，
> 带着暴风雨般的强力降临。

在所有事物之上，在一种可怕的抚动中，死神披上了它沉重的面纱。

正如爱伦·坡沉重的遐想使物变得沉重一样，这种遐想也增加了**元素**的重量。在关于水的想象力的研究中，我们已经说明了在坡的诗学中有一种特殊的水，它是沉重且缓慢的。在他关于平静的空气的故事和诗歌中，我们也可以找到相同的迟缓与重量。"灵魂衰弱"的动态感受体现为一种**沉重的大气**——很少有诗人知道如何将

---

① 见爱伦·坡：《爱伦·坡暗黑故事全集》，曹明伦译，湖南文艺出版社 2013 年版，第 42 页。

这种普通的形象变得充满**活力**。如果你愿意将《厄舍府之倒塌》（*La chute de la Maison Usher*）**当作一首诗**来重读——带着阅读散文诗时需要的那种穿透性的缓慢，带着**思想中**的节奏，你就能感受到那种陌异的力量。应该以动态的方式重新阅读，带着缓慢的动态，双眼半阖；要削弱那些不过是沉重的动态旋律上的视觉琶音（arpège）的形象。然后，你会一点点感受到**夜间阴影的重量**。我们将意识到，**夜间阴影的重量是一种纯粹的文学形象**，它由一个三重的同义叠用（triple pléonasme）所激活。沉入黑暗中的空气质料将使我们更好地感受到"沉重的云"的重量。一旦感受过"沉重的云"、沉重和封闭的天空这类古老的形象，我们就能感受到"以恐惧为基础的所有感受的矛盾法则"的作用——爱伦·坡提及了这种法则，但是并没有详细解释；在我们看来，它是痛苦与坠落的综合，是压迫和惊吓我们的事物在实体上的联结。因此，如此靠近、使我们自由的空气，实际上是我们的监狱，它狭仄而气氛**沉重**。恐惧使我们重回土地。

> 我如此沉湎于自己的想象，以至于我认为那宅院及其周围悬浮着一种它们所特有的气息。那种气息并非生发于天地自然，而是生发于那些枯树残枝、灰墙暗壁，生发于那一汪死气沉沉的湖水。那是一种神秘而致命的雾霭，阴晦，凝滞，朦胧，沉重如铅。

我们提出的质疑不变：在这里，是视觉给予了我们以形象吗？在这个叙述的形容词组织中，是否应该将生命和首要的力归因于这种"阴晦、沉重如铅"、围绕着厄舍府的雾霭呢？用两个相区隔的形容词把"半透明"（diaphane）和"铅"联系起来，在视觉上不会自相矛盾吗？恰恰相反，如果我们能够让形象**动态化**，用内在想象为这一精神力提供支持，那么一切都会变得连贯。在这一文本中，拥有形象的想象性、生产性力量的形容词，是那些**重量的**形容词，它们属于**垂直性**的生命。是沉重、迟缓和神秘的重量，使一位不幸的梦想者的灵魂有了负担。目光随之丧失了生机，它不再区分简洁的形式，而是适应了缥缈、**沉重且虚幻**的遐想。目光与一种强烈的实体化感应达成了一致，在这种感应中，某人实际上呼吸着"一种悲哀的空气"。当爱伦·坡告诉我们"一种苦涩、深沉、不可救药的忧郁空气盘旋在一切之上，穿透一切"时，我们必须在一种实体化的共情状态下与他一道体验，必须感到忧郁的空气**像一种实体**进入到我们的胸腔——爱伦·坡将这些陈旧的形象变得如此丰富，以至于它们重新获得了完整而原初的生命。一些人能够将最罕见的形象也变得平庸——他们总是准备用概念来接收形象；另外一些人，那些真正的诗人，则使平庸的形象恢复了生命——听！在一个概念的空洞处，他们使生命的声音响起。在这一点上，那些使用陈词滥调的诗人可能会反对说：我们的言说也是**强烈、有力、生动的**——他们在作品中都使用了丰富的形象，发出叠韵的声音。但是，所有这些丰富性都带有杂质，所有的声音都是嘈杂的；这些华丽的装点缺乏存在，缺乏诗歌的**恒定性**，缺乏美的质料和运动的真理——只有质料想象力和动态形象力才能产生真正的诗歌。

　　爱伦·坡的诗学是如此忠实于他的"实体性运动"，甚至在最短的故事中也能找到这一踪迹。如果我们重读《死荫》(*Ombre*) 或《丽姬娅》时，会得到相同的沉重的普遍印象：

> 　　一种死亡的压迫缠住我们不放。它缠住我们的四肢，缠住室内的摆设，也缠住我们喝酒的那些酒杯。所有的一切都被缠住，所有的一切都被压倒，除了那七团照亮我们酒宴的七盏铁灯的火焰。七盏灯的火苗都又细又长，暗淡而且一动不动……
>
> （爱伦·坡，《死荫》）

谁感觉不到这种窄长、垂直、安静的火焰呢？它们拒斥活力，并不使任何事物朝向天空，而只是作为一个参照轴，为垂直性提供理想的线条。在它们四周，一切都在坠落、坍倒，被它们苍白的火焰照亮的遐想是一种已死者的**沉重**——它在一种死亡的动态中思考、想象。

值得注意的是，在一些想象中，火焰被空气和土地的两端所拉长。这拉长是动态化的，**想象力将其视作一种主动的拉长**（allongement）。因此，它是一种飞翔和连根拔起的复合形象。在西拉诺（Cyrano）的作品中可以找到对这种动态化形象的一小段描述："因此，植物、野兽或人一旦死亡，他们的灵魂就会上升，永不熄灭（以加入光明的群体中）；就像尽管有油脂将其固定在下方，蜡烛的火焰也会飞溅起来。"

对于一种感受性的想象精神而言，最微小的记号、迹象都会标示一种命运。正如米舍莱所说，将"五角星倒过来"，就是将你的灵魂许诺给内部世界。他描述道："在湿婆［作者将其等同于恶魔］的神庙中，明亮的火焰被水平放置的金属板穿过，目的是阻止火焰抵达它应该上升到的地方，即天堂。"[①]

变得轻盈，还是保持沉重——在这个两难境地中，一些想象力可以演绎出人类命运的所有戏剧。一旦将最简单、最贫瘠的形象沿着垂直轴展开，它们便成为了空气和土地的一部分。这些形象是最本质、最自然的象征，为质料想象和力的想象所识别。

四

既然我们现在已经明白，想象的坠落是一种精神现实，它主宰着自己所描绘的一切，并为所有的形象指明方向，那么就可以解释

---

① Victor-Émile Michelet, *L'Amour et la Magie*, p. 46.

一个在诗歌中不算罕见的主题——**向高处坠落**的主题。这种坠落有时会以一种加速运动的方式出现，**如同去往天空的强烈愿望**。它听起来像是一个不耐烦的灵魂的喊叫。按照我们的方法，可以只考察一位诗人的例子。米沃什（O. V. de L. Milosz）在《美之王的诗篇》（*Psaume du Roi de Beauté*）中写道："我愿在这时间的宝座上入睡！从低处坠向高处，坠入神圣的深渊。"

然而在有些情况下，这种被**掷向**高处的愿望会产生一些形象，在其中天空是一个**颠倒的深渊**。我们记得，塞拉菲提斯向胆怯的人展示了蓝天的深渊——对于一个真正属于空气的灵魂来说，这种深渊比土地上的任何峡谷都更具有吸引力。属于土地的灵魂总是想要抵御深渊的伤害。坠落向天空的过程毫不含糊，它是加速的，是幸福的。

很少有灵魂能够经历那种朝向善（bien）的眩晕，在其中有一种无条件的上升，一种对轻盈感的新意识。**各种动态价值的转化**决定了各种形象的转化。在后面我们将看到尼采是如何向我们展现：**深度是在高处的**。这类形象不仅由视觉产生，还是动态想象力的投射。在一个强调善、确信善的灵魂中，高度是如此丰富，以至于它能够接受各种关于深度的隐喻。被抬升的灵魂**在深度的意义上**是善的。副词突然给予了形容词以一种视角：它为品质增加了修饰的历史。当我们满怀热情地阅读这些语词的时候，它们是多么丰富啊！

在米沃什的诗歌中，上升和坠落的形象频繁地联系在一起，它们正反映出了一种诗歌的摩尼教。例如在《勒穆尔的忏悔》（*La Contession de Lemuel*）中唱诗班与男人的对话：

唱诗班：这是真的吗？你是否记得？在被创造的空间上

静止的穹顶……

……

沉思的金色山峰。

······

随后便是归程——在你的记忆中

寻找坠落——笔直，首要的线条。

男人：被声音的云朵裹挟，我不知身处何方；

悬浮在高处，渴望的虚无之中，无法触及在黑暗、

空阔而残忍的空间中，静止、冰冷且沉寂的飞行。

我坠落，遗忘，

随后又忽然想起。

唱诗班：（众声低语）从生命到生命，一条怎样的道路！

在对这种诗歌的体验中，读者怎能不参与到首要的垂直线中呢？——正是这条线向我们讲述着善与恶、坠落与沉思的金山。米沃什赞同阿尔贝·贝甘的看法："从这里开始，灵魂属于两个世界：重量的世界和光明的世界"[1]；贝甘继续说："但如果认为一个是虚无，另一个是现实就错了。在它们的关系中，光明和重量对应了某种想象的双重现实，它支配着所有的精神生活。"卢茨（Ricarda Ruch）提醒我们道："谢林将光明与重量视作自然的原初二元性。"

五

在伟大的垂直梦想者那里，可以找到更为一些特殊的形象，它们似乎同时朝两种命运的方向展开：高度的命运和深度的命运。在梦想的天才——诺瓦利斯的作品中，我们可以看到这种惊人的形象："如果宇宙在某种程度上是人性的沉淀，那么诸神的世界就是一种升华。"[2] 他还补充道："两者构成一种**统一行动**（*uno actu*）"，升华和

---

[1] Albert Béguin, *L'âme romantique et le rêve*, éd. Corti, p. 121.

[2] Novalis, *Fragments inédits, Hymnes à la nuit*, trad., Stock, p. 98.

结晶构成一个**单一的行动**。没有沉淀就没有升华；没有离开质料的轻盈气体，没有在土地上运行的精神，也就没有结晶。①

但是这种过于接近炼金术形象的直观，不利于理解诺瓦利斯作为一名伟大的炼金术**心理学家**的思想。在炼金术形象中，动态想象力往往被质料想象力所麻痹，结果是那些盐和香精，以及它们的质料梦想，使我们遗忘了蒸馏（distillation）长期的动态梦想。我们总是思考事物而非功能——由于在对梦想的叙述中，我们总是用思想污染梦想，因此为了回忆起**梦的功能**而非**梦的对象**，我们必须忠实于梦想本身。因此对于诺瓦利斯的作品，我们应该优先考虑**统一行动**的表达——动态想象力正是**统一行动**，是在**行动中同样**体验到的统一性，它必须能够体验到深度和高度的双重人类命运，体验到奢华（somptueux）与壮丽（splendeur）的辩证法。（谁会弄错奢华和壮丽的不同垂直方向呢？即便是对动态想象力一无所知的人，也不会视空气为奢华，视矿石为壮丽。）

动态想象力联结了两极。它使我们明白，当某种行动深入时，我们内心的某些事物会上升——相反，当某些事物上升时，另一些事物也会加深。我们是自然与神灵之间的纽带，或者，为了更忠实于纯粹的想象力，可以说我们是土地与空气之间最强有力的纽带：我们是同一个行动中的两种质料。这一表达可以被视作对诺瓦利斯式梦境体验的概括，只有当给予想象力以位于所有精神功能之上的优先性时，才能理解这一说法。至此，我们可以建立一种**想象哲学**，在其中，想象力就是存在本身，它是自身形象和思想的生产者。而动态想象力先于质料想象力：想象的运动放慢步伐，就创造了土地的存在；加快速度，则创造了空气的存在。但是，由于本质上是动

---

① 我们可以将米沃什的想法与诺瓦利斯联系起来，米沃什写道："沉浸在上升的幸福中，淹没在太阳的卵中，沉淀在永恒黑色的错乱中，四肢被黑暗的海藻束缚，我总是在同一个地方，同一个地方，孤身一人。"（«Le Cantique de la Connaissance», in *La Confession de Lemuel*, p. 67）这首诗中炼金术般的语调足以清楚地表明，高处和低处的分离是梦想的**统一行动**。

态的存在必须保持在其运动的内在性中，因此它的运动并不能完全停止或超越其界限——对于动态存在而言，土地和空气是不可分离的。

因此，不难理解为什么诺瓦利斯有时将重量描述为一种用于"阻止逃往天空"的联结。对他来说，按照当时的诗人们常持有的"水成论"说法，世界是一种从水中诞生的美，它是一座城堡，"古老而神奇，从深海的底部坠落，至今屹立不倒；为了阻止它逃往天空，有一条看不见的联结将这个王国中的臣民囚禁在内部"。

这些**王国中的臣民**，是质料想象力梦想中的矿物。得益于这种看不见的联结，晶石将天空的颜色保存在土地上。你可以用空气的方式梦想蓝宝石上的蓝色，这块石头上仿佛集聚了天空的蔚蓝；你可以用空气的方式梦想黄宝石的火焰，仿佛它与夕阳相一致；你也可以用土地的方式梦想天空的蓝色，想象将它凝聚在手心，固化成蓝宝石。在晶石和宝石上，土地想象力和空气想象力结合在一起，或者至少两者都潜在地等待着兴奋的灵魂——这些灵魂将给予它们想象的动力。在另一部研究**晶石的沉思**的作品中，我们还会再讨论这一问题。[1] 在这一章的结尾，我们必须将想象力的动态元素聚集在一起，以表明在梦想时**坠落**和在梦想时**上升**的双重可能性。因此，在同一块晶石上，诞生了垂直的梦想的两个方向——深度之梦和提升之梦，也即土地和空气。伟大的灵魂让它们和所有想象的对象一样，在恰当的垂直度、垂直性的力量中，保持为一个**统一的行动**。

有时，一个轻微的不平衡、一种轻微的不和谐就会打破想象性存在的现实——我们时而蒸发，时而凝结；时而梦想，时而思想——愿我们能够永远想象！

---

① 见巴什拉：《土地与意志的遐想》，尤其是第二部分，巴什拉讨论了岩石、石化遐想、晶石和晶化遐想、金属论和矿物论等主题。——译注

第四章　罗贝尔·德苏瓦耶的工作

如果你能够专注于这一个语词：上升……

——但丁

一

二十多年来，罗贝尔·德苏瓦耶（Robert Desoille）[①] 一直致力于清醒梦的心理学研究，或者更准确地说，这是一种关于**定向梦**（rêverie dirigée）的方法论，它真正构成了一种**上升心理学**的预备教学。从根本上讲，罗贝尔·德苏瓦耶的方法与其说是一种研究探寻，不如说是一种精神医学上的技术；通过上升的梦境，这种技术试图给予那些阻塞的心灵以出路，给予那些困惑和无力的感觉以幸福的指引。按照这个方法，在瑞士已经进行了好几起临床试验，我

---

① 德苏瓦耶（1890—1966）是一位法国心理治疗师，早年曾接受工程学的教育。他以在弗洛伊德和荣格等人学说的基础上开创的定向清醒梦（rêve éveillé dirigé）心理治疗方法而闻名。——译注

相信可以将它有效地整合到**心理教育**的进程之中——夏尔·博杜安（Charles Baudouin）是这一进程的主要推动者之一。在日内瓦的期刊《行动与思想》中，德苏瓦耶的工作已经引起了关注，该刊进行了一个专题讨论："通过清醒梦的方法探索潜意识的情感：升华和心理习得"。① 我希望借助该书涉及的重要论题，尽可能地将罗贝尔·德苏瓦耶的观察结果带入到想象形而上学的讨论之中。

德苏瓦耶的方法本质在于清楚地确定一个梦想者在梦境中上升时所采取的方法。通过这种方法，我们可以采集到一些无误的形象，正是它们激活了那些属于"无意识"的形象，并增强了**升华**轴的力量——正是通过这一轴线，梦想者被逐渐带向意识层面。按照德苏瓦耶的方法，被训者能够开始探索空气想象力的垂直性，并意识到这是一条**生命之线**；在我看来，**想象之线**是真实的生命之线，它们是最为坚不可摧的。想象和意志是一种单一且深刻的力的两方面：任何一个能够想象的人同时也能够意愿；形成我们的意志的想象力同时也伴随着一种想象的意志。在一种有序的形象自身呈现的细节中，我们能够确定一些连贯的行动。如果一个主体接受了德苏瓦耶为形象所赋予的秩序，那么他就能够掌握一种获得清晰、无疑、主动的升华的习惯。以这样一种方式管理**清醒梦**，也使得主体能够利用梦境无序、有时甚至是神经质的力量，来创造一种有意识的状态——在这种状态下，主体最终能够以一种理性的方式掌控自己的行为和感受，因为他的形象变得具有连贯性。我相信德苏瓦耶的学说，是因为他的方法中存在一种从梦境能量到道德能量的转换，这种转换方式和弥散的热量转换成运动的方式是一样的。道德学家喜欢谈论道德的发明，仿佛道德的生命是一种智识的产物！事实上，他们更应该谈论的是一种原初力量——**道德想象力**。正是想象力为我们提供了一系列美好形象的线，一种英雄主义的动态图式将沿着

---

① *La méthode du rêve éveillé. Sublimation et acquisitions psychologiques.* Édité par d'Artrey, Paris, 1938.

这条线运作。榜样是道德本身的因果性，但是由自然所提供的榜样比由人类所提供的要更加深刻。榜样性的因果也能够成为一种实体性的因果，只要人类想象自己与宇宙之力相和谐。任何一个想要将自己的生命提升到与他的想象处于同一层面的人，都会感到自己内心栖居着一种崇高感，就像他在梦想着某种上升，或者在他的**上升**中体验着某种空气的元素。因此在本书中，我们可以按照空气想象力的形而上学线索来分析德苏瓦耶的理论。

二

德苏瓦耶的方法并不像精神分析那样，只是"解开"阻塞的无意识情结；它还能启动进程。传统精神分析仅限于"通过现实化一种旧有的情绪"来拆解那些情结，却从来没有给那些表现出沮丧或难以适应的感受以一个解决方案。德苏瓦耶的精神分析则在最大程度上实现了升华，他通过为升华准备上升的道路，"使主体重新体验到了新的感受"——这是一个情感道德化的典例。传统精神分析所分析的是那些在人格的早期形成阶段的问题，它必须简化那些凝结在过去未满足的欲望周围的事物；德苏瓦耶的精神分析则更应该被叫作一种"精神综合"（psychosynthèse）——它尤其致力于确定那些为了发展一种新人格所需要的综合条件。一种情感上的新颖性被添加到人格上——在我看来，这种新颖性正是一种想象的功能，它能够修正那些未能很好地参与到自身构成中的过去。德苏瓦耶认为，心理学家和教育者应该**清除**阻碍个人的心理未来的一切障碍，从这个角度来看，精神分析的工作自然是有用的；[①] 但是对于一个刚刚将

[①]　在即将出版的一本书中，德苏瓦耶说明了在治疗疾病过程中定向清醒梦所产生的一些完整关联，这些梦境是由疾病治疗引起的，其重建只是借助了一种"升华功能"，而几乎不需要精神分析的参与。

自身从过去的沉重中解放出来的存在来说，有必要为他们**尽快提供**一些属于未来的形式。德苏瓦耶不愿意让主体袒露那些**痛苦的**秘密，因此他经常直接以上升的、未来的形象作为开始。如果没有这种迅速、直接的关于未来扩展的暗示，一个长期忍受着过失与错误的存在可能会重蹈覆辙，并继续其混乱的生活——在精神分析的愈疗之前，这是一个**沉重的**灵魂。灵魂并不能转瞬之间就变得**轻盈**。如果说欢愉是自然的、简单的，那么我们必须学习幸福；必须去意识到各种属于幸福之轻盈的价值。

在德苏瓦耶的著作中，他为了发展这一计划所提出的道理和训练，从智识层面上说都非常简单，这或许也是哲学家会轻视它的原因。但是，在构想上的简单性并不必然意味着在行动上的简单性，在想象领域更是如此。不要去想象你所想要的！不应该漫无目的地想象。相反，在这项艰巨的任务面前，朝向欢悦的变革必须寻求一**种想象的联结**（unité d'imagination）。为了获得这种联结，为了拥有直接通向幸福的动态图式，必须重新回到一种质料想象力的伟大法则。这种质料法则并不是幸福的充分条件，但却是必要条件。**分散的想象**并不能使我们幸福。想象的主动工作——升华并不是偶然、怪异或不定的，一种平静的法则必须成为所有激情的光晕，甚至包括力之激情。

三

让我们继续遵循罗贝尔·德苏瓦耶看似简单的方法。

"摆脱您的担忧"，这或许是一位心理学家会给予忧虑者的第一条建议。但是德苏瓦耶并不会采用这条抽象的法则——与这种格外简单的抽象相对，他反对一种格外简单的想象："扫除担忧，但不要停留于语词，而是要去经历那些行为、去观看那些形象、去追随形象的生命。因此，必须给予想象力以'扫除的举止'。"成为和这位可怜的清扫工一样的**技艺人**（*homo faber*）——干的活儿是如此单调！你要逐渐参与到他的梦想之中，进入一种有节奏的梦幻。那么，我们扫除的是什么呢？是那些忧虑吗？抑或踌躇？在这两种情况下的扫除其实并不完全一致：从一个到另一个，我们可以感觉到在行动中谨慎与决定之间的辩证法。但是让我们的灵魂放慢脚步的，或许只是那些褪色的爱之玫瑰？因此，我们以一种缓慢的姿态劳作，并意识到这将尽之梦。这种终结的忧郁是如此完满，过去是如此美好！很快任务就将完成，我们就能够重新呼吸，重获宁静，带着些许明亮、空阔与自由！①

这种非常细微的、形象化的精神分析将糟糕的精神分析师的任务交给了形象。"每个人都在扫除着他自己面前的空气"，因此我们不再需要那些**守不住秘密**的帮助。正是这些匿名的形象帮助我们克服了个人的形象：用形象战胜形象，用遐想战胜记忆。

但是还有必要举出另一个例子。德苏瓦耶同样很好地分析了"拾荒者的举止"（*conduite du chiffonnier*）。这与"清扫工的举止"相比更具有分析性："清扫"适用于那些数量众多、未成形、模糊的忧虑，而有些忧虑要求有更清楚的意识，"拾荒者的举止"更适用于后者。对于那些困于具体忧虑的主体，德苏瓦耶建议将这个忧虑和其他忧虑一起放到拾荒者的褡裢，或是他**背后的**袋子里；在这里，手的姿势与整体相协调，极富表现力且高效——拾起一切想要蔑视的事物，把它们抛在背后。

有人或许会说，这种**姿势**（*geste*）依旧是徒劳的、伪装的，因为只有在更内在、更隐秘的领域，我们的存在才能获得解放。但是不要忘了，我们面对的心灵是一个无法自我决断、在清晰的斥责面

---

① 尼采，这位道德形象的大师写道："请允许我一起动手——我也会使用海绵和扫帚，像批评家，像清洁工。"（《快乐的哲学》，"无冕王子之歌"，1887）

前默不作声的心灵。只有从形象化的行为（comportement）出发才能够唤醒它们。我们给予它们以自由的姿势，是因为我们相信，按照元素形象所形成的行为心理学具有聚合的特征。

在这里让我们考虑另一种情况：假装的姿势、想象的姿势。如果一个主体能够抵制精神分析，他只是**假装**作出那些被暗示的姿势，那么德苏瓦耶的方法就无效了。在假装的情况里，主体依旧处于知性精神的状态下，准备着从另一端极作出批判。而如果主体能够真正在灵魂的联结状态下进行想象，如果这是一种真诚的想象——这种表达或许是同义重复？因为不存在不真诚的想象——情况就不同了。想象总是一种笔直、瞬间和统一的活动，它是精神存在中最具有统一性的官能，精神存在正是在其中获得了统一性的法则。此外，想象也统治着感受性的生命。具体地说，感受性的生命对形象有着一种真正的渴望；一种感受正是由一系列感受性的形象所唤醒的——这些形象是规范性的，并寻求建立道德生命的基础。为贫乏的心提供"一些形象"总是有益的。

二十多年来，德苏瓦耶所实践的方法证明了形象化举止（conduites imagées）的力量。我们也可以从自身出发，提供许多简单且平常的、关于身体行为的道德化特征的例子。工具不是固定的某物，而也可以是协调良好的姿势，它唤醒了某种具体的梦，这种梦几乎总是有益的、充满活力的——即劳作之梦。它们与某些"动词"、关系密切的言语或能量的诗歌联系在一起：一种关于**技艺人**的学说能够延伸到诗歌的领域中——一种幸福的，且总是幸福的诗歌。通过它们来创造某种关于知性与效用的学说，这只是看到了事物的一个方面：劳作既是知识的来源，也是一种无法被界定的梦的来源。真正的好工具应该是一种"动态的形象"，它无论是在想象的秩序还是效力的秩序之中都能够很好地发挥作用；无论是在劳作还是消遣中，它都能发展出属于梦的史诗。

四

事实是：治疗师只提供一些自由的形象，而不是建议主体进行自由想象。这符合我们必须强调的一条准则——德苏瓦耶避免进行**催眠暗示**。这样做符合他基本的方法准则。事实上，唤醒自主升华也是一种真正的想象力教育，因此有必要将之与催眠作出区分：催眠总是伴随着遗忘，因此它难以**具有教育意义**；在这里，传统精神分析与德苏瓦耶的精神综合之间再次出现了分歧。德苏瓦耶的方法在本质上是一种升华，它是清晰的、有意识的、**主动的**。在主体的灵魂休憩之时，德苏瓦耶无疑也需要一种被动的态度，以便主体不会绕开那些简单的、将呈现在他们面前的原初形象。但是，德苏瓦耶强调，这种被动的注意力不同于**催眠的盲从状态**："这种状态与健全精神的保持是不相容的。"

当精神已经差不多准备好解放，主体基本上卸下了**土地的**忧虑时，就可以开始进行想象的上升训练了。

德苏瓦耶暗示主体想象正在攀登一条**坡度平缓的路**，这条路平坦无比，既没有深渊，也不会让人感到晕眩。在这里，行走的节奏轻柔地帮助着我们，让我们能够同时感觉到一种过去与未来的辩证法，就像克勒韦尔（Crevel）在《我的身体与我》（*Mon corps et moi*）中所说的那样："我的一只脚叫作过去，另一只叫作未来。"但对于这一点我还有些顾虑，因为我们还没有将节奏（rythme）和攀登（montée）这两个概念很好地统一起来。然而，梦想似乎可以**缓和想象**的步伐所带有的颠簸。有时候，主体能够以一种**轻柔的方式**，毫不费力地将他的行走节奏化，他实现了每个空气的梦想者都知道的奇迹——将节奏整合进连续性中。一种幸福的呼吸似乎铭刻在上升的命运中。

但是，无论攀登的行走和节奏化的行走之间可能有怎样的同化，朝向顶峰的渴望只能在离开土地的上升过程中获得真正的想象价值。在治疗的过程中，德苏瓦耶会根据梦想者清醒时的精神状态，用一系列形象的游戏进行暗示，如山顶、树木、画像、鸟儿等等，它们都属于**感应的形象**（images inductrices）。[1] 通过为主体提供恰当的秩序、时间和地点，德苏瓦耶确立了一种有规律的攀登活动，主体在这个过程中不断上升，扩展自身。在主体的想象中，空气的命运逐渐取代了土地的生命，主体因而从这种**空气想象力的生命**中获益。**一切沉重的忧虑都被遗忘**；取而代之的是一种希望的状态——一种在日常生活中"升华"的能力。

有时，作为引导者的心理学家意识到主体的动态想象力困在某些形象的十字路口上：被暗示的形象丧失了主体所经历的形象的轮廓，因此，德苏瓦耶要求主体想象一种自身的旋转，在这种想象的旋转，也即一种**动态的孤独**中，个体得以重新寻回属于空气的自由，并继续自己想象的上升。[2]

此外，在每次大概一小时关于飞行的想象训练之后，由于深谙**重量的精神现实性**，德苏瓦耶提倡进行一种下降的活动，通过这种下降能够以既无干扰和眩晕，也没有创伤或坠落的方式，将梦想者带回到土地上。这种着陆必须将飞行者带向一个比出发时更高的平面；和德昆西所说的相反，由于梦想者长时间保持着这一种印象，即他还没有完全下降，因此在日常生活中，他继续让自己保持着空中飞行的高度。

每一次仪式间隔时间为几周。在这个过程中，主体逐渐训练出

---

① 一种空气的心理将会丰富感应飞行的形象，正如一首诗中所言："我知道，有一扇羽翼隐藏在事物的心中。"（Guy Lavaud, *Poétique du ciel*）

② "用脚尖旋转"（pirouette）意味着一种社会分离——在圆舞曲中，它意味着一对舞伴用这种方式将自己从人群中分离开来。在笛卡尔的时代，见风使舵、无主见的人（girouette）也被叫做"pirouette"。——原注

pirouette 在原文中主要对应于"脚尖旋转"的意思，但该词也有"陀螺"的意思，转义为"突然改变主张或意见"。因此巴什拉这里所说的"分离"更多指其转义，指主体将自身意识从混合的形象经历中剥离出来。——译注

了一种遐想，可以通过它在心理上获得有关空气的幸福。对于那些意识到了梦中飞行的益处的人来说，德苏瓦耶的这种治疗方法应该不足为奇了。

五

之前为了简化表述，我们并没有说明**定向的上升梦**所具有的特征，现在可以对之进行一些阐述。

事实上，**罗贝尔·德苏瓦耶的方法考虑到了某种色彩化的上升**（ascension colorée），就像我们谈论**色彩化的听觉**一样。我们在梦中登上的山顶，有时看起来是蓝色的，有时又是金色的。在没有任何暗示的情况下，想象上升的梦想者会抵达一种光明的环境，在那里他能够感觉到某种实体性的光亮。明亮的空气，空气般的光明——在从实体到形容词的游戏里，可以寻找到一种质料的统一。梦想者感到沐浴在光明之中，实现了某种轻盈与明亮的综合；他意识到自己从肉身的重负与晦暗中解放了出来。我们发现在某些梦中，可以将上升按照空气的颜色进行划分：是蓝色还是金色的；更准确地说，应该按照梦中颜色的生成顺序，区分金色到蓝色的上升和蓝色到金色的上升。无论在哪种情况下，颜色都是有体积的（volumétrique），幸福渗透在整个存在中。

需要注意的是，关于形式和颜色的想象并不能带来这种有体积的幸福印象。只有**将形式和颜色**与完全依赖于质料想象力和形式想象力的**体感感受**（sensations cénesthésiques）**结合**起来，才能获得这种幸福感。

当然，如果被引导的梦想者并没有睁开自己的双眼，**引导者**可以为他提供一种蓝色或金色的光线，一种属于拂晓或高处的光明。光明因而也成为了一种感应的形象，与鸟儿、山丘发挥着相同的功能。

我们自身就是这种**想象**的光明之源头，这种光明诞生于我们之中，诞生于沉思之中——它将我们从痛苦中解放出来。正是在**明亮的精神**中才孕育了**清楚的灵魂**。隐喻集中反映了精神的现实。当我们完全生活在形象的领域中时，就会理解雅各·波墨（Jacob Böhme）笔下的那些文字："但是现在想想，那色泽来自何处？在那里，高尚的生命以严酷、痛苦和炙烤的方式抬升自己——除了光明，没有其他原因。但这种在晦暗的躯体中闪耀的光明又来自何处？是来自太阳的光泽吗？但那又是什么在夜晚也依旧闪耀，使你能运用自己的思想与知性，即使闭上双眼依旧能看见，并知晓自己所做之事？"[1] 光明的**躯体**并不来自外部，而是出自我们梦中想象的核心，这也是为什么这种光线是**新生的**，它结合了蓝色、粉色和金色。没有什么是刺目或强烈的，这是某种美妙的综合——丰盈且半透明，一种太阳照亮冲淡后的洁白晶莹！梦想者或许能够理解波墨学说的首要意义：我们事实上能够感到一种**起源于自身**的光明，这是波墨观念论的来源之一。要想解读波墨，总是需要将隐喻的主体性起源置于客观的语词之前："如果我们思考四元素的起源，就会发现、看见并清楚感觉到我们自身也处于这一起源之中……因为这一起源既为人所熟悉，又能在世界的深处被知晓；一个缺乏光明的人会惊讶地发现，自己也可以谈论空气、火、水和土地的起源……"一种像光线这样普通的语词或抽象概念，当它与想象力紧密联结时，就会获得一种具体的亲密感，一种**主体性的起源**。

这种整体性的光明一点点包围并溶解了事物：它使得事物之间丧失了明确的界限，通过它的光辉抹去那些风景。与此同时，它还使梦想摆脱了诗人所说的各种"心理学摆设"。[2] 它给予了沉思者一

---

[1]　Jacob Böhme, *Des trois principes de l'essence divine ou de l'éternel engendrement sans origine*, trad., 1802, p. 43.

[2]　参见 Jules Laforgue, *Lettres à une ami*, p. 152。

种宁静的统一性：正是在这种光明下，在这个高度上，属于空气的存在者意识到自身有着一种**平静的身体**——这正是德苏瓦耶工作的一大特征。[①] 灵魂的**提升**将伴随着一种平静，在光明与上升中形成了一种动态统一性。然而，我们也能通过沉思一种相反的动态形象感受到这种诗性统一："深渊是骚动的阴影。"

六

在德苏瓦耶著作的最后几章中，他详细阐述了对心灵感应和读心术现象的考察结果。如果这两种心理现象共存于一种想象的上升中，那么它们就有可能感知到形象与理念之间的传递（transmission）。在空气想象力的生命轴上，我们似乎接受了形象给予垂直上升运动的**线性**演变，并获得了一种双重意义上的交流：读心术发生在平静的状态，而升华则发生在狂喜的进程中。在德苏瓦耶看来，这种思想的传递"不是意志延展的结果，而是内在思想的表征；它通常以视觉形象的方式呈现出来；传递者必须全神贯注于其中，**毫不分心**，尽可能去体会某种情感状态"。如果说**想象力**是人类思想真正的构成性力量，那么就不难理解：思想的传递仅仅在两种已经**协调**的想象中才得以实现。上升的想象力确定了一种最为简单、规律且持久的协调，因此可以说想象喜爱"思想的传递"。鉴于人们在面对这类现象时不确定的状态，德苏瓦耶采取了一种独特的方法来证明这种传递：他研究了两种不同的精神产生同一种思想的概率。通过大量的例子，他表明，如果两种精神都愿意通过想象的上升训练来为思想的传递做准备，那么这种概率就会大大提升。（尤其见德苏瓦耶的对比图）由于这些被猜中的思想与上升形象没有任

[①] 可以将这种平静在观相术（physiognomonique）方面的建构与斯蒂林（Stilling）的评论进行比较，参见：Heinrich Stilling, *Heimweh*, p. 507。

何关系——它们仅仅是一种抽牌式的选择，可能是几张牌中的任何一张，因此德苏瓦耶开始认为想象力运动中的感应是一种真正的现实。

在德苏瓦耶之前，卡斯朗（E. Caslant）已经提出了一种类似的方法来促进心灵感应和预见的体验。通过卡斯朗著作中的大量讨论①，我们可以发现他对于想象力功能的深刻认识——想象力是一种现实的艺术，它能在统一中维持形象的存在；当形象变得迟钝的时候，想象力能用一点轻微的反差将它唤醒。卡斯朗预见到，一种在形象层面上的细微认识将能够触动某些印象或体验，而这些印象或体验在日常生活中常常是被忽视的。

由于我个人并没有相关的经验，所以我在这里的工作仅仅限于解读德苏瓦耶和卡斯朗论著中相关的部分；但这些经验本身也超出了我们论题的范畴——即对梦想与诗歌的讨论。

最后，我希望能够扩展德苏瓦耶的方法。在我看来，上升的梦想能让我们更感受到一种空气的诗歌。我个人对一种广阔的诗歌所受到的轻视感到惊讶，这种诗歌是如此梦幻，带着些许模糊与缥缈，远离了土地的视线。我认为，人们可以从诗歌的神秘性中获益——要做到这一点，首先需要建构一种分类。因此，在波米耶（Pommier）极富思想性的著作中，我们可以为波德莱尔和普鲁斯特的神秘性找到充分定义。在像普鲁斯特这样既具社会性又具世俗性的心理学中，波米耶发现了一种极其独特的**精神张力**的元素，我们可以称之为一种**张力的神秘性**。

但是我们也可以设想诗歌的另一种灵魂状态，它呈现为某种**放松的神秘性**。为了描述在某些想象的上升中所达到的轻盈状态，需要谈论一种**放松的张力**，这种放松是为了让我们通过一种注意力的

---

① E. Caslant, *Méthode de développement des facultés supra-normales*, 3ᵉ éd., 1937.

警觉，来使我们尽可能避免偏离这种**空气状态下**的幸福。

七

　　一位伟大的诗人将通过一种至高的现实性，为我们揭示出这种**空气状态**的广阔性，也即一种**空气的放松**、**空气的动态化**的广阔性。米沃什在《致斯托奇的信》（*Épître à Storge*）的最后 5 页写道：①

　　　　1914 年 12 月 24 日晚上 11 时左右，我处于一种完美的清醒状态中，正在进行祷告和关于《圣经》的日常唱读，这时我突然但毫不惊讶地感觉到，一种最难以预料的变化正在我的身体内发生。我首先意识到了某种之前从未知晓的力量，它使我能自由地升高，并在空中无碍地穿行；随后，我在靠近山顶的地方发现了一座被蓝色雾霭所笼罩的雄伟山峰，它有着一种微妙的、难以表述的轻柔感。从这一刻开始，我在上升运动过程中的痛苦便消失了；因为从土地深处绵延而上的山峰很快便将我带到了无法想象的高度，朝向星云的领域，那里寂静无声，遍布光明……

　　因此，这种动态想象力是如此强大，以至于当它被解读为一种**上升的宇宙**时，一个自我提升的世界就形成了。米沃什在想象的领域中沉思着物理相对论；他的作品展现了人们谈论广义相对论（relativité généralisée）时所用的一种**广义想象力**（imagination généralisée）的风格。对于米沃什而言，在想象中发生的每一种转化都对应着一个形象。从这些被体验的形象层面上说，主体和客体之

---

① O. V. de L. Milosz, *Ars Magna*, p. 28.

间具有完全的相对性；试图区分它们将无法理解想象的联结性，并意味着抛弃诗歌体验的优先性。当上升的感觉到达顶峰时，宇宙就会如同山顶般平静："它是一种完美的静止，一种落在太阳和云朵上的绝对静止，让我获得了一种难以形容的、至高的成就感，一种确定的宁静；所有心灵活动都彻底停止了，实现的是一种超人类的终极节奏。"

这种想象的相对性同样以牢固的方式联结了太阳的光环和梦想者的光晕。在登上云端，面朝休憩的光明世界时，米沃什的作品给人的印象是前额征服了光明，它获得了一种"绝对肯定的地位"。"在他头顶稍微靠后一点的地方，出现了一道光芒，就像火焰从沉眠的水中或一面古镜中反射出来的那样。"这些新生的光芒不久便融入了天空的光晕中。在这种光明下，梦想和宇宙之间存在着完美的相对性。"听着，我的孩子，我不厌其烦地重复它：整个宇宙都在你体内运行，用它美妙的光晕，照亮那无所不在的智慧。"

八

最后，我想强调一种**诱发型升华**（sublimation provoquée）在德苏瓦耶的研究中所扮演的作用。德苏瓦耶总是在引导进行了有意识的升华**之后**才实施精神分析。他并不认为升华是一种为了掩盖或补偿被否定的本能、受诱惑的激情而产生的幻觉，而认为这是一种正常、幸福、可欲求的方式，能将我们引向一种新的生命。接受德苏瓦耶的精神分析的人在大多数情况下都已经接受了升华的诱导启发，但这种分析是次要的，其目标在于强化梦想者的升华意识。对此，德苏瓦耶说道："在我看来，事实上只要有可能，在开始深度分析之前等待主体的形象充分升华，这总是有好处的。"难道不是只有当升华触及到那些在无意识之中的事物时，我们才有希望破除那条阻止我们在幸福之路上获得真正升华的界线吗？"等主体在不调整情感状态的条件下获得了充分的形象升华之后，我们就可以先让他唤醒最初被搁置的梦境或形象，再将它们叠加或合并到与当时的情感状态相关的形象中。"因此，德苏瓦耶的方法是将升华融入正常的精神生活。空气想象力促进了这种合并。在这种条件下，可以说雪莱式的感应也具有深刻的心理学意义。灵魂在这种想象中建构自身：一种预先的平静取代了自我意识到的平静——这是一种**高处的平静**，一种来自从"高处"看见低处之纷扰的平静。在我们的心中诞生了某种关于道德、升华和历史的尊严。也正是从这时开始，主体可以让他的记忆自主地浮现出来。在这一阶段，记忆可能变得更具关联性，更能够揭示它们之间的因果关系，因为清醒的梦想者在某种程度上正处于生命的顶峰，由此可以从一种新视角来评价过去的生命，或者可以绝对地说：存在能够自我评价——主体意识到自己获得了一种新的认识，一种心理上的清醒。[①]

但是心理学家们也想要了解什么是**去想象**（imaginer）。这需要他们去体验想象的力量——这种完善的、意愿的升华力量在各种"感应"中获得增长。在远离对想象物的**体验**的知性生命中，这些升华不正受到压抑？人们蔑视那些天然发光的形象，对他们来说，让一个形象发光意味着让它变得华而不实。因此，当德苏瓦耶建议清醒的梦想者用水晶或白玉花瓶替代陶罐一类的形象时，一些根本没有相关体验的人拒绝相信这种升华存在直接的效用。

然而，这些**改善的形象**的确很好地对应了一类主动的精神活动，因为我们在诗歌中能够经常看到这类形象。想象一下，如果我们禁止水晶或白玉这类形象，像雪莱这样的精神将会受到多大的摧残——我们将会如何阻止它的增长！在一种停滞的灵魂中引入诗人灵魂的鲜活形象，这难道不是一种复活被压抑的升华，给予生命以

---

① Cf. Pierre Janet, *Acquisitions psychologiques*.

被忽视、正追寻的诗性力量的方式吗？

如果我们能够整理这些分散的诗性力量，或许在这类工作中，除了关注思想的谜团的心灵感应以外，我们还能找到一种诗歌感应（télépoésie），它关注的是形象之预言（divination）。为了实现这种诗歌感应的行动，首先应该让想象在一种休憩的哲学中占据有利地位。也就是说，应该停止主动的、功利的、描述性的思想。马科里·法勒（Makhali Phal）准确地指出，休憩状态是一种**梦想状态**，它应该被视作一种基本的心灵状态。（*Narayana*, 1942）质料想象力和动态想象力的区分使得梦想状态之间联结得更加统一。从这些属于水、土地、空气或火的梦想状态出发，我们可以期待获得一种比建立在偶然形象基础上的、共通的诗歌更有规律的**诗歌感应**。想象应该以某种方式从它对形象的**生产**中获得活力；从吸引力的角度来看，这意味着形成了一种想象的**超我**（sur-moi）。在这种超我中，我们感觉到的不仅是一种强迫的驱使，还有一种参与建构的邀请。但是这一诗歌的共通问题并没有得到应有的重视，例如加布里埃尔·奥迪西奥（Gabriel Audisio）和卡米耶·舒维尔（Camille Schuwer）的作品 [1] 还没有得到充分讨论，超现实主义者在这方面的工作也几乎不为人所知。同样的问题也出现在诗人和读者之间——对诗歌的阅读应该是一种诗歌感应的活动。霍夫曼斯塔尔指出，"主动生产力"应该将读者和文学作品联系起来：

> 当这种主动生产力秘密地觉醒时，这一天便变得不同于其他的日子，风和太阳也不再和以往一样；是角色驱使演员必须如此表演——这丝毫不是出于意志的行动，而是服从于一条律令："今天你将阅读我，而我将活在你心中。" [2]

---

[1] Gabriel Audisio & Camille Schuwer, *La Revue Nouvelle*, 1931, p. 31.
[2] Hugo von Hofmannsthal, *Écrits en prose*, trad., p. 91.

事实上，我们已经可以在一种生产性的形象中感觉到这条律令。这是一种**幸福的**形象，读者感到自己需要**参与**其中，并通过给予其生命的**主动想象**来**体验**它。这类形象就是感应和被感应的生命的图式。拥有想象天赋的作家因此对于读者而言是一个主动的超我，如果我们将这种审美想象的**超我**运用到诗歌之中，那么它就能成为一种导向力——功利和理性的教育很大程度上剥夺了这一功能。但是，唉，这种诗歌的超我又困于文学批评之中。这就是为什么它看起来像是一个压迫者。文学批评已经几乎与"现实主义"无条件结盟，甚至不愿意做出一点理念化（idéalisation）的尝试，这难道不令人震惊吗？正如让·保兰（Jean Paulhan）所指出的，这些批评就像塔布（Tarbes）的恐怖分子，[①] 他们非但没有支持，反而阻碍了升华。除了对这些被认为是基于现实的观念的压抑——这些观念本身被视作是一种压抑的现实，只有基于理性才获得增长——但这只不过是一种压抑的系统化，此外还需要重新找到一种**主动的**、诗歌的超我——它渴求让灵魂获得一种诗歌的命运、空气的命运，这是里尔克、爱伦·坡、波德莱尔、雪莱和尼采等真正的诗人所共有的。

---

① 让·保兰（1884—1968），法国文学家，东方学家。他曾在马达加斯加等地生活多年，在一战期间与超现实主义文学关系密切，其作品具有爱国与独立精神。他著有《塔布之花：文学的恐怖分子》（*Les Fleurs de Tarbes, ou la Terreur dans les lettres*, 1941），对语言和修辞学传统进行了革命性批判，认为柏格森等人是法语中的"恐怖分子"，会让文学陷入某种有领袖、窒息的"恐怖主义"中。对此，作者强调一种语言的创新，要求"重塑修辞学"。——译注

第五章　尼采和上升精神

> 我们所处的地方，马尔丘特，是高度的中心。
>
> ——米沃什，《美之王的诗篇》

一

通过想象力研究来进入尼采这样的思想家，这看起来似乎忽略了其学说的深刻意义。但事实上，道德价值的尼采式转化涉及整个存在，它与生命能量的转化完全对应。通过考察**想象的动态论**来研究这类转化，意味着将回声当作声音，将拟像（effigie）当作根据。然而，在对尼采诗学的表达方式进行了深入研究之后，我逐渐相信，以如此独特的方式赋予尼采哲学以风格的形象有其自身的命运。我们甚至可以看到，某些形象毫无掩饰、以闪电般的速度单线发展着。或许我过于相信动态想象力的原初力量了，但我认为确实有一些例子可以说明，正是这种形象的迅速性引发了思想。

因此，通过集中考察这部诗歌和抒情著作——《查拉图斯特拉如是说》^①——我希望证明的是，在尼采那里，诗人的身份也有助于解释其思想——尼采属于垂直性的诗人类型，他是**山顶的诗人、上升的诗人**。更确切地说，由于天才是一个由单一个体形成的阶级，我们将指出，尼采代表了一种最特殊、最清晰的动态想象力类型。尤其借助尼采和雪莱的比较，我们将看到，他们向山顶的逃亡展现出两种截然不同的命运；这两位诗人虽然都保持着对空气动态的忠诚，但正如我们将展现的那样，他们代表了两种相反的类型。

我们首先需要证明，将尼采的想象力归为空气的是合理的。对此，在对上述论题进行论证之前，我们先要说明尼采诗歌中的空气形象所具有的独特生命和力量；而关于土地、水和火的形象则是次要的。

二

尼采并不是一个土地的诗人。腐殖土、黏土、开阔和翻种的土地都不能给他提供形象。金属、矿物和宝石——这些土地之人喜爱的内在丰富性并没有带给尼采关于**内在性的遐想**。石头和岩块经常出现在他的作品中，但仅仅作为坚硬的象征；它们之中并没有保存任何缓慢的生命，所有生命之中最缓慢的——一种因其缓慢而独特的生命——是**宝石工人**（lapidaires）的遐想赋予它们的。对于尼采而言，岩石并非像丑陋的树胶一样，从土地的深处排出。

对于尼采来说，**柔软的土地**令人厌恶，他是多么蔑视那些"海绵状的、受压迫的、逼仄的事物"啊！有人可能会反对说，我们这是在把心理现实中的事物与**理念**对应起来；他们认为这恰好可以证明，脱离意图来研究隐喻是徒劳的。然而，"海绵"这一形容词极好

---

① 尼采：《查拉图斯特拉如是说》，文竹译，中国华侨出版社 2017 年版。后文同此处一般采用文中注，标出章节名。

地揭示了想象的深度，以至于仅凭它就可以诊断出一些质料想象力。海绵的隐喻是最可靠的试金石之一——只有热爱土地，或是受水影响的土地之人，才能避免**海绵**隐喻中**自带的贬义**特征。

此外，尼采不是一位"质料的"**诗人**。他是行动的诗人，我们应该阐述的是一种动态想象力而非质料想象力。土地以其质量和深度，首先为尼采提供了行动的主题；因此在尼采的作品中，我们会发现他提及了许多**地下生命**。但是这些生命是一种地下**行动**——它不是一种遐想的探索，也不是如同诺瓦利斯的想象那般奇妙的旅行，而是一种主动、独特的生命；它是长久的勇气、漫长准备的生命，象征着一种进攻性的、坚韧且警惕的耐心。即便是在地下的劳作中，尼采也知道方向；他不会屈从于初始的**被动性**，而是主动地反抗土地。在许多梦想中，不安的梦想者在迷宫中穿行。例如在斯蒂林（Heinrich Stilling）的《乡愁》（*Heimweh*）中，可以找到无数迷宫的例子，它在**初始元素的四重试验**中占据了一席之地；迷宫很好地体现了**四重初始**（火、水、土和风）的法则，可以将它列入我之前总结过的关于**质料想象力的四价性**（tétravalences）中。但是，对于尼采来说，没有初始——他是首要、绝对的**创始者**，从来没有人启蒙过他。在地下，他的迷宫是笔直的——他走着一条秘密的道路，他**开辟**自己的路，其中没有曲折，也没有盲目。鼹鼠是一种尼采非常鄙视的动物。无论是在地上还是在地下的劳作中，尼采都清楚，"我的幸福公式：一个'是'，一个'不'，一条直线，一个**目标**……"①

*

尼采不是属于水的诗人。水的形象无疑是不可或缺的——在任何诗人那里都摆脱不了液体性的隐喻；但是在尼采那里，它们是过

---

① 尼采：《偶像的黄昏：或怎样用锤子从事哲学》，周国平译，北京十月文艺出版社2019年版，第73页。

渡性的，并不能决定**质料的遐想**。同样，在动态的意义上，水也太过柔顺，而无法成为真正的障碍，成为尼采式抵抗的真正对手。**薛西斯情结** ① 很难对尼采这样的宇宙诗人产生影响，因为它很快就被控制了：

> 波浪，你们好不古怪？
> 你们向我示威？
> 你们怒涛澎湃？
> 我用我的桨敲打
> 你们愚蠢的头。
>
> （《查拉图斯特拉的格言与歌》，1882—1888）②

　　抵抗低级的激情，抵抗无序的骚动，抵抗虚无的泡沫——这"一记桨"是多么利落而平静啊！尺子在调皮不听话的小学生手上轻轻一划，就能让他们回到正轨。同样地，确信着自己的命运，自我和世界的主人随即对调皮、躁动的波浪说：

> 你将要引导这艘船走向不朽。

　　也就是说，在天空中，不同于被环抱的梦想者不知不觉从水中到空气那样温和的转变方式，秩序和运动开始像箭一般**出发**。

　　在难得放松的日子里，宇宙母性的伟大形象将出现，这是我们必须描述的、作为中介的动态形象。对于一个宇宙来说，水将是舒缓的时刻，一种有益的奶——尼采将召唤出"天上的母牛"，让它们

---

　　① 薛西斯（Xerxès）是一位古波斯国王，他想入侵希腊，但其将船并排搭桥的计划失败了，不得不跳进水中进行战斗。因此在这里水象征着斗争，薛西斯情结意味着抗争与进攻。——译注

　　② 本书中尼采的部分诗歌译文译自中译本：尼采：《尼采诗集》，周国平译，上海人民出版社 2017 年版。后文同此出处一般采用文中注，标明标题与年份。

挤出滋养的奶，来重新赋予土地以活力。因此，在诗集的最后一首中，出现了对温柔、树荫和水的需求：

> 十年以来——
> 没有一滴水降临我，
> 没有一丝沁人的风，没有一颗爱的露珠
> ——一片不雨之地……
>
> 我曾吩咐乌云
> 飘离我的山岭——
>
> 今天我却呼唤你们回来：
> 用你们的乳房为我遮荫！
> ——我要挤你们的乳汁，
> 天上的母牛！
> 我把暖如乳汁的智慧、爱的甘露
> 倾泻于大地。

（《酒神颂》，1888）

在十年的寒冷和纯粹的孤独之后，这种放松，这种女性的补偿与紧张的剧情形成了鲜明对比。但它并不是首要的**动态遐想**——当我们更清楚地看到，尼采的宇宙是一种**高度的宇宙**时，就会明白这种平静的水之居所即是天堂。和早期神话学一样，在尼采那里，波塞冬是一位天空之神。"水源"的说法在尼采的宇宙中极为罕见。

水的实体从未胜过放松的力量，它尤其抵抗不了死亡和解体的诱惑。尼采多么明确地拒斥了**忧郁的宇宙**，烟雨朦胧的宇宙！

> 浮游的云的恶作剧，阴郁的心的恶作剧，遮蔽的天空的恶

作剧，被窃的太阳的恶作剧，萧瑟的秋风的恶作剧。

　　我们的凄厉呼号的恶作剧……

（《酒神颂》，1888）

在这里我们怎会意识不到，被唤醒、被污名化的是一种苦涩的忧郁：湿润的嘴唇扬起，消极地嘲笑着，不带任何抵抗——整个宇宙都变得软弱。尼采自己也写过反抗欧洲式忧郁的文字：在荒漠的女儿们中间，"在她们那里，有同样美好爽朗的东方的空气；在那里，我距忧郁沉闷的古老欧洲最远！"在许多地方，我们可以注意到尼采对静水的蔑视。例如在《查拉图斯特拉如是说》中，尼采对**沼地中的存在**说："现在，你的血管中流淌的是什么？是泥沼污浊的血液？是那腐败的、冒着泡的血液……？"（《路过》）

人们可以将这些表达方式视作是常见的，并不去追问它们为什么被赋予这些具体的表现，或者为什么选择这些图像。换句话说，他们拒绝在形象的独特统一性中体会质料想象力——但这样一来就犯了关于形容词在调性上的错误。举个例子：在古老的欧洲，一些国度是晴朗、干燥和欢乐的；相反，一些云飘过东方的沙漠，那些反欧洲智慧的东方智者——或者更准确地说，新东方的智者，他们更重视质料想象力的能量，因此明白这些生活在干净、受喜爱的空气中的**沙漠之云**并不是真正的云。同样地，降落在尼采山顶上的水并不来自真正的**水**；从天上的母牛身上汲取的牛奶并不是**乳白色的**、真正的**奶**——这些牛是狄奥尼索斯式的。正是这个例子有助于我们理解更一般的论点——我们想证明的是，为了理解语言隐喻的生命，必须准确地衡量形容词的质料；我们需要注意到，在表面上的形容词想象力不会自动产生名词性的想象力。为了从**潮湿的印象**到**想象的水**，必须借助**质料想象力**，而无数证据表明，尼采式想象力中关于水的形容词并没有产生这种名词性联系。水并没有浸润在滋养的奶中，它蔑视那些"奶汁流动在他们的灵魂里"的人。（《查拉图斯

特拉的格言和歌》，1882—1888）

在动态想象力和质料想象力的视角下，我们得以排除水的想象力的特权。要说明这一点，只需要考虑尼采对瓦格纳音乐的反对就够了。尼采批判瓦格纳的音乐"推翻了至今音乐所需要的生理条件"。[①] 尼采的方法不是**行走**或**舞蹈**，而是邀请我们去游泳，去翱翔……跟随着"瓦格纳无休止的旋律……人们向着大海走去，渐渐地失去在地面上的平稳脚步，最终无条件地把自己交付给自然力：人们得游泳。在古老的一些音乐中，在优美或庄严或火热的交替中，在快速和徐缓的乐章里，人们要做的是截然不同的事，即跳舞"。**行走的**、上升的人说道："我首先要求音乐的是迷醉，而这存在于**出色的行走、迈步和脚尖的旋转中**。"这些都无法在水的幸福、在液体想象力的神秘中寻得——尼采的质料想象力是为了赋予属于空气和寒冷的形容词以**实体**。

从这一点出发，我还想顺便提出一个有争议的结论：对于那些反驳说我们太过重视质料想象力和动态想象力的人，我们要反过来质问他们：例如，当哲学家要比较两种音乐时，为什么会选择通过比较游泳和行走的方式——全然置身于大海的无限和舞者脚尖的旋转之中？因为控制一切的是流动和涌现之物的辩证法，是**无尽的水和生动活泼的呼吸的辩证法**。对于尼采而言，带给我们空气的生命之音乐，是一种由早晨清冽的空气构成的特殊生命，相较于接受了流动、波浪和无垠大海之隐喻的音乐，它具有无与伦比的优越性。

*

要说明尼采不是属于**火的诗人**则比较棘手，因为天才的诗人会调动各种元素的隐喻。此外，火之隐喻是语言的自然之花，无论是

[①] 尼采：《瓦格纳事件／尼采反瓦格纳》，卫茂平译，华东师范大学出版社 2007 年版，第 117—118 页。

在温和还是狂暴的言语中都能找到表达它们的火。所有满怀激情的言论都是燃烧的言论；为了使其他元素的隐喻生动而清晰，总是需要一点**火**。多彩的诗歌是由土地上的金属着色的火焰。因此，要汇集关于**尼采之火**的大量文献并不困难；但是如果我们仔细观察，就会发现这种火并不是真正的实体性的火，它并不是能浸透并激发尼采的质料想象力的实体。

在尼采的形象中，火与其说是一种质料，不如说是一种力。它在非常**特殊的动态想象力**中扮演着自己的角色，我们有必要具体说明这一点。

证明尼采之火在本质上的动态性的最好证据之一，就是它总是瞬间性的：尼采之火是**一道闪电**。**它是愤怒的投射**，是一种神圣而欢悦的愤怒。愤怒——一种纯粹的行动！而怨恨（ressentiment）是一种累积的**质料**。愤怒不同于其他行动，尼采也不关注怨恨。如果一种行动是不确定的，也就是说一点愤怒便能激活它，那么它就不可能是决定性的。在能量面临着可怕任务的情况下，尼采式的愤怒是如此突然，以至于没有了威胁性——将被闪电击中者可以平静地藏匿自己的想法：

> 谁终将点燃闪电，
> 必长久如云漂泊。

（《格言诗》，1869—1888）

闪电和光是生命的武器，是**有刃的武器**：

> 我的智慧是闪电，
> 它用钻石宝剑为我划破一切黑暗。

（《查拉图斯特拉的格言和歌》，1882—1888）

雪莱的光用温和的质料笼罩并穿破了一个光明的灵魂，而尼采的光则是一支箭，一把剑。它带给人的是冰冷的伤害。

相应地，当火像一种质料一样，能出现在简单的欢乐中时，它是一种超人所鄙视的贫瘠之物。"熄灭吧，鬼火！"这就是"伟大的永生的亚玛孙女子，绝不怯弱、驯良和温柔"，她对一个被内在热情所触动的灵魂说道。

在尼采的著作中，即便是某种**可食用**（comestibles）意义上的直观，产生的也更多是**能量**而非**实体**：

> 他们是冷漠的，这些学者们！
> 愿闪电击中他们的菜肴！
> 他们可学过吃火！
>
> （《查拉图斯特拉的格言和歌》，1882—1888）

对于尼采来说，这种食物中的闪电是一种镇静神经的食物，它不同于在缓慢而快乐的消化过程中被珍视的火。在想象的消化和呼吸所构成的二元性中，必须在幸福、有活力的呼吸诗学一端寻找尼采诗歌的价值化。

题为《冰》（*Glace*）的四行诗出现在"玩笑、诡计和复仇"（Plaisanterie, Ruse et Vengeance）一章中，该章充当了《快乐的科学》（*Gai savoir*）的序诗：

> 不错！有时我制造冰：
> 冰有益于消化！
> 要是你们吃得太饱，消化不良，
> 呵，你们该多么喜欢我的冰！

由此人们可以理解尼采对火神的抨击："我不会崇拜火神，不会崇拜那大多数人都在崇拜的大腹便便的偶像。"

> 我的天性决定了我的行为：绝不崇拜烈焰中的偶像，哪怕
> 在寒冬被冻得牙齿发颤。我憎恨所有烈焰中的火神，那些所谓
> 的偶像，无论是潮湿发霉的、散发着淫欲的，还是头顶蒸腾着
> 雾气的。

（《橄榄山上》）

但是，如果考虑到这个奇怪的悖论，我们就会更清晰地看到尼采式火的动态性与短暂性：**尼采的火渴望寒冷**——这使得一种**想象的价值**被转化成更伟大的价值；想象自身也在价值的转化中获得了活力。在《火的标记》中，我们读到以下启发性的诗句：

> 这火焰有着灰白的肚子
> ——向寒冷的远方闪动它的贪欲，
> 向愈来愈纯净的高空弯曲它的颈子——
> 一条蛇焦躁地笔直站立

火是一种冷血动物，它不是蟒蛇鲜红的舌头，而是它钢铁般的头部——寒冷与高度是它的故乡。

对于尼采来说，蜂蜜本身对于许多梦想者而言是一种深度的火，一种香脂般的、温暖的实体。蜂蜜是清凉的："请给我清凉新鲜的金色蜂蜜。"（《查拉图斯特拉的格言和歌》，1882—1888）查拉图斯特拉同样要求"那金色的原蜜，清凉的、美妙的、又黄又白的原蜜"（《蜜的祭品》），再如："如果你能找到我那清凉的、全新的、金色的蜂蜜，请尽情品尝。"（《自愿成为乞丐的人》）对于质料想象力而言，金色的蜂蜜、麦穗和面包都是太阳的碎片，是火的质料。尼采认为，蜂蜜是一种**寒冷的火**，一种感觉上的联结；不了解梦想之综合的逻

辑学家可能会对之感到惊讶。

在**寒冷的太阳**——一种夺目但寒冷的太阳形象中，我们同样可以发现这种温暖与寒冷的综合。在《夜歌》一章中我们读到："无数颗发光的恒星在属于自己的轨道上缓缓而行，却又如狂风暴雨般猛烈，它们不断地变幻行进路线，但意志却从未曾动摇，更不能被拦阻，这就是它们，如此的冷漠，如此的残酷！"如果仅仅把这看作是一种安静且自负的形象化表现，一种任何事物都无法使其偏离轨道的骄傲，那就误解了这种不愿意从事施舍善行的古怪意志——太阳以一种**寒冷的方式**给予热度。对于一种动态想象力来说，给予的方式和能量比给予的东西本身更有价值。

这是一种如此狂暴地朝向其反面的火，它的动态特征比其实体的丰富性更为明显。在尼采那里，只要有**火**，就有**冲突与行动**；火并不像在诺瓦利斯那样，是一种来自热量的享乐——火只是一条**上升线**，一种抵达纯洁的空气、抵达高处之寒冷的意志。它是一种想象力价值的转化因素，有助于转化关于空气和寒冷的想象力价值。在指出**寒冷**是**尼采式空气**的主要品质之一后，我们能更好地理解这种想象元素的辩证法了。因此，现在让我们进入正面论证的部分——即证明**空气**是尼采质料想象力中真正的实体。

三

尼采称自己是**空气之人**：

乌云——你们携带着什么，
为了我们自由轻飏的快乐的灵魂？

（《查拉图斯特拉的格言和歌》，1882—1888）

事实上，对于尼采来说，空气是自由的实体，是超人的快乐实体。空气是一种被克服的质料，就像尼采那里的快乐是一种被克服的人类之快乐。**土地的**快乐是丰富与重量，**水的**快乐是轻柔和休憩，**火的**快乐是爱和欲望，而**空气的**快乐则是自由。

因此，**尼采式空气**是一种奇异的实体：它可以将存在界定为一种关于整体生成的哲学。在想象的领域中，空气将我们从实体的、内在的、吸收的遐想中解放出来，让我们摆脱对质料的依恋——因此，这是一种自由的质料。对于尼采而言，空气并不带来某物，也不给予某物——空气正是"无"的莫大荣耀。**什么也不给予**不正是一种最大的给予吗？伟大的无之给予者让我们摆脱了伸出手的欲望，使我们习惯于不接受任何东西，因此我们也可以去获得一切东西。尼采问道："难道不是该由给予者来感激那些愿意接受的人吗？"在之后我们将更详细地看到，在尼采那里，空气的**质料想象**力是如何让位于**动态想象力**的。但现在我们已经明白，空气是**掠夺者**（prédateur）的真正故乡。空气是这样一种**无限的实体**——人们沿着一条线穿过，在一种进攻的、取胜的自由中，它如同一道闪电、一支箭、如同帝王与君主的目光。在空气中，我们将受害者公之于众——不再隐藏。

但在进一步阐述这种动态性之前，让我们先说明**尼采式空气中**特殊的质料特征。通常来说，对于质料想象力而言，空气最明显的**实体性**特质是什么？答案是**气味**（odeurs）。对于某些质料想象力而言，空气首先是气味的媒介；在空气中，一种气味是无限的。在雪莱那里，空气是一朵巨大的花，是整个土地的花之本质。人们经常梦想着空气的纯洁——它是一种同时有着香脂和焚烧味道的香气；我们梦想着它的温暖——如同一种树脂中的花粉，一种热而甜的蜂蜜。而在空气中，尼采只梦想着一种滋养——寒冷与空无。

对于一种真正的尼采主义，鼻子必须为无香气的空气赋予一种**确定**的幸福，它必须表现为一种巨大的幸福，一种意识到体验了无物的幸福——它是气味之空无的保证。尼采常歌颂的**洞察力** (flair)[1] 并不是那么**诱人**，它只是赋予了超人以一种能力，让他能够在感知到些微不纯洁的迹象时便**离开**。一位尼采主义者并不能以一种气味为乐。波德莱尔、诺瓦耶都属于土地——他们代表着另一种力量的符号，梦想并思索着气味。因此，香气是一种无限的回响，它联结着记忆与欲望，连接着广大的过去与宽阔、未定形的未来。相反，尼采：

> 吞饮着最甘美的空气，
> 我张大鼻孔如满斟的酒杯，
> 不复憧憬，不复回忆。

（《酒神颂》，1888）

纯洁的空气是一种对自由时刻的意识，它一种开启了某个未来的瞬间，仅此而已。气味是一些感觉的序列，它们就在身体之中，并拥有一种连续性，不存在非连续性的气味。而纯洁的空气意味着一种年轻、新颖的印象："他试探着用鼻子小心地吸纳进洞中的一丝空气，就仿佛他又来到了一个全新的地方，又在品味一种从未见过的奇妙的空气。"我们可以说，这是一种新的空无和自由，因为在这种新的空气中毫无任何异域的，或是让人迷醉、亢奋之物。空气的氛围是纯洁、干燥、寒冷且空无的。

> 我坐在这里，吞饮着最美好的空气，
> 真是天国的仙气，
> 轻盈而透亮，金光闪闪，

---

① 这里使用的"flair"一词，原意有"嗅觉"的意思，引申为"觉察力""洞察力"。根据后文，尼采那里的超人能觉察不纯洁之物，因此译为"洞察力"。但结合前文气味的语境，需要注意这里作者实际上一语双关，也有嗅觉的意思。——译注

这纯和之气呵，

必定降自明月……

（《酒神颂》，1888）

尼采的想象力抛弃了气味，甚至将它自身与过去相分离。所有的怀旧主义都梦想着一种不可磨灭的气味。预见是感受的反面。卡斯纳（Rudolf Kassner）用一种有些粗糙但鲜明的辩证法表明了视觉和气味的对立性。"当我们将过去的一部分拿走、删除或削减时……我们被时间所支持或包裹的整个想象力就成为了记忆，如同被抛回记忆之中。所有的视觉都必然会转化成一种气味，因为它们缺乏未来……但是，只要我们将刚刚削减的记忆重新与时间联系起来，气味就会再度变为视觉。"①

虽然空气象征着休憩与放松的瞬间，但它也让我们意识到接下来的行动——这种行动使我们从一种累积意志中解放出来。因此，在呼吸纯洁空气的简单快乐中，我们寻得一种力的许诺：

这许诺在空气里，

从陌生的嘴向我频吹，

——大凉爽正在来临……

（《酒神颂》，1888）

在这突如其来的凉爽中，陌生的嘴何尝不是**迷醉的许诺**呢？

伴随着这种凉爽——这种即将到来的巨大凉爽，一种尼采式的价值被引入了——在感受的意义上，它指的是一种深度的现实；在想象力学说的意义上，它是一类**直接且现实的**隐喻，建构了瞬间的、元素的予料。事实上，对于尼采而言，空气真实的滋养性质就是这

---

① Rudolf Kassner, *Le livre du souvenir*, trad. Pitrou, p. 31.

种凉爽——它让我们感受到呼吸的快乐、**为静止的空气赋予活力**的性质，是一种真正的、深度的动态化。**凉爽**不应该被视作一种平庸、普通的性质，它对应着尼采的宇宙学中最伟大的法则之一——**寒冷**——高处的、结冰的、绝对之风的寒冷。

让我们沿着极北之路走下去：

> 越过北国，冰，今天，
>
> 越过死亡，
>
> 在远方，
>
> 有我们的生活，我们的幸福！
>
> 无论陆地
>
> 还是海洋
>
> 你都不能觅到
>
> 通向极北之路。

（《查拉图斯特拉的格言和歌》，1882—1888）

既非陆地，亦非海洋，正是通过空气，我们朝向最高处、最寒冷的孤独之旅。

而正是在洞穴入口——在山顶处奇怪的洞穴那里——远离了土地和岩穴的特征，尼采明白了寒冷之滋补的道理。

> 唯有你使你周围的空气凝重清澄！在土地上我可曾觅到过如同你洞穴中一样美好的空气？
>
> 我诚然见过各种各样的土地，我的鼻子诚然习于鉴别估价各种各样的空气：可是在你这里，我的鼻孔享受了它们最大的快乐！

（《酒神颂》，1888）

早在《人性的，太人性的》（*Humain trop humain*）中，我们就听到了对"被没有爱的秋阳所温暖的阿尔卑斯山，那寒冷且狂野的本性"的呼唤。

正是在这种阿尔卑斯山的本性中，出现了一种神奇的诞生——在寒冷中，一个寒冷的生命升起：

月亮和星辰随着风霜上升。

正是由于寒冷，空气获得了一种**攻击性**，一种"邪恶的欢乐"——它唤醒了权力意志，一种在严寒的至高自由中，对寒冷作出冷酷反应的意志。

在**充满活力的**空气的攻击下，人类征服了"更高的身体"（*einen höheren Leib*）。（《彼世论者》）当然，这并不是魔法师和神秘主义者那里**星辰的身体**，而是一个**知道**如何通过呼吸滋养的空气来成长的鲜活；它**知道**如何选择高处的空气——一种精细、鲜活、轻薄且纯净（*dünn und rein*）的空气。

在这寒冷的高处空气中，我们发现了另一种尼采主义的价值：沉默。冬日的天空与它的沉默。这种天空"有时甚至让太阳变得沉默"，这不正是雪莱式天空的反面吗——这种天空如此具有音乐性，以至于可以说将音乐转化为了实体。而尼采关注的是：我是否从冬日的天空中学会了"在漫长的光明中保持缄默"？（《橄榄山上》）当我们在《回乡》中读到："啊，我要怎样舒展我那寂静的、深邃的、幸福的胸膛，来呼吸这同样寂静但纯洁的空气"时，怎能不感受到这种空气、寒冷和沉默的综合呢？通过空气和寒冷，沉默被呼吸、**合并**到我们自身存在之中。这种沉默的合并与里尔克总是痛苦的诗歌中的合并不同。在尼采那里，这种合并有一种突然性，它打碎了最初的焦虑。如果一个人拒绝接受质料想象力的暗示，不知道对于主动的质料想象力而言，**空气的沉默**只有在一种原初元素中才能实现，那么形象的**音调**就会减弱；我们在抽象中转化具体的想象体验。那么该如何才能获得尼采文本中这种身体的有益影响呢？尼采提醒他的读者："谁若善于呼吸我的著作的气息，他就懂得那是一种高空的气息，一种强烈的气息。人们必须是对之特别适合的，不然的话，在其中着凉伤风的危险是不小的。寒冰就在近旁，孤独非同寻常——可阳光下的万物是多么安静啊！人们的呼吸是多么自由啊！人们在自身当中的感受是多么丰富啊！"（《瞧，这个人》，序言）

　　寒冷、沉默和高度——这是同一实体的三种根源。去除其中的任何一个根源都意味着对尼采式生命的破坏。例如，沉默的寒冷需要高度的存在；缺乏高度，剩下的就只有封闭、凶恶、土地的沉默。这种沉默无法**呼吸**，不会像高处的空气一样进入胸腔。同样地，对于尼采来说，一种嚎叫的微风只是某种需要被制服的**野兽**，需要让它**闭嘴**。高处的寒风是一种**动态的存在**，它既不嚎叫也不低语，而是保持缄默。最后，一种温和的空气似乎能够教会我们沉默，但却缺乏进攻性；而沉默需要有寒冷的进攻性。我们看到，无论去除哪一个属性，这三种感应都会彼此影响。但是这些否定的证据毕竟是人为的，而想要生活在尼采式空气中的人，都应该有大量正面证据来说明我们指出的这种**感应**。进一步地，这种感应也可以与雪莱式想象中柔和、音乐和光明的三重感应相比较。正如我们多次说过的，无论想象力的质料类型多么具有决定性，都不能抹去天才的个体印记。雪莱和尼采是两种天才，他们在同一个空气的故乡中爱戴两位相反的神。

四

　　鉴于我们在书中用很大篇幅讨论了飞行之梦——在空气中的梦境，因此我们可以更仔细地考察一下尼采作品中的一处是如何清楚地表现一种**有翼的梦境**的。这首对夜间之平静、空气中的梦想之轻盈的赞歌，可以作为一首序曲，带我们进入对主动的光晕、滋养的苏醒和尼采的垂直性生命的研究。

在《三种罪恶》中，我们事实上能看到一种飞行之梦："晨光熹微的时候，我做了一个梦，最后一个梦，在梦中，我手中拿着一杆能够称量整个世界的秤静静地站在大海的岬角上称量。"

一位受理智主义所影响、认为写作意味着寻找形象来解释思想的读者，必然反对这种对世界的**称量**——他更愿意说，这种对世界重量的衡量不过是某种价值表达、评估**道德世界**的隐喻。然而，研究这种从道德世界到物质世界的转变是多么有趣，道德家至少都应该关注一下道德事实的**动词表达**问题。想象力的主题作为一种基本的精神价值，从反方向提出了这个问题：它问的是，上升的形象如何为一种道德的生命动力做准备？在我们看来，尼采的诗歌发挥了一种先导作用，它提供了一种尼采式的道德。但是在这里我们不是想参与到论战内部，而是仅留在想象研究的领域中——让我们向对手提出一个心理学层面、带有论战性的问题：为什么在梦中，一个清晨的梦中，我们看见自己站在大海的岬角高处？为什么不是去描述这种已经征服的世界全景，而是要去**称量**它？我们难道不应该对梦想者能够在梦中如此轻松地展开称量感到惊讶吗？但让我们再继续往下读："原来，这个世界是可以被一杆秤称量的……原来，所有羽翼丰满且健壮的人都能够飞翔……这样我的梦就找到了世界。"（《三种罪恶》）除了上升心理学的法则之外，我们还能用什么来解释这种梦呢？在其中，称量世界的梦想立刻成为**强健的羽翼**战胜**重量**的梦想。世界的**称量者**突然有了羽翼的轻盈。

我们怎能看不到，形象的真正联系在相反的秩序上进行：正是因为有了羽翼的轻盈，才能**称量**世界。在飞行时，这个人对土地上的万物说：你们为什么无法飞行？是怎样的重量阻止你们与我一同飞行？是什么迫使你们停滞在土地上？到我的秤上来，我会告诉你，你是否能够成为我的同伴、我的门徒。我将告诉你的不是你的重量，而是属于你的空气未来。**称量者**是轻盈的主人。在尼采那里，没有沉重的称量者——为了**评估**超人的力量，他必须是空气的、轻盈的、上升的存在。先**飞行**，再认识土地！随后，我们才能认识到那些更隐蔽的隐喻，在其中，行动更加连续，它们为称量者的想象赋予了真正的活力。一旦我们赋予动态想象力以应有的原初性，尼采的这些句子就会变得清晰起来："我的梦很沉静，默默无声，就像是蝴蝶；我的梦很迫切，急不可耐，就像是雄鹰；我的梦很果敢，风暴半之，帆船半之，可是今天，它为何竟然如此富有耐性，为何今天，它竟有兴致与时间一起把世界测量？"（《三种罪恶》）显然，所有这些形象的动态的印记都是**飞行之梦**，是属于空气的梦境轻盈的生命，是羽翼的轻盈幸福的意识。

在《重力的精神》一章中，尼采继续写道："如果某一天，有人想要把飞翔的技能传授给人类，那么，他必须得把界石先一一挪走；是的，每一块界石在高空中都会爆裂，当他学会飞翔，就会用一个新名字——轻盈者——来称呼土地。"梅雷迪斯也说："障碍是为那些无法飞行的人准备的。"

对于**质料想象力**而言，飞行并不是一种去创造的机制，而是一种去转化的质料，它是所有价值转化的基础。我们的土地存在必须变成空气的，它随后让整个土地变得**轻盈**。在我们内部的土地本应是"轻盈之物"。

尼采接下来的文字中充满伟大的思想，它教导人类去爱自身，真正从这种自身之爱中获得活力。尼采的思想如此丰富，而我们的评论如此简单，以至于我们很容易再度面临这样的批评：认为我们放弃了哲学家的职业，变成了一个纯粹的文学形象的收集者。但是，我们将重复这一论点来为自己进行辩护——文学形象有自己的生命，**它作为一种自主的现象运作在深度的思想之上**。正是这种自主性规定了我们的任务。尼采的例子之所以令人侧目，是因为他表明了双重性的生命——伟大诗人的生命和伟大思想者的生命。尼采的形象因而具有双重的连贯性——它为诗歌和思想都赋予了活力。借助明确的质料和动态方式，这些尼采式的形象证实了想象力在质料和动态上的连贯性。

但是，**垂直性**要求长期的训练："飞行并不是飞翔的基础——在产生学习飞翔的欲望之前，一定要先学会站立、行走、奔跑、攀登与舞蹈。"对于某些人而言，**飞行之梦**是一种柏拉图式的回忆说，它关于一种非常古老的梦境和轻盈，我们只能在一些有耐心、无尽的梦想中找到它。因此接下来，让我们来收集尼采作品中各种各样的证据，来证明一种上升的精神。

五

首先，在尼采哲学中有大量关于重力精神分析的例子，这种方法与罗贝尔·德苏瓦耶的定向精神分析方法具有相同之处。例如，让我们研究一下这首诗：

> 把你的重负投入深渊！
>
> 人呵遗忘吧！人呵遗忘吧！
>
> 遗忘是神圣的艺术！
>
> 如果你愿飞翔，
>
> 如果你愿以高空为家：
>
> 就把你的重负投入大海吧！
>
> 这里是大海，把你自己投入大海吧：
>
> 遗忘是神圣的艺术！
>
> 　　　　　　（《查拉图斯特拉的格言和歌》，1882—1888）

毋庸置疑，这里是一个关于大海精神的例子——投身大海，以便从水中重生。它关于丢掉所有的**重负**、遗憾、悔恨与埋怨，丢掉我们身上所有对过去的回顾——将**我们整个沉重的存在**投入大海，让它永远消失。通过这种方式，我们将消除**双重的沉重**——在我们身上既有**土地的沉重**，又有**隐藏在内部的过去**之沉重。随后，一种空气的**双重性**将开始闪耀：我们将如同空气般**自由**地涌现，不再躲藏在自身的秘密之中——从这一刻，我们将开始忠于自己。

或许需要再次重复：一首诗可以从两个方面加以阅读——首先是作为一个抽象的文本、一种道德的文本，在其中作者由于缺乏更好的方法，不得不借助一些具体的形象；其次依照我们现在的方法，可以作为一首直接、具体的诗歌，它最初由质料想象力和动态想象力所构成，并借助新诗的热情创造了新的道德价值。无论读者选择哪种方式，他都必须意识到，**道德的美学化**（esthétisation de la morale）并不是表面意义上的，它并不是一个可有可无的隐喻——我们的工作正是要使这种美学化成为一种深度的必要性，一种瞬间的必要性。在这里，正是想象力促成了存在。最有效的想象力即**道德想象力**，它与基本形象的创新密不可分。

因此，在我看来，尼采通过强调"你"（toi）这个词，想要实现一种隐喻的**绝对性**，以此粉碎一个低级诗人积累的所有无关紧要的隐喻。为了体验一种绝对的现实，他要唤起隐喻的荒诞性——将自己**完全**扔向低处，以便能**完全**朝着山顶爬升，实现自由的统一行动和超人的征服。除了这种语词的矛盾——高处和低处，想象力还分析那些保持着完美连贯性的象征——将自己投入大海，不是为了在遗忘中找到死亡，而是为了将你身上所有不能遗忘之物——所有那些肉体、土地的存在，所有知识的灰烬、大量成果，所有构成人类之贪婪的收获，全部献给死亡。随后，一种**决定性的颠倒**将实现，你会获得超人的符号。你将成为空气的存在，垂直地涌向自由的天空。

滞重的一切

沉入蓝色的遗忘

同样地，在《读与写》中，在克服了重力这一魔鬼之后，尼采写道："现在，我**看到了下方的自己**。""Jetzt bin ich leicht, jetzt fliege ich, jetzt sehe ich mich unter mir, jetzt tanzt ein Gott durch mich." [①] 我们选择不翻译这个句子，因为并不能找到一个词来表达 jetzt 的瞬间所带来的能量与欢乐。是何种不幸，使得法语丧失了一种瞬间心理学所必需的语词？我们怎样传达一种存在的革命性决断，怎样用"当下""从现在开始""此后"……这类词来打断连续性的怠惰？一种意志的学问需要单音节词。一种语言的能量像其诗歌一样，往往是不可译的。动态想象力从语言中获得了原初的冲力。

我们必须重视**垂直性人格中的这种双重性**，特别是其**突然性、决断性的特征**。由于这种双重性，我们将借助空气、为了空气、生活中空气中。凭借这种突然性，我们意识到存在的转化并不是一种柔软、温和的流溢，而是纯粹意志的产物，是瞬间的意志。在这里，动态想象力施加于质料想象力之上——将你自身投向高处，像空气一般自由，你将成为自由的质料。

在这种英雄式的想象行动之后，如同一个回报，出现了一种超越宇宙、超越所有事物的意识。正如这些美妙诗句所写的："我要成为万物的穹顶，成为那不朽的安然，成为万物头上的圆形屋顶，成为那座天蓝色的钟，这样，祝福别人的人也能够得到福乐！"（《日出之前》）这种柏拉图式的意志，不也表达出和柏拉图式的爱同样的意

[①]　此句原书中有意保留了德语原文，英译本也未作改动。jetzt 在德语中的意思是"当下、现在"，巴什拉想要强调的是所发生的动作和心理的瞬间性、当下性，认为这是法语的动词时态所表达不出来的，因此不可译。这句诗的中文译文为："现在，我的心变得轻盈，我飞翔在天空，我俯视下方，我看到了那个翩翩起舞的上帝。"（《查拉图斯特拉如是说》，文竹译）可以看到中译本采用了将这层意思单独译出提前的做法。——译注

义吗？这种意志在消除了所有的过去和回忆、所有滋生了叔本华式的动物意志的感官欲望之后，将存在交付给了其**想要的**未来。

寂静非常清晰，因为它是**被征服的**。在这些诗句中，我们能体验到这种被征服的寂静：

> 寂静！寂静！
>
> 睡眠正如羽毛一般轻缓地、温柔地在我的身体上舞蹈，就像那无法寻觅到踪迹的微风舞动在平静无澜的海面上。
>
> 是的，它的确非常的轻柔、非常的和缓，就仿佛羽毛。
>
> 我的双眸没有因它而闭合，反而一直睁着，而且，我的心灵异常的清醒、明晰。

（《正午》）

六

唉！人类会重返混乱和重量。只需另一种尼采式睡梦中的质料性元素，灵魂就会变得更加纷乱、疲惫。当那么多的梦想者带着一种安静的服从，将灵魂交付给沉睡的水，在梦想的水中轻柔入睡时，在这段尼采所描写的海——满载欲望和盐，满载火与土地的海之睡梦中，我们会感到一种痛苦又回来了，它征服了幸福：

> 现在，万物都陷入了沉睡，查拉图斯特拉说，大海正一脸讶异地望着我，它睁着蒙眬的睡眼，实际上，它也已经陷入了沉睡。
>
> 可是，我能感觉到，它在我的身边呼吸，它的气息是温暖的、醇和的，它蜷缩着身体，它的枕头有些坚硬，它已经陷入梦乡，是的，它在做梦了！
>
> 快来听听吧，它正在低声哭诉！快来听听吧，它正在默默

呜咽！是什么让它如此？是那凶残且恶劣的回忆吗？还是那裏挟着凶恶的希冀？

啊，你这隐匿在暗夜中的怪兽，你的哀伤已经传染了我，我和你一起哀哭，甚至，为了你，我对自己都产生了怨憎！

(《漫游者》)

法语中的"Hélas"多么不适合表达德语中"Ach"的苦涩叹息！在这里，自我厌恶的瞬间、对宇宙厌恶的瞬间需要一种同时性——它是一个单音节。所有痛苦的存在、整个受难的宇宙都被囊括在梦想者的一声叹息之中。梦境论和宇宙论的价值交织在一起。尼采是如此忠实地表现了这种甜言蜜语与感觉相混合的噩梦！"爱是最孤独者的危险，"查拉图斯特拉说，"你在干什么，你还要唱一首歌来慰藉你的大海吗！"

但是这种爱的诱惑，这种爱着所爱之人，体验他们的痛苦并给予安慰，用自身的痛苦与爱来自我安慰的诱惑，只是一个怀疑之夜、一个大海的背叛之夜的噩梦。存在者的故乡是天空，尼采总是回到那里。在《七印》第七节中，我们读到了这些充满**尼采式迷醉**的句子，它们是狄奥尼索斯和阿波罗的迷醉之综合，是热情与冷酷、强大和明亮、年轻与成熟、丰富与空气的总和：

假如我过去为自己在头顶撑起过一片晴朗宁静的天空，假如，我曾经在自己的天空之上翱翔，用飞鸟的翅膀。

假如我曾抱着嬉笑的态度在远方漂浮，那光明的远方，那深沉的远方，并且，有飞鸟将自己的智慧藏匿于我的自由之中。

智慧，源于飞鸟的智慧，它开口了，它如是说："你这轻盈的家伙，别再说话了，开始唱歌吧！我把你投掷出去，又把你扔回原地，我投掷着，朝着四周投掷，上和下全都不存在！

别再说话了，开始唱歌吧！一切的话语都是为那些沉重的家伙准备的，一切的话语对轻盈的人来说都是谎言！

　　尼采以这样的方式结束了《查拉图斯特拉如是说》的第三卷——完结于一种对空气、歌唱之轻盈的认识之上。在这种属于空气的存在的实体性歌声中，借助一种空气的道德化诗歌，尼采找到了质料想象力和动态想象力的深度统一。

七

　　在这种存在者完全投入**自身之外**的解脱、见证**自身之下**的解放性飞翔之后，尼采关注到深渊的存在。他更深刻地意识到自身的解放。在一个永远不再会坠落的低处来思考高度，这是一种朝向顶峰的附加冲力——静态形象由此获得了极为特殊的动态生命。通过追溯尼采的作品，同时在更普遍的意义上审视某些形象，我们得以研究尼采那里一些常见形象的垂直动态化。

　　例如**深渊边的一棵冷杉**。叔本华将之作为生命-意志的见证，他描述了植物与岩石的艰苦共生，树为了抵抗重力而作出努力。而在尼采的作品中，树并没有那么曲折蜿蜒，它更加笔直，蔑视着坠落：

　　　　可是，查拉图斯特拉，
　　　　你仍然喜爱深渊吗，
　　　　像那棵冷杉吗？
　　　　它扎根的地方，
　　　　连岩石往下看一眼
　　　　也要心惊胆颤……

　　　　　　　　　　　　　　　　　（《酒神颂》，1888）

这种颤栗并不会转变为眩晕——尼采主义在本质上是对眩晕的克服。在靠近深渊的地方，尼采找到了上升的动态形象。深渊的现实通过一种众所周知的自尊辩证法，使尼采意识到了存在的涌现力。就像《阿克塞尔》(*Axel*) 中的萨拉一样，他会如此说道："至于我，我不会屈尊惩罚这些深渊——除非用我的羽翼。"[1]

我们可以更详细地研究一下尼采之树的例子：

> 它踌躇于深渊之上，
> 周围的一切
> 都摇摇欲坠：
> 荒凉的乱石和急泻的飞湍
> 焦躁不安，
> 而它忍耐着，坚强，沉默，
> 孤寂……

（《酒神颂》，1888）

需要补充说明的是，冷杉是笔直、垂立的，它是垂直的存在。它不从地下水中汲取活力，也不从岩石中获得坚固性——它并不需要土地的力。树不是一种质料，而是一种力，它是一种自主的力。这种力在**投射**中寻获自身。尼采式的冷杉靠近深渊，它是空气想象力的一种宇宙之矢。更准确地说，它让我们区分了两种**意志想象力**，让我们看到，意志统一了两种类型的想象力：一种是**意志-实体**（volonté-substance），它是叔本华式的意志；另一种是**意志-权力**（volonté-puissance），它是尼采式的意志。前者意欲维持，后者意欲前进。尼采式的意志基于其自身的速度，它是一种生成的加速，不需要任何质料。在尼采那里，深渊像一张总是展开的弓，时刻等待

---

① 　Villiers de l'Isle-Adam, *Axel*, 4e partie, scène IV.

着将箭掷向高处。在靠近深渊的地方，人类的命运即是坠落。而超人的命运则是迸发，就像冷杉朝向蓝天。恶的感觉激发了善，怜悯的诱惑激发了勇气，深渊的诱惑也激发了天空。

在尼采的作品中，我们还能找到许多完全**沉醉于笔直性**的树。例如在《欢迎》中，为了描写一种高而强的意志形象，尼采写道：

> 查拉图斯特拉啊，你就是一棵树，一棵五针松。你是世界上最美丽的植物，在这个世界上，没有比看着一棵高大、强壮、葱郁的树木长成更让人欢喜的事情了。你挺拔、沉稳、孤独、寂静、刚硬、顽强、木质卓越、柔韧、炫美非常。查拉图斯特拉啊，除了你，再也没有哪棵树能够如此成长，你的存在，绚烂了这满目的风光。

> 并且，当你长成之时，你将自己的枝叶向着远处延展，你翠绿的叶片，那强壮的枝条，遮蔽了大片土地，也遮挡了无数暴雨狂澜。你发出质疑，你又太多太强烈的疑问，你直面那些高高在上的人。

> 并且，你解答了自己的疑问，你给出了一个强大的、充满力量的答案！一个发号施令的人！一个有所成就的人！所以，所有的人都想登上高高的山峦来欣赏你，欣赏这棵美丽的大树。

> 查拉图斯特拉啊，在你枝叶的荫庇下，最是漂泊不定的人都找到了固定的居所，失败的人、郁闷的人、内心阴暗的人，心灵都得到了医治，并已经痊愈，并且，它们的精神重又焕发了起来。

这棵笔直的树是意志之轴——它是尼采主义所特有的垂直性之轴，思考它就意味着让自身挺立；它的动态形象正是在自我沉思中的意志——不是在作品中，而是在行动中。只有动态想象力才能给予我们足够的意愿形象，质料想象力只带来梦境——带来那些关于未定形的、沉睡在恶或天真之中的意志的梦想。尼采主义的树比质料更加动态，它是联结恶与善、土地与天空的全能纽带。"树想要长得更高，高到能够触碰光明，就必须深深地扎根，把根扎进幽深的罪恶中去。"（《山上的树》）在土地上并没有转瞬即逝的善，所有花朵都需要沃土的滋养。善从恶中迸发。

> 那至高的山峦是从哪里来的？它是从海洋中来的。那个时候，我就已经知晓了答案。
>
> 在那至高山峦的岩石上镌刻着我的证词，对，就是那里，巅峰的峭壁上，峭壁的岩石上。站在至高处的人必然是从最底层、最深处走出的，因为，只有那底层、那深处，才能成全至高者的高度。
>
> 　　　　　　　　　　　　　　　　　　（《漫游者》）

在尼采的诗歌中有大量关于上升的主体的描述。一些文本中确实传达出了某种垂直征服的微分，例如登山者脚下滚落的碎土和石头——必须攀登一个一切都在向下的斜坡。陡峭的道路是一个积极的对手，它会以一种与我们相反的动力作出回应：

> 我顽强地向前走，我走上了一条荒凉的小路。这条小路蜿蜒着，它在乱石之间穿过，这条小路陡峭艰险，每走一步，总有咔咔的响声与我的脚步声应和……
>
> 我要向上走，毋庸顾忌那些不断将我向下拉扯的精灵，我知道，它和我的仇敌们一样，崇尚重力的精神，是魔鬼，它要拉扯着我坠向深渊。
>
> 我要向上走，即使那个矮个子的精灵已经骑坐在了我身上，这个既像侏儒又像鼹鼠的小东西冰冷而麻木，他往我的耳朵中

灌入铅汞。

(《幻觉与谜团》)

关于尼采式形象中的质料和动态的思考还远远不够。通过细致描述那些引起道德转变的形象之转变，我们获得了一种关于道德生命的实验物理学——这种实验物理学针对是针对个别对象的，它既不是人为的，也不是无根据、任意的；它对应着一个处于英雄化（héroïsation）进程中的自然，在这个宇宙中，英雄的生命正开始显现。体验一种尼采主义，意味着体验生命能量的转化；在人类的存在中，寒冷和空气的代谢必须生产一种空气的质料。理想的状况是让人变得像其形象那样广大、生动。但是不要弄错这一点——我们所说的理想是在形象之中实现的，我们需要将形象置于它的动态现实中，就像想象的精神力转变一样。诺瓦利斯主义者会说，世界在我们身上梦想；而尼采主义者，在其投射的梦境、梦想的意志之全能中，则会以一种更现实的方式表达道：世界以动态的方式在我们身上梦想。

八

此外，在某些尼采式形象中，我们也能看到一种上升的宇宙，在其中，上升的世界拥有一种能量的现实。例如他写道："大海希望被太阳亲吻，她渴望着太阳那焦灼而热烈的吮吸和爱恋；大海想要成为阳光，成为空气，成为蓝天，成为阳光行走的轨迹。"(《无瑕的知识》)在诗中，梦想者在某种程度上是在浪花中诞生的，他如同被侵蚀力推动的小岛般涌现：

但大海对他也不够寂寞，

> 海岛任他登攀，他在山顶化作火焰，
>
> 向着第七重孤寂
>
> 他现在高高甩出钓竿去试探。

（《酒神颂》，1888）

土地在水之上，火焰在土地之上，空气则在火焰之上——这就是尼采诗学中垂直性的等级序列。

在《查拉图斯特拉如是说》中，尼采重新回到了一种**高处垂钓**的奇特形象："除了我，还没有人垂钓于高山，但是，我愿意如此，哪怕，这种行为很愚蠢。与其在山下郑重其事、铁青着脸等待，倒不如在高高的山峦之巅做些傻事。"

在之前对想象力的研究中（参见：《洛特雷阿蒙》和《水与梦》），我们已经认识了一条从水到空气的通路，并指出了从鱼类到鸟类的连续想象演化。所有真正的梦想者都拥有一个液体的世界——那么是否有一种非液体的梦呢？——就像飞鱼一样。[1] 尼采是空气的垂钓者，他朝自己的头顶上方抛出钓竿。他并不在池塘或河流中垂钓，因为那是水平存在者的家园；尼采垂钓的地方则在山顶，在最高的山峰顶端：

> 请回答急不可耐的火焰，
>
> 请替我，高山上的垂钓者，
>
> 捕捉我的最后的第七重孤寂！

（《酒神颂》，1888）

---

[1]　参见：加布里埃尔·奥迪西奥：《安泰》（Gabriel Audisio, *Antée*）：

> 天使的潜水掀起浪花，
> 从大海之中响起欢笑，
> 在跳动的叶丛之下，
> 鸟儿在划水，鱼儿在飞翔！

至高的孤独处在一个空气的世界中：

> 第七重孤寂！
> 我从未感到
> 更真切的甜蜜的安逸，
> 更温暖的太阳的凝注。
> ——我峰顶的积冰尚未烧红吗？
> 银色，轻捷，像一条鱼，
> 我的小舟正逍遥游出……

（《酒神颂》，1888）

众所周知，**天空之船**是一个在许多诗歌中常见的主题。在许多时候，它都产生自一种被摇摆、被承载的梦想之想象——它是一种被动的迷醉。它就像一艘威尼斯轻舟，但其中，梦想者并不是船夫。在尼采的作品中，尽管有一些怠惰的瞬间，在其中，梦想者休憩"在一艘厌倦了大海变化的船上，在安宁静谧的大海上"（《正午》），但这种摇摆的旅行遐想不同于诺瓦利斯或拉马丁的风格；它似乎并不满足于一种"水平的生命"，而是有着"垂直的颤栗"，"直到那被所有善、所有恶、所有奇妙所萦绕的金黄的帆船在充满希冀的、平静无澜的大海上飘荡"（《强烈的渴望》）。它之所以能够飘荡，能够成为一种奇妙的金黄，那是因为它朝向的是天空——阳光灿烂的天空。尼采式的梦想者坚定地、毫无迂回地设定了一条通往高处的路线，因为他知道这条船将永远不再靠近土地。

> 心愿和希望已经淹没，
> 灵魂和海洋恬然静卧。

在天空中，梦想者才被带回了空气的故乡，他看向高处：

呵，黑夜，呵，沉默，呵，死寂的喧哗！

我看见一个征象——

从最远的远方

一种星象闪着火花在我眼前缓缓下沉……

存在的最高星辰！

永恒雕塑的图像！

你正迎我走来吗？

（《酒神颂》，1888）

　　对道德世界的探索是一场空气之旅，它向诗人展现了存在的星辰——存在的"永恒必然性"，证明了星辰具有道德的倾向。质料、运动和价值化在同一形象中紧密相连。在想象和道德存在之间的联系比知性心理学所认为的要密切得多，后者总是将形象视作比喻。与理性比起来，想象力是一种更能统一人类灵魂的力。

九

　　当然，在尼采的诗歌中，还有一些比蓝天中的岩石、挑衅闪电并蔑视深渊的冷杉明显更具动态性的形式。在想象的空气与高度中自然会有一个鸟类的世界。例如有猎食的鹰：

也许有一只猛禽：

它悬挂在

这坚忍者的毛发上，

幸灾乐祸地

发出疯狂的大笑，

一种猛禽的大笑……

爱深渊者必须有翅膀，

岂能总是悬挂着，

像你这样，无依无靠！

（《酒神颂》，1888）

　　这条垂直线、这种不起眼的悬挂、这个沉重之人在被动垂直中的战利品——所有这些形象都强调了一种人的力量是如何转移到高处的鸟类身上的；鸟类什么也不"悬挂"，也并没有"悬挂着"，除非是要带走猎物。相反，"毛发"在这里是一个肉身被遗忘之人的空气符号。毛发——人类的质料祭品，用达芬奇的形象来说，是"一缕轻烟"。

　　在尼采的想象中，鸟类具有抽象的运动形式，它没有华羽，也没有歌声，因而天然地是一种极好的动态图式。在《七印》中，我们读到这一真正的原则："假如，对我而言，把所有沉重变得轻盈、让所有的身体都成为跳舞的人、让所有的精神都变成飞翔的鸟才是关键！并且，事实是，这些，对我而言，也的确是关键！"

　　同样，在题为《爱情的表白（但诗人在这里掉进了陷坑）》[*Déclaration d'amour*（*où le poète se fit éconduire*）]的诗中，也有一种滑翔、休憩的飞行，它是如此接近梦中的飞行：

　　　　哦，奇迹！他还在飞？

　　　　他上升，而他的翅膀静止不动？

　　　　究竟是什么把他托起？

　　　　如今什么是他的目标、牵引力和缰绳？

　　　　……

　　　　高高飞翔，谁说他只在飘浮！

　　　　哦，信天翁！

永恒的冲动把我推向高空。

（《无冕王子之歌》，1887）

不足或仓促的飞行反复上演。在《迷醉之歌》中，他担心"没有飞得足够高"。舞蹈的喜悦是不够的，"脚并不是羽翼"。

但必须指出的是，在决定性的胜利中，尼采的飞行总是具有激烈、进攻的性质："仿佛一支颤抖的利箭飞过了我的欢愉，那在阳光中沉醉的欢愉。"（《旧的牌与新的牌》）鹰似乎撕扯着天空："我的鹰与我一样向太阳致敬，崭新的阳光被它握在双爪中。"（《征兆》）一种有力的飞行并不是欢愉的飞行，而是掠夺的飞行。我们必须看到这种突然涌现的力量——它从飞行中获得巨大的喜悦。即使是在飞行之梦中，梦想者也经常向他者展现出他的优越性，并夸耀自己快速的力量。捕猎的鸟类是一种飞行力量的命运——空气就像其他所有元素一样，必须找到自己的战士，想象和自然在这一演变中是一致的。想象力拥有一种进攻性的命运。在《旧的牌与新的牌》中，尼采写道："现在，面对人类，能够超然的就只有飞翔的鸟儿了！就算非常不幸地，人类也掌握了飞翔的技巧，但是，带着那劫掠的欲望，人又能飞多高呢?!"捕猎的鸟飞得最高，一种有尊严的高度哲学将立即承认这一点。尼采那里的空气生命不是对土地的逃逸，而是一种反抗天空的**进攻**；它摆脱了所有传统形象的方式，具有想象的纯洁性，如同天使起义的弥尔顿史诗。这是一种纯粹进攻的想象力，因为它获得了胜利。听，在苍穹之下响起了胜利者的笑声："我曾抱着嬉笑的态度在远方漂浮，那光明的远方，那深沉的远方。"善不再有意义——在这场伟大的飞行中，我们进入了一片"原始智慧"（sagesse sauvage）的领域。正是通过对"原始智慧"这一概念的沉思，我们才能感觉到价值的**轴线**：道德的真理在矛盾中演化，谵妄的智慧、被袭的天空、进攻的飞行……如此多的价值运动围绕着同一轴线展开。

在一些隐微的细节中，我们也能察觉到一些印记。例如，鹰爪撕裂了光线。这是锋利、直率、光裸的爪子，它属于雄性。猫的爪子则是隐藏、包裹、迂回的，它属于雌性。在尼采式的动物中，猫是一种**土地的**卓越动物，它是对土地之爱恋的化身；而对于空气而言，它则是一个威胁。尼采那里的**猫**毫无意外是女性。举个例子，面对温暖、抚慰的爱情之诱惑，尼采写道："你愿意去抚摸所有的怪兽，你愿意去感受它们温暖的呼吸，你因它们利爪上柔软的绒毛而沾沾自喜……"在这里，猫和女性以一种完美的方式获得了统一。

所有在空气中移动的事物都可能获得尼采式的印记，它绝对地偏爱一切上升之物。例如在这首诗中，闪电从深渊升到天空：

> 可是突然，一道闪电，
>
> 耀眼，恐怖，一个对天空的打击
>
> 来自深渊：
>
> ——山岳的五脏六腑
>
> 为之震颤……

（《酒神颂》，1888）

这种震颤不是闪电的结果，而是深渊的愤怒本身，它如同箭一般，将闪电掷向天空。

我们也可以找到很多证据来表明尼采那里朝霞的**动态性**，但在这里仅举一处，就足以展现出天空在我们的内心中积极酝酿着一场宇宙的苏醒：

> 你就是集聚了所有光芒的深渊，望着你——我头顶湛蓝的天空，我颤抖了，因为我那神性的欲望。
>
> 把我抛到空中吧，让我与你等高，那才是我的深邃应该到达的地方。庇护我吧，让我在你的纯真与洁净中隐藏，因为，

那本就是我的纯真、我的无瑕。

（《日出之前》）

这并不是一种飞行的轻柔感应，而是一种存在的投射。在升起的太阳面前，尼采的最初感受是一种去**意愿的内在感受**，一种想要去决定的感受，通过运动在一种新生命中提升自己，而不是在深思熟虑中悔恨，因为所有的深思熟虑都是一种与晦暗的遗憾、或多或少被压抑的悔恨相抗争。升起的太阳是白天的纯真无瑕，让整个世界重新升起。黎明因而是对我们的内在上升在体感上的认识——新生的太阳难道不是我的太阳吗？"难道你与我那渊博的灵魂不是同胞姐妹？难道你不是我的光芒？不是我知识的烈焰散发的光芒？"（《日出之前》）要能看得如此清楚，我不也应该是光明的吗？

对于动态想象力而言，从一种充满活力的世界的运动视角来看，**升起的太阳和清晨的存在**是一种相互的动态感应。"我们一直在一起，一起学习飞翔，一起学习超越，一起学习怎样超脱己身，一起学习怎样到达另一个新的自己，我们一起学习，学习所有，包括微笑，璀璨的微笑。——我们微笑，灿烂的眼眸凝视着那最遥远的地方，我们笑着，向着下方，假如，一切的蛮横、罪愆、目标都仿佛即将到来的雷雨一般压抑——我们仍旧向着下方微笑——微笑的璀璨。"是的，没有目标，只是一股冲力，**一种纯粹的驱力**。这支箭无疑是致命的，却对它的罪行毫无兴趣。一种动态的张力和一种充满欢笑的放松，这就是上升的太阳的笔直之箭。在其下，所有的雨点在它们圆形的翻腾中，都散发着霉味，并发出可怜的低哼声。伴随着天空之箭，笔直的存在开始上升、飞起。

是否应该再提及那个夜晚？"我独自一人行走在暗夜中，我游历在迷途，我的灵魂充满了希冀，它在希冀什么？我登上山峦，我不断地找寻，难道我找寻的不是你吗？"

"另外，我攀登山峦，我四处游历，那不过只是一种应急，是一个笨拙的人无奈之下的权宜——我渴望高飞，我希冀能够以我意志的全部来独自高飞，高飞，飞进你的世界，飞到你的身旁！""想要"（veux）和"飞行"（vole）——这两个词有同一个拉丁词根 volo。研究一种意志心理学必然触及相同的想象的飞行的根源。

在所有的形象中，太阳的升起带给我们一种**瞬间性的教益**，它决定了一种瞬间的抒情。在尼采那里，它并不暗示着一幅全景，而是一种行动；它并不是**沉思**的秩序，而是**决定**的秩序——尼采式太阳的升起是一个不可挽回的决定行动，它不过是力的**永恒回归**，是将被动化为主动的永恒回归的神话。如果将永恒回归的学说视作一种权力意志的觉醒，我们就能更好地理解永恒回归。那些知道如何像太阳一样升起的人，也同样知道如何像箭一样，将自己投向每一天新生的命运——每一天都被一位年轻的**爱神**重新征服。在他与宇宙的回归之力达成的协议中，尼采式的梦想者似乎能够对夜晚说："我将使太阳升起。我是守夜人，我将宣告苏醒的时刻；夜晚不过是对清醒的漫长需求。"从那一刻起，对永恒回归的认识也是对一种投射意志的认识；是我们的存在让我们重新找回自己，回到同一的意识之中。回到作为意志的确定性之中——存在重新投射了世界。如果我们不把**动态想象力**放在首位，将宇宙想象成一个庞大的磨坊，无止境地转动、碾碎相同的麦子，那么就很难把握到尼采式的宇宙。这种宇宙是死去的，被命运变为虚无。尼采式的宇宙在永远年轻的驱力中体验到被重新发现的瞬间——这是一个升起的太阳的故事。

十

如果我们更进一步观察尼采式的上升中存在的时间结构，就会发现在这种瞬间的动态想象力，这种瞬间性驱力的喜悦中，还有一些更为特殊的性质——它们将揭示出非连续性的深层原因。事实上，没有永恒的上升，也没有决定性的提升；**垂直性**将我们**分成两半**——我们同时处在高处和低处。我们将重新发现一种在诺瓦利斯那里已经看到的辩证的直觉，在尼采的动态中，这种直觉将会更明显地联结上升和下降的节奏。

为了嘲笑查拉图斯特拉，**沉重之恶魔**提醒他拥有不可避免的、坠落的命运：

> 啊，查拉图斯特拉，你就像是一块具有了智慧的石头，总是把自己抛得很高很高，但最后，你依旧要——向下坠落！无论哪块石头都一样。
>
> 啊，查拉图斯特拉，就是你，你这拥有了智慧的顽石，你这毁灭星球的罪人，你就像石头做的弹珠，你总把自己抛得很高很高，但石头抛得再高，也最终会坠落，无论哪一块石头都一样。

（《幻觉与谜团》）

在空气想象力的体验中，主动与被动、高处与低处的辩证法实际上总是极度敏感，就像一粒长着羽翼的种子，只要一点轻微的呼吸，就会被上升的希望或下降的恐惧所捕获。同样地，当我们体验尼采的道德想象时，会意识到形象中的善与恶从未如此接近，更准确地说，善与恶、高与低从未如此清晰地互为因果。那些征服了眩晕的人也将眩晕的体验纳入了胜利之中。如果要让他的胜利不只是一个无用的故事，那么新的一天总会带来新的斗争，存在者会发现自己总是面临着同样的需求——必须通过涌现来自我确证。在决定的驱力之后，尼采经受了一种诱惑——**斜坡**的轻微支持："可怕的是倾斜的陡坡！在倾斜的陡坡上，视线始终是朝下的，但双手却又一直向上攀爬。如此一来，在这双重的、相互矛盾的意志面前，灵魂就会变得晕眩！"（《人类的智慧》）之前我们提及过一种**上升的微分**，在这种"双重意志"中可以找到例证：在这里，两种对立的运动彼此交织、互相融合，相互敌视但又相互需要。眩晕和幻觉结合得越是紧密，存在的征服就越具有动态化。在《漫游者》中，我们也能找到这种融合、动态的复合体："你脚下走过的是一条坦途，它的终点就是伟岸。深渊不见了，巅峰也不见了，因为，它们已经合二为一，融成一体。"面对这种伟大与衰落，一个被高处和低处之戏剧所触动的灵魂决不会无动于衷；对于他而言，并不存在一种中庸的美德——他的灵魂是真正的"称量者"（peseur）的灵魂，坏的价值将被掷向虚空。而对于那些不适合飞行的人，尼采教他们"疾速地坠落"（《旧的牌与新的牌》）。没有事物能够逃脱这种灵魂的称量——一切都是价值；生命即价值化。在这种对垂直化灵魂的认识中，有多么垂直的生命啊！事实上，难道不是"在灵魂中，所有事物都有着它们各自的上升与坠落"吗？尼采式的灵魂是一种反应剂，它能够沉淀虚假的价值，升华真正的价值。

总之，对尼采而言，灵魂的上升并不是一个简单的隐喻。尼采希望有一天，"使我们心灵为之悚惧的下列特殊情感对未来人却属正常：在高昂和低落的情绪中动荡；忽上忽下的感受；一种类似不断登梯和在云端安歇的情愫。"[1]尼采主义者需有"那种无所畏惧、不认为自己有什么可耻而四面八方恣意翱翔的高尚气质"："我们，天生的自由之鸟呀，不管飞向何方，自由和阳光都与我们同在！"[2]

最后，我们可以总结道，对于那些遗忘了动态想象力的首要性的人来说，一切道德生命的印记都只不过是一些贫乏的隐喻。只有真正体验到了形象的人才会认识到这种道德心理学的首要现实，并将它置于尼采形而上学的核心。我相信，尽管尼采本人可能会对这个词表示反感，但这是一种力的观念论。存在一条观念论的公理——**借助上升与下降的存在，一切事物得以上升和下降**。重量并

---

[1]　尼采：《快乐的科学》，黄明嘉译，华东师范大学出版社 2006 年版，第 274 页。
[2]　同上书，第 280 页。

不是在世界之中，而是在我们的灵魂之中，在我们的精神、心灵之中——重量在人身上。那些克服了重力的人——超人，将被赋予一种超自然性，更确切地说，一种能想象空气精神的天性。

十一

在对上升想象力的进一步研究中，必须不断地将空气中起决定性作用的精神与其他元素中的精神区分开来。这项工作非常困难，但必不可少；只有当我们将这些毗邻的统一体区分开来，才能确保真正获得了一个**想象的统一体**。为了说明这一点，我们可以回到尼采和雪莱之间的差异上来。

雪莱被无限的天空所**吸引**，这是一种缓慢且温和的渴望；而尼采则通过一种瞬间、超人的投射征服了空间与高度。雪莱在一种欲望的迷醉中逃脱土地；而作为渴望空气生命的人，尼采则禁止这种逃离：

攀登者，你们难道不逃离自己吗？

在高处，雪莱重新发现了摇摆（bercement）的喜悦；而尼采则找到了一种"晓彻、有力、高度充电"的空气，"一种阳刚的空气"。（《快乐的科学》）他总是谴责静止：

现在你黯然站立，
诅咒着冬日的飘流，
像一缕青烟
把寒冷的天空寻求。

（《抒情诗》，1869—1888）

这种寒冷是尼采式酒神精神的特质，也是最奇特的酒神精神，因为它打破了自身与迷醉和热烈的关联。

十二

一些人或许会尝试用山中的现实生活来解释这种对高度的抒情，因为尼采曾在锡尔斯玛利亚有过漫长的居留。1881年，正是在那里，在"大海之上六千英尺，甚至超越所有人类之物"的地方，尼采萌生了创造查拉图斯特拉的想法。我们也注意到，在《查拉图斯特拉如是说》的关键章节——第三卷中，《旧的牌与新的牌》创作于一段艰难的攀登过程中：从车站到建在岩石中的神奇的摩尔人村落埃扎，这首诗写在"尼斯田园诗般的天空之下"，完成于最明亮的冬天里。

但是，这种现实主义并不那么有说服力。尼采似乎并没有真正登上那"连羚羊都失去踪迹"的山峰，他并不是一位登山家。更多时候，尼采只是在高原而非山峰上徘徊，他在写诗时会从高处**重新下来**，回到山谷，返回人群。

但是，**想象的气候**（climat imaginaire）比现实的气候更具有决定性。尼采的想象比任何经验都更具有指导意义，它传播了一种想象的海拔气候，带领我们进入一个特殊的抒情性宇宙。尼采式价值的转化首先是一种形象的转化，它将深度的丰富性转化成高度的荣耀。尼采寻求一种对深度的超越——对恶的超越、对高度的超越，也即对高贵之物的超越，因为他并不满足于威信的传统。尼采将**所有道德的力**都在想象的两极间展开，他拒绝任何功利主义的、质料的"进步"，因为这种进步只是一种横向的进步，并没有改变我们的存在之重。尼采将他所有的抒情能量都投注到轻与重、空气与土地的交流之中，他让深渊言说着山顶的语言。岩穴忽然发出了空气的回声："啊，欢乐……我的深渊在说话。我回返到光明之中，我最终

的深处！"(《康复之人》)

人们依旧会想要我们谈论象征、比喻和隐喻，要求哲学家指出形象的道德教益。但是，如果形象不是与道德的思想合为一体，它们就不会拥有这般的生命与连续性。在我看来，尼采主义是一种想象力的摩尼教；它是滋养的、有益的，因为它以最积极的形象驱使我们去行动。如果我们的论点成立，那么在这些人类真正去作为、真正参与到自身存在之中的行动中，我们应该能够找到一种高度与深度的双重视角。在《朝霞》中，这种丰富性与冲力的双重意志非常明显："你们不了解他：他负重很多仍能飞往高空。根据自己羽翼的可怜扇动，你们断定，既然他如此负重多多，那他一定是想留在低处。"我相信，至少在这行诗中，尼采将自己作为研究上升精神的伟大哲学家之一：

你是一切高度的下坠。

(《致哈菲兹》)

第六章　蓝天

即便是最纯净的事物，也应该能够映射。

——纪德，《日记》

一

对蓝天的形象进行多重价值的考察，这是一项长期的研究，在其中我们可以看到由水、火、土地和空气的基本元素所决定的各种质料想象力。换句话说，就蓝天这一个单独的主题而言，我们也可以将诗歌分为四类：

一类将静止的天空视作流动的液体，只需一点浮云便能赋予其活力；

一类将蓝天当作巨大的火焰——就像诺瓦耶所说的"燃烧"的蓝色；

还有一类将天空想成一种凝固的蓝，一个染色的拱穹——同样借诺瓦耶的说法："一种结实而坚硬的蔚蓝"；①

---

① Anna de Noailles, *Les forces éternelles*, p. 154.

176

最后，还有一种人，他们真正参与到了一种蓝天的空气本性之中。

当然，除了那些追随原初的灵感直观的伟大诗人之外，我们也很容易发现，在所有缺乏灵感的诗人那里，蓝天是一个平庸的形象，它总是一种概念，而不是一种原初形象。这对于蓝天的诗歌来说是一大堆废料。当缪塞（Musset）说"蓝色是一种愚蠢的颜色"时，我们几乎能够感受到他的蔑视；至少，在人为的诗歌中，这种天真的颜色显得颇为做作：它是蓝宝石或亚麻花的形象来源。并不是说不应该有这类形象：诗歌既是伟大对渺小的参与，也是渺小对伟大的参与。但是，仅仅将土地的名字与天空的名字并列，并不能让我们体验到这种参与——需要一位伟大的诗人，他以一种天真的、在文学上毫无先例的方式，重新找回在花田中的蓝天。

然而，不论那些关于虚假形象的表面论战，我们应该反思的是这样一个令人惊讶的事实：在对众多诗歌的研究中，我们出乎意料地发现，一种真正属于空气的蓝天实际上少之又少。这种罕见性首先来源于空气想象力本身的罕见，它远不如火、土地或水的想象力那般常见。但其次，这也是由于这种无限、辽远、广袤的蓝色，无论它被何种空气的灵魂所感觉到，都需要通过质料化才能进入一种**文学形象**。"蓝色"一词能够指称，但并不能表现。蓝天的形象问题对于画家和诗人而言是截然不同的。对于作家而言，如果蓝天不仅仅是一个纯粹的**基底**（fond），而且是诗歌的对象，那么它就只能在隐喻中被赋予活力。诗人不只是为我们转译一种颜色，而且还让我们梦想它。蓝天是如此纯粹，以至于我们必须先将其质料化，再将它**梦幻化**。但在质料化的进程中，我们总是太过了：我们使天空变得太过坚硬、燃烧、紧密，灼烧过旺，过于明亮。天空常常一动不动地注视着我们。我们给予它的实体与恒常过多，因为我们没有将原初实体的灵魂转换成生命——我们让天空的蓝色像水晶的声音般"震颤"发声，但是对于真正的空气灵魂而言，它只有一种呼吸的调性。因此，诺瓦耶写道："如今，蔚蓝是如此强烈，以至于长时间注视它会让你目盲；它爆裂、旋转，充满金色的螺旋和热霜，充满尖锐闪亮钻石、箭头和银色的苍蝇……"[1]

我们认为，真正的空气印记属于另一个方向，它基于一种去质料化的动态，空气的实体想象力只有在这种动态中才是真正活跃的。只有当它作为一种颜色一点点褪去时，蓝天才是空气的；它就像一种寻求细腻的苍白；我们想象着这种细腻，它在我们手指的轻抚下变得柔软，如同一张细腻的画布。就像瓦雷里所说：

一种属于极高处的神秘纹理。

此时，蓝天向我们诉说着它的宁静和轻盈：

屋顶上的天空
是如此蔚蓝，如此宁静！

在狱中，魏尔伦再次叹息道无法宽恕的回忆之**沉重**。这种宁静或许充满忧郁。梦想者感到蓝天永远不会成为**被拥有的物品**。"原初的、振奋的登山象征有什么用呢，因为今晚我永远抵达不了那片蓝色，那片被称作天空之蓝的蓝色。"[2]

但正是通过天蓝色的**去质料化**过程，我们才能看到空气遐想的行动。我们明白了什么是空气的**共情**（*Einfühlung*）——在一个尽可能无差异的宇宙，一个蓝色、温和、无限且无形的宇宙中，一个**最少实体性**的宇宙中，**交融**的存在梦想着。

---

[1] Anna de Noailles, *La Domination*, p. 203.
[2] René Crevel, *Mon corps et moi*, p. 25.

二

以下是四个层次的作品，实际上从空气的角度来看，只有最后一个是绝对纯粹的。

1. 首先是马拉美（Mallarmé）的作品，其中诗人生活在"忘川的池塘"那"亲爱的倦怠"中，经受着蔚蓝的"讽刺"。这种蔚蓝太具有进攻性，它想要：

> 用一只永不疲倦的手，
> 堵住那些顽皮的鸟儿制造的蓝色巨洞。

但是蔚蓝更加强大，它让钟声响起：

> 我的灵魂，它让自己发声，
> 用它邪恶的胜利来让我们更加恐惧，
> 三钟经的蓝色正是从这活的金属中出现！

（马拉美，《天空》，1864）

在蔚蓝与鸟儿的较量中，我们怎能不感受到，诗人经受着一种如此坚硬的蓝天——这种天空在"邪恶的胜利"中，给梦想者施加了太多质料性的东西。被马拉美的诗歌所触动的读者可能会梦想一种更少进攻性、更加温和、少些震颤的蔚蓝——在那里钟声自动响起，完全借助空气的功能，而毫不记得那青铜的嘴唇。①

---

① 参见诺瓦耶：她在听见"透明的声音时想象着钟声，由于空气的柔和，钟声自动响起，就像鸟儿唱歌，花朵绽放一样……"（*Le visage émerveillé*, p. 96.）

2. 在这场天空之蓝与它所衍生的对象之蓝的对决中，我们常常是通过事物在无瑕的蓝色上制造的**伤口**感受到一种奇特的、对蓝天整体性的内在渴望。在关于宇宙形式的理论中，可以说蓝天是一种**绝对的基底**。左拉（Émile Zola）让我们鲜明地感受到了这种伤口。塞尔日·穆雷（Serge Mouret）遗忘了他的过去，甚至包括在帕拉杜（Paradou）所经历的精神剧变。他只是在疗养的床上看着蓝天，这是他当下遐想的唯一动机。"在他面前，是广阔的蓝天，只有蓝色，无边无尽的蓝色；在那里，他洗濯了痛苦，将自己交给了轻盈的摇摆；他沉醉于一种温和、纯净与青春之中。一根孤零零的树枝越过窗边投下的阴影，给蓝色的大海染上了生动的绿意；这枝芽对于他病态的敏感而言已经太过强烈了，哪怕是燕子飞过地平线的污迹都会让他受伤。"①

在这里，就像马拉美的诗一样，在其生动的线条中，鸟儿的飞行似乎会伤害一个想要保存其色彩纯净的统一性的宇宙，这种存在之轻盈的统一性是疗养时的简单和温和所需要的。这类遐想的标志性表达是："不要让蓝天变得复杂！"树枝、经过的鸟儿、窗沿尖锐的栅栏都会干扰空气的遐想，阻碍在这片宇宙之蓝中存在的交融……但是，左拉的描述越来越简短，在他丰富的感官想象中，这位小说家并没有沉溺于元素形象的直观。左拉对空气想象力形象的满足只是偶然的。

3. 第三种作品将显得十分混杂，尤其是在它的起初阶段。但我们借用它是为了更好地突出第四种的纯净性。柯勒律治（Coleridge）说："天空，对于眼睛而言，是一个倒置的杯子，是蓝宝石池塘的内部，是形式和色彩完美的美。对于精神而言，天空无边广阔；但眼

---

① Émile Zola, *La faute de l'abbé Mouret*, éd. Fasquelle, p. 150.

睛感觉到自己能够看透它，它隐约感觉到其中没有抵抗。眼睛体验到的感受确切来说不是由坚固、有限的对象带来的：它感受到的限制来自面临无限性，一种想要超越其所见之物的力量。"[1] 遗憾的是，杯子与蓝宝石的比较"突出"了对未定界限的印象，似乎中止了对蓝天的沉思中广阔的潜在性。然而，如果我们带着空气的通感去阅读柯勒律治的这一篇章，就会立即感受到，眼睛和精神，两者共同想象着一种不抵抗的蓝天；它们都梦想着一种无限的质料，这种质料能够在自身的体积中容纳色彩，但却永远不会封闭，尽管有倒置的杯子这种古老的书面形象。此外，在柯勒律治作品结尾中的一个注释也有助于理解想象力的心理学和形而上学："在所有印象中，深邃天空的视角是最接近感受的。它与其说是一种视觉上的感受，不如说是一种最终的融合，它是感受与视线的整体统一。"这种不寻常的空气**共情**（*Einfühlung*）值得深思。当一面温暖的墙与炽热的世界交融、变得同样炽热时，这种融合就释放出了热情的印象。这是一种蒸发，它纾解了感受到土地之心的丰富印象，这颗心也惊叹于形式与色彩的繁多性。这种在蓝天下的丧失有着一种最原初的纯洁性才有的感情色彩，它敌视"杂色"、混合和事件。因此，我们的确可以谈论一种对"蓝天的感受"，但是应该将它与一种对"蓝色小花的感受"做对比。在这种比较中，对蓝天的感受将表现为一种无边际的扩展。在有着柔和蓝色的蓝天下，捕猎者不复存在。在**蓝色**的色调中，空气的共情没有事件，没有冲突，也没有历史。柯勒律治已经说过："它与其说是某种视觉，不如说是一种感觉。"在质料想象力中，被沉思的蓝天是一种纯粹的感受性；一种无对象的感受性。它象征着一种无目标的升华，一种**逃逸的升华**。

4. 然而，第四种作品将会带给我们关于想象的去质料化、关于

---

[1] 由约翰·夏彭蒂耶（John Charpentier）引用并翻译，见其研究：《柯勒律治：崇高的梦游者》（*Coleridge, le somnambule sublime*）。

情感褪色的完美印象，我们能够通过颠倒一些隐喻来真正认识到，天空之蓝和一种目光的蓝色一样非现实、难以触及且满载梦想。我们以为在凝视蓝天，突然间，蓝天也在凝视着我们。我们可以借用保罗·艾吕雅（Paul Eluard）的著作来窥见这种非凡的纯粹性："在年轻时，我向纯粹张开了双臂。它只是我永恒天空中扇动的一双翅膀……我不再坠落。"[①] 一种毫无困难的生命体验，一种没有丝毫坠落风险的轻盈，一种拥有统一色彩和性质的实体——它们都在瞬间的确定性中被给予了空气的梦想者。在这里，诗人知道如何将纯粹性作为一种**诗歌意识的瞬间予料**。对于其他想象力而言，纯粹性是话语的：它既非直观的，亦非瞬间的；它必须通过一种缓慢的纯化过程才能形成。相反，空气的诗人体验到的是**一种绝对的清晨**——他被一种空气的纯粹性所召唤，"在这种神秘中，形式并不起作用。我被一种褪色的天空所吸引——在其中，鸟儿和云朵都被驱逐了出去。我成了非现实、贞洁的双眼的奴隶，对世界和自身都一无所知。宁静的力量。我消除了可见与不可见之物，在一面观察镜面前迷失了……"天空褪色，但湛蓝依旧；一面无限透明的观察镜，从此成为**梦想主体**的充分**客体**。它调和了在场和距离的对立印象。如果研究泛美主义者（pancaliste）的遐想中对这一主题的简化，无疑也非常有趣。不过，让我们将讨论限制在形而上学的范围中。

三

如果像我们所认为的那样，沉思的存在首先是一种梦想的存在，那么关于空气遐想的整个形而上学都能够从艾吕雅的作品中得到启发。遐想被整合进它应有的位置——在表征之前；被想象的世界恰

---

① Paul Eluard, *Donner à voir*, p. 11.

好处在被表征的世界之前，宇宙处在对象之前。对世界的诗学认识先于对客体的理性认识。在是正确的（vrai）之前，世界首先是美丽的（beau）；在被确证之前，世界首先是被赞叹的。纯粹的梦幻是最原初的。

如果世界不首先是我的遐想，那么我的存在将会瞬间屈服于表征，并同时为感受所奴役。失去了梦想的空隙，我们就无法意识到表征。因此，为了意识到表征的官能，存在者必须借助这种**纯粹先见**（pure voyant）的状态。在空阔的天空，在那观察镜面前，必须达到一种纯粹的视觉。

通过艾吕雅的这一章节，我们能获得一种叔本华式的教益——在我看来这是一种关于表征学说的必要先导。为了呈现沉思者的起源，我想在哲学的意义上提出以下的演变关系：

首先是遐想——或者说惊奇。惊奇是一种瞬间的遐想。

其次是沉思——一种人类灵魂的奇特力量，它能够重新唤起遐想，开始梦想，能够在感受性生命的偶然性之外重建一种想象的生命。沉思比感受联结了更多的记忆。它更多是历史的，而非景观的。当你认为在沉思某个丰富的景观时，那是因为你在用各种各样的记忆来充实它。

最后是表征——这时形式想象力才开始工作，对所认识的形式进行反思，对所抚摸的形式进行回忆；这里的记忆忠实且清晰。

通过蓝天这个具体的例子，我们再次确认了想象力在所有精神起源中的基础性地位。正是漫长的想象力演化过程将我们从基本的遐想带到了关于形式美的话语知识。一种实用的形而上学将人类解释为一个基于条件反射的族群，而将梦想者排除在外。应该将形象还给它的原初精神。为了形象的形象（L'image pour l'image）——这是主动想象力的法则。正是通过形象的活动，人类精神从一种**瞬间的目的性**中获得了**未来的因果性**。

此外，如果我们愿意接受通过想象而生活，为了想象而生活，和艾吕雅一样，那些面对温柔的蓝色、**空无一物**的天空尽头的纯粹目光，将会让我们明白，空气类型的想象力提供了一片领域，让梦想和表征的价值能够在最低程度的现实中进行交换。其他类型的质料则会使对象变得坚硬。同样地，在蓝天的空气领域，我们比在其他任何地方都更加感受到世界被一种最无定的遐想所渗透；这时遐想才真正具有深度。蓝天在梦想中凹陷，梦想逃离了平面形象。但矛盾的是，空气的梦想很快便只有深度的维度了：另外两种维度——风景化的遐想、绘画的遐想，丧失了它们的梦幻特征。世界由此真正处于观察镜的另一面———一种想象的超越，纯粹的超越，无限度的超越。首先是空无一物，其次出现了**深度**的无，随后是一种蓝色的**深度**。

如果我们愿意从哲学的角度进行沉思——不是从表征，而是从空气遐想的角度出发，就会发现，从主体角度赢获的并不比客体少。在这如此温和、淡化的蓝色中，在这片被艾吕雅式的遐想所净化的天空面前，我们将有机会在一种诞生状态的显著动态中同时把握主体和客体。在一片不再有客体的天空中，想象的主体诞生了；在其中没有回忆。远方和瞬间联结在一起，客体的遥远和主体的瞬间彼此连结。这再次证明了在叔本华那里经常出现的一点：如果我们更愿意置身于想象力而非表征领域，并将想象力的质料和想象的精神放在一起研究，就会更强烈地感受到精神与质料的共通性。一种烟雾的梦想——这就是一种想象力形而上学的出发点。雨果曾说，遐想——这烟雾，进入了我的精神。蓝色的空气和其梦想者或许有着一种更完美的平行关系：比想象少一点，也比烟雾少一点……由此在想象的界限上形成了一种半-梦想和半-蓝色的联结。

总的来说，面对蓝天——这种独特的蓝色遐想，在某种程度上出现了一种无现象的现象性（phénoménalité sans phénomènes）。换句话说，在其中，沉思者发现了一种最低限度的现象性，他可以再次淡化、削弱或**抹除**它。在这里，他被一种视觉的涅槃所诱惑——

它坚持一种无行动的力量，宁静的力量：先是满足于一种简单的看，随后是一种统一的看，然后是褪色的、非现实的看。如果我们愿意将**怀疑的方法**——一种过于虚构、不能摆脱表征的**方法**，换成一种**抹除的方法**——它将更加有效，因为它有利于遵循遐想的斜坡；我们将会发现，空气的遐想让我们下降到想象者的最低点，也即思想者的最低限度。

在解体中的质料极度孤独，陷入迷失。在一种可疑的质料面前，怀疑丧失了形式。对于一个孤独的主体而言，在褪色的宇宙面前，这些都是一种关于抹除的哲学教益。对于这一主题，我们将在另一部著作中加以说明。为了将我们的讨论限于想象力的问题，让我们来好好考虑一下这个复杂的悖论：通过描绘一种无形象的想象力活动、一种通过"抹除形象"来获得享乐与生命的想象力活动，来证明想象力的原初性质。但是，面对一个形式如同蓝天般贫乏的世界，我们依旧能够如此清晰地提出想象力的问题，这一事实本身就说明了这一问题在心理学上的现实性。

在只有一个"透明世界"的天空面前，所有热爱简化、简洁、伟大的遐想的人都会明白"显现"的无用。对于他们来说，"透明性"将是最现实的表象；它给予人们一种关于清醒的内在教益。如果世界也有意愿，那么蓝天就是一种清醒的意愿。作为"观察镜"的蓝天唤醒了一种特殊的自恋，这种自恋关乎纯粹、感受的空虚和自由意志。在空阔湛蓝的天空下，梦想者找到了"直观的清晰"中关于"蓝色感觉"的图式，明白了在感受、行动和思想中保持清醒的幸福。空气的自恋倒映在蓝天之中。

四

当然，我们所描述的在某些阶段和超越中去质料化的线条并没有穷尽在**蓝天**下诞生的动态遐想。一些灵魂在强度化的动态中作用于所有形象。它们用一种本质上令人振奋的强度来体验表面上最宁静的形象。例如，克洛岱尔希望有一种瞬间的、猛烈的结合力，他通过原初质料来把握蓝天。面对广阔无垠、无物移动的蓝天——一种被蓝色所充盈的天空，克洛岱尔首先会问："蓝色是什么？"而他会用诗歌回答道："蓝色是变得可见了的晦暗。"为了**感受**这种形象，需要改动过去分词，因为在想象的领域中，并没有过去分词。因此我会说："蓝色是正变得可见的晦暗。"① 这就是为什么克洛岱尔会写道："在白天与夜晚之间的蔚蓝指示了一种宁静，航海家在东方的天空下看到星辰一下子同时消逝，这一微妙时刻就是证明。"

这一微妙时刻是一种充满内在运动性的美妙时间；空气的遐想知道如何重温、重启并修复这一时刻。即便是在最稳定的蓝天下，空气的遐想——遐想中最闲散者，也能重新找到一种晦暗和半透明的他异性，体验一种昏沉与苏醒的节奏。**蓝天是一种永恒的晨曦**。只需半阖双眼，我们就能重新发现那一时刻——在太阳的金光迸裂之前，夜晚的宇宙将成为空气的。只有通过不断体验这种晨曦的价值，这种**苏醒**的价值，我们才能**理解一种静止天空的运动**。正如克洛岱尔所说："并不存在静止的颜色。"蓝天是一场苏醒的运动。

因此，对蓝天的梦想将我们带到元素的核心。没有任何土地的实体能够像蓝天一样如此迅速地拥有元素的性质。事实上，蓝天是名副其实的元素形象。它赋予蓝色以一种不可抹除的阐释。最初的蓝色永远是一种天空之蓝。克洛岱尔说，它先于任何语词："蓝色，无论如何都是某种基础、普遍的东西，它清新而纯粹，先于语词。它适用于一切包裹和浸没之物……它是最纯净之物（Purissima）的外衣……"

---

① 克洛岱尔的原句是"Le bleu est l'obscurité devenue visible."巴什拉改动为："Le bleu est l'obscurité devenant visible."在这里，巴什拉将过去分词"devenue"换成了现在分词"devenant"，在时态上有将已完成的动作转化为正在进行、当下的运动之意，也具有一种同时性、共同感。——译注

在梦想中，有时会出现一片平坦的、蓝色或金色的天空，它们在一种联结中似乎溶解了所有色彩，成为一种统一的颜色。蓝色的力量因而是如此强大，甚至能够同化红色本身。在《没有天鹅的莱达》（La Léda sans cygne）中，邓南遮写道："太阳的金色与森林的花粉混在一起，在风的悸动中，不过是同一种尘埃。在每一处松针上，都承载着一颗蔚蓝的雨滴。"颤动的树木渗出了蓝色的天空——还有比这更好的说法吗？诗人的作用在于让"蔚蓝的雨滴"这一符号参与到宇宙的印象之中。①

有时正是通过对比，天空之蓝才获得了变蓝的功能。在霍夫曼斯塔尔评注的诗歌中，我们能够发现对比在遐想中的强大力量："**灵魂的一年**始于秋景。"它的天空是这般模样：

> 远方海岸明亮的微笑，
>
> 纯净云朵中不期而遇的蓝色，
>
> 点亮色彩斑驳的池塘和小径。

（施特凡·格奥尔格，《灵魂之年》）

在令人赞叹的《诗论》（Entretien sur la poésie）中，霍夫曼斯塔尔评论道："这即是美，它表现着秋天。**纯净云朵中不期而遇的蓝色**是如此独创的设想，因为正是在云间，这些让人梦想夏天的蓝色海岸才呈展开来；但是，只有在靠近**纯净**的云层边缘，在被撕裂得粉碎的秋日天空中，我们才看得到它们。歌德或许会喜爱这些**纯净的云朵**。**不期而遇的蓝色**是如此完美而动人，这正是秋天。"②

"这是（真正的）秋天，且甚过秋天"，因为诗人让我们感受到另一个时代的碎片、一个已消逝的夏天不期而遇的记忆。因此，文学形象拥有超过视觉形象的维度——它拥有记忆，文学的秋天让人

---

① 参见 Gerhardt Hauptmann, *Le mécréant de Soana*, trad., p. 111。

② Hugo von Hofmannsthal, *Écrits en prose*, trad., p. 152.

感到一个夏天的终结。"我们的感觉，所有感觉的显露，所有最为隐秘、最深刻的内心状态，不都以一种奇特的方式与一片风景、一个季节、一种空气的特性、一次呼吸交缠在一起吗？"霍夫曼斯塔尔那里的风景似乎拥有一种特殊的理想性：用阿米尔（Amiel）的话说，它"不仅仅是一种灵魂的状态，而且是一种**古老灵魂的状态**"。[①] 秋天的蓝是一种记忆之蓝。这是一种生命终将抹去的、变蓝的记忆。我们因此理解了为什么霍夫曼斯塔尔会提到那些"灵魂的风景，如同时空般无限的风景出现在我们内心中，唤起一种超过所有感官的新感觉。"米沃什同样说道："我在记忆中梦想那些纯净的风景。"[②] 正是在那里，未经勾勒的风景能像记忆一样，经历柔和而变幻的色彩。

五

然而有时，在这些图景中也会出现更加真实的遐想。蓝天成为一个**基底**，为一种**技艺人**——一位以粗鲁的方式切割风景的创世工匠（démiurge）的宇宙论提供了合法性。在这种原初的切割中，土地与天空相分离。青山在蔚蓝天空下勾勒出一种绝对的轮廓，一种无法触及、不再遵循欲望法则的轮廓。

从宇宙的层面看，蓝天是一种基底，它为**整个**山丘提供了一种形式。通过一种统一性，它一开始就摆脱了处在土地想象力中的所有遐想。蓝天首先是一个空间，在其中无物想象；但当空气的想象被激活时，这个基底就变得主动起来。它在空气的梦想者心中激起一种对土地形象的重组、对土地与天空相沟通领域的兴趣。一种蓝色的运动或许会涌现。例如这里的翠鸟："它是最快的鸟……它有着明亮的蓝色，光与水在其中交织。"在运动与空气的流转中，土地不

---

① 在阿米尔之前，拜伦曾说："与我而言，高山是一种灵魂的状态……"
② O. V. de L. Milosz, *Les éléments*, 1911, p. 57.

再停滞。对于空气的梦想者而言，土地反过来成为了一种基底，而那些趋向这种基底的力在一种蓝色的、广阔的统一性中被激活。因此，想象力在一种最为梦幻、流动的形式中找到了一些格式塔元素，它们作用于一个铺展开来的宇宙。

六

　　作为一种空间，蓝天不允许任何想象的行为，这就解释了为什么在某些诗歌中它有着另一个名字。因此在荷尔德林看来，广阔、湛蓝、晴朗的天空就是以太（éther）。这种以太并不是第五种元素，而仅仅代表着一种在学者名下使人振奋、清新的空气。热纳维耶夫·毕昂基（Geneviève Bianquis）并没有说错：以太，世界的灵魂，神圣的空气，它是"山顶上纯净而自由的空气，时节、云雨、光电从大气中向我们降落；蓝天——纯净、高度和透明的象征，如同诺瓦利斯的夜，是一个多功能的神话"。她引用了荷尔德林《许佩里翁》（*Hypérion*）里的话："用它强大的火焰激活我们的精神同胞，神圣的空气！想到我无论走到何处，你都陪伴着我，无处不在，永不消逝，这是多么美好！"以太中的生命回到一种父亲的保护之下。以太之父（Vater Aether）！在幸福与力的综合中也有着荷尔德林式的乞灵。没有以太，就没有一种光与热、滋养与伟大彼此交流的多价体。在宗教盛行的时代，另一位诗人拉马丁也曾像荷尔德林一样沉思："我沉没在神灵之中，就像漂浮的原子，在夏日的温暖中上升，淹没、迷失在大气中；我变得如同以太般透明，就像空气般空灵，像光线般光明。"[1]还有其他很多例子可以证明，在诗人那里，以太并不

---

[1] Lamartine, *Les confidences*, p. 108.

是一种"超越的"元素，而仅仅是空气与光线的综合。

七

蓝天的主题也让我们联想到海市蜃景（mirage）。它属于遐想的主题，只有通过讲述者的天才，它才能与现实联系起来。在那么多喜欢讲述故事的作家那里，是否有人真正被这种蜃景吸引呢？讲述者是否希望找到同样有过这种经历的读者呢？这个语词是如此美丽，这种形象是如此壮观，以至于它的海市蜃景是一种不会消逝的文学隐喻。它用罕见来解释常见，用天空来解释大地。

因此，这里有一种几乎完全属于文学的现象，它极为丰富，但很少从现实的景观中获得增长。这是一种几近不存在于宇宙中的宇宙形象。海市蜃景如同一个空虚的梦，它关乎在炽热中沉睡的宇宙。在文学中，海市蜃景就像是一个重获的梦想。

海市蜃景的文学属于晴朗的蓝天。例如在《于里安游记》（*Voyage d'Urien*）中提到的一座"海市蜃景般的城市"，它的山峰"迷失在云中"，所有清真寺的尖塔都在晨曦中歌唱，伴随着报祈祷时间者"如同云雀般"的呼应声。[①] 这些无疑具有空气的印记。

海市蜃景有助于我们研究现实与想象之间的交织关系。事实上，在海市蜃景中，一些幻觉现象似乎在更恒定的现象性的构造之上形成；而反过来，那些属于土地的现象则展现出理想性。一些空无的形象掠过蓝天——这一事实为这个空间赋予了某种现实性，它在本质上已经包含了一种色彩。这或许可以解释为什么歌德将天空的蓝色视作一种基本现象，一种**原初现象**（*Urphänomen*）："天空的蔚蓝向我们展现出色彩学的基本法则。现象之后并无他物：它们本身就

---

① André Gide, *Le Voyage d'Urien. Œuvres complètes*, pp. 294—295.

是道理。""当我最终停留在**原初现象**中时，这无疑只是出于一种顺从；但是我是顺从于人类的界限，还是我的个体性所划定的内在界限，这依旧有很大差别。"歌德的这些想法直接影响了叔本华。[①] 在我们看来，蓝天似乎是与沉思它的个体最不相关的形象，它是空气想象力的代表。蓝天形象是一种极端的升华，它将一系列绝对简单、不可分解的形象联系起来。对于蓝天，我们有理由将叔本华的话"世界是我的表象"解释为——世界是我蓝色的、空气的、遥远的表象。蓝天是我的海市蜃景。所有这些形式都提供了一种**最低限度的形而上学**，在这种形而上学中，想象力让元素的生命重新找到了那些原初的力，正是它们驱使生命去梦想。

---

① Schopenhauer, *Über das Sehn und die Farben*, Introduction.

第七章　星座

噢，金牛座，犬星座，大熊星座，这些是多么巨大的胜利，
　　一旦进入无源的时间，灵魂就会影响无形的空间。

——保罗·瓦雷里，《魅力》

一

在淡蓝色夜晚的巨大画布上，数学家的遐想描画出一幅幅图景。这些星座都是虚假的，诱人的虚假！它们在同一个图像中，将完全陌生的恒星集合在一起。每一个现实的点、每一颗恒星都是独立的，就如同孤独的钻石，星座的梦想勾勒出想象的线条。在梦想中，这位伟大的抽象画大师将所有黄道十二宫的动物都简化成了点彩画。**技艺人**——这位倦怠的车匠将无轮的运货马车放上天空；收获梦想的劳作者挂上了简洁的金色麦穗。面对如此丰富的想象力投射，词典中对"星座"的逻辑定义也非常有趣："星座：一定数量的固定恒星的集合，为了便于记忆，人们设想了一个图像，如人、动物或植

物等，并赋予其一个名字以便区分于同一种类中的其他集合。"[《贝舍雷勒词典》(Bescherelle)] 命名恒星以便"给记忆减负"——这是对梦想话语力的误解，对遐想中想象力的投射原则的无知！黄道是童年时期人类的一个罗夏测验，为什么要为此写出晦涩的学问，用关于天空的著作代替天空本身呢？

对天空的梦想比诗歌多得多，受限于陈旧语词的诗歌无法命名它们。我们想呼告许多属于夜晚的作家："回到遐想的原则中来吧！星空带给我们的不是认识，而是梦想。"它是一种恒星的梦想之邀，邀请我们以一种简单易逝的方式构造我们愿望的千百种图像。"固定的"恒星肩负着确定、传达和恢复某些梦想的使命。因此，梦想者证明了一种梦境的普遍性：年轻的牧羊人在梦中用手轻抚过的那只白羊，它就在那高处，在广阔的夜色中轻轻转动！你明天还会找到它吗？把它指给你的同伴看。然后你们可以将它画下来，熟悉它，像朋友一样和它交谈。你会发现你们两人会有一种相同的视野与愿望；在同一个夜晚，同一种夜之孤独中，你们看见同样的幻影经过。当梦想彼此联系在一起时，生命会获得多大的成长！

如果我们愿意重读一些著作，就会明白天空的想象在多大程度上被一些书本知识所歪曲和阻碍，这些作家对一种贫瘠而停滞的"知识"趋之若鹜，而遗忘了梦想的道路。我们由此可以提出一种反-精神分析，它希望摧毁意识，以便支持一种**建构的梦幻**——是让遐想恢复其休憩连续性的唯一途径。"认识"恒星，像书中一样给它们命名，向天空投射一幅天体图——这是对想象力的虐待，它剥夺了恒星之梦幻的益处。如果没有这些"给记忆减负"的语词——这种记忆是一种拒绝去梦想的极大怠惰，那么每个崭新的夜晚对于我们而言都会是一个新的遐想，一种新的宇宙演化说。不完善或过于完善的意识都对梦想的灵魂有害，就像无定形或被扭曲的无意识一样。精神必须在想象物与认识物之间找到一种平衡，这种平衡并不满足于单纯的替换，因为在替换中，想象力只是与一些抽象的图式联系了起来。想象力是一种原初力，它必须诞生于想象者的孤独之中。为了理解沉思，我们也可以和之前一样借用叔本华的表达方式：**星夜是我的星座**。它让我意识到自身中的恒星力量。正如诗人所言，它将那些缥缈的苦难、空灵的花朵置于我的指间……[①]

二

我们将借助反-精神分析的机会来促进想象的净化：一位作家用心灵从事的梦想是伟大的，但用视觉从事的梦想却是贫瘠的。在乔治·桑的作品中，一种纯净、善良的想象才华吸引了我们；我相信她能够提供一个很好的例子，用来说明一种被阻拦的夜晚浪漫、一种被粗糙的知识粉饰扼杀在萌芽状态的梦境。

事实上，在乔治·桑的许多作品中，面对星空的遐想都沦成了一种过于轻松、学究气的天文学道理。当安德烈逐渐爱上热纳维耶芙的温柔和细腻时，他首先"教授"了她植物学，也即关于花儿的知识。随后，他向她解释了夜空的奥秘。"安德烈，幸福而骄傲，因为他在人生中第一次拥有能够教授的东西，让他能够解释宇宙的神秘；他以尽可能简化的方式阐释，以便接近自己学生的理解力……她明白得很快，这让安德烈有时候是如此心荡神驰，甚至觉得她有着非凡的能力……"[②] 当热纳维耶芙回到她一个人的孤独中时，"当夜幕降临，她坐在长满欧楂树的高地，沉思着星体的升起——安德烈已经向她解释了它们的运动……她已经能感觉到这些沉思的效果，它们仿佛让她的灵魂脱离大地的牢笼，飞翔更为纯净的领域……"因此，想象活动和智识活动这两个极点在这里融为了一体。作者向我们展示了关于他所提出的这种灵魂解放、从星辰的梦想中获得的

---

① 参见 Guy Lavaud, *Poétique du ciel*, 1930, p. 30。
② George Sand, *André*, Éd. Calmann-Lévy, p. 87.

灵魂扩展所带来的心理学。如果我们还记得，乔治·桑在她的书信中不假思索地写道："你应该学习天文学，你在一周之内就能学会它！"在整部小说中，我们都能察觉到这种"智识化的恒星"的影响，它被贫瘠地沉思为一种"遥远的天体"。

在一种如此容易明白的沉思中，星体在天空中留下了一个名字，但也只有一个名字而已。美丽的昴星团、山羊星、天蝎星，将为夜晚的风景增添一种声响。名字本身就是一种天文学；有时乔治·桑会将金星与天狼星搞混，天狼星是她最喜爱的恒星，它一定会在她的夜晚中最为戏剧化的瞬间闪耀。当然，这种为恒星命名的狂热并不为乔治·桑独有。我们还可以指出许多诗人。

例如在埃莱米尔·布尔热（Élémir Bourges）的《舟》（*La Nef*）中，我们能够发现无数关于星空的华丽辞藻。这位现代作家在谈论旧时的天空时毫不犹豫地指出，在夜晚"巨大的天体们相互吸引"。"崇拜像天王星那样至高无上的神，它形成星星、灵魂和精神的实体。成千上万的世界在我的光芒中转动。你的眼睛可以看见，在这个微小的宇宙中，地球悬挂在它的锁链上，但在它之外，到处都是天体、五颜六色的火焰，比河流的浪花和森铃的树叶还要多。这些巨大的天体反过来被其他天体所吸引着飞行，而其他天体带着它们，在磷火与风暴中旋转，在永恒的欢乐中跳着无尽的舞蹈。"

在创作准备过程中，布尔热结合了多种流派，他将古代的梦想与牛顿的知识集合在一起；但这却无助于他自己，也无助于读者参与到夜晚的生命中，参与到关于夜晚和光明的缓慢宇宙学中去。以动态方式梦想夜晚的是一种缓慢的力，在布尔热作品中随处可见的爆裂和流转并不属于它。

因此在我们看来，真正的、淳朴的诗歌必须让自然的伟大形式归于无名。在星辰闪耀时低吟参宿四的名字并不会带来任何唤醒的力量。一个孩子问道，我们如何知道这颗星叫参苏四呢？诗歌并不是一种传统，而是一个原初的梦想，是原初形象的苏醒。

此外，我们的评判并不绝对。即便并没有正确地使用唤醒的名词，我们也能在现时的想象中找到一种原初形象的行动。通过一种动词的魔力，星座远不只是一幅图画，而是作为一种**纯粹的文学形象**出现，也即作为一种只能在文学中起作用的形象出现。乔治·桑在《莱利亚》(*Lélia*) 中写道："天蝎座苍白的星星一颗接一颗地坠入大海……崇高的仙女座，不可分离的姐妹们，她们像是在互相拥抱、交流，邀请彼此加入到贞洁的沐浴享乐中。"① 但是她并不能期待读者能够认出这个景象，他们或许连天蝎座联结的四颗星都不认识。然而，通过在一种共同的运动中被轻柔地吸引在一起的形象——一个只在文学中起作用的形象——莱利亚的沉思获得了一种动态的价值。一位真正的诗人只需要几行诗便能让一首诗歌处于运动中：

> 星座的巨涛，
> 在颤抖、苍白的夜晚苏醒。②

夏尔·凡莱伯格（Charles van Lerberghe）这样写道。跟随《莱利亚》中所表现的那种渐进运动，我们感觉星星依次消失在大海里。梦想者赋予他们一种整体的运动，而星座因此被赋予了活力，并使整个星空旋转起来。当然，作者或许会迫切地告诉我们，星星是一颗接一颗地消失在大海中的，但读者总是不满足于书中的条条框框，他们只想着即将到来的拂晓。读者"跳过描述"是因为他们并没有学会欣赏"文学想象力"。

因此在我们看来，文学形象的主要功能之一就是追随并转译我们想象力中的一种动态。一个处于动态中的星座比一颗孤零零的恒星更为自然。想象力需要一种延长、一种放缓，尤其是对于夜晚质料的想象力而言，更需要一种缓慢。急匆匆的文学是虚假的，因

---

① George Sand, *Lélia*, éd. Calmann Lévy, t. II, p. 73.
② Charles van Lerberghe, *Entrevisions*, Bruxelles, 1898, p. 49.

为它并没有给我们时间去阅读那些形象。更重要的是，它没有给我们时间去延长梦想中应有的后续形象，而任何阅读都应该激起这种延续。

三

如果我们仔细思考一下星座带给我们的关于想象的动态教益，就会意识到，这些星座教会我们的，是一种绝对的缓慢。用柏格森主义者的话来说：我们可以观察到它们已经在旋转，但是永远看不到它们转动的起始时刻。星空的运动是所有自然事物中最缓慢的。在关于缓慢的秩序中，它是最原初的运动。这种缓慢赋予了它柔和、宁静的特点；无意识依附于它，以此获得一种独特的、关于空气之轻盈的整体印象。缓慢的形象与生命的重力形象结合在了一起，正如勒内·贝德罗（René Berthelot）所言："庆典仪式中缓慢肃穆的动作总是被比作行星的运动。"①

在我们看来，莫里斯·德介朗（Maurice de Guérin）的散文诗《女祭司》（*La Bacchante*），在很大程度上从星座这种"固定的旅行"中获得了难以言喻的魅力。我们可以重温这几页——在一种空气的生命中，存在者在峰顶获得了活力："我攀上山顶，感受到了不朽者的足迹，因为他们之中的一些人喜欢沿着山脉行走，沿着山峦的起伏行走……当我到达那些高度时，便得到了夜晚的恩赐：平静和睡梦……但是这种休憩就像鸟儿一样，他们是风之友，在途中总是被风带走……"梦想者似乎与林间高处的生命共眠，即便在睡梦中也受着"风的侵袭"，他的灵魂"向着森林顶端的微薄气息敞开"。②

---

① René Berthelot, «L'astrobiologie et la penseé de l'Asie», *Revue de Métaphysique et de Morale*, 1933, p. 474.

② Maurice de Guérin, *Morceaux choisis*, Mercure de France, p. 39.

因此，这个入睡者将在高处，**在真正属于空气的睡梦中**重温卡里斯托（Callisto）的神话，她受朱庇特所爱，被神的庇佑带到了天空："朱庇特把她从树林中带走，为了让她与星辰在一起，引导她进入永恒的休憩之地。她留在了黑暗天空的深处……天空在她周围布置了最古老的阴影，让她依旧拥有着生命的原则……卡里斯托沉浸在永恒的迷醉中，她靠着一个极点，而整个星座都从她身边经过，并沿着海洋的路线下降；在夜晚，我就是这样在山顶上凝望着它……"

在这里，我们再次看到了一个**绝对的文学形象**。事实上，卡里斯托的星座并不涉及它的形式，诗人努力避免评论神话，因为这会将我们带回书本上的神话学道理。德介朗几乎没有提到卡里斯托还在大地上的生活，"朱诺出于嫉妒而给了她一种原始的形式"；他也没有让这个星座过于光芒四射。在德介朗的诗中，所有形象的生命都属于一种**动态想象**。因而在诗歌中，星座是一种双眼紧闭的形象，一种缓慢、宁静、天空运动的纯粹形象，一种无生成亦无中止的运动形象；它不同于所有命运的打击或目标的诱惑。在沉思中，存在者学会了激活内部，学会了体验规律的、没有冲力或碰撞的时间，这就是**夜晚的时间**。在这个形象中，梦想和运动向我们展现出一种时间上的协调。白天的时间总是有太多任务，它分散、迷失在无度的姿势中，在肉身中体验与重温，以一种全然虚无的面貌出现。而在宁静的夜晚，梦想者会发现**休憩的时间**最美妙的结构。

在这样的遐想中，星座与其说是一种形象，不如说是一首赞歌。只有"文学"才能唱出这首赞歌。这首歌没有节拍，它是一种没有音量的声音，一种真正的运动，它超越了其目标并寻获了缓慢的质料。当我们积累了足够多样的隐喻时，也就是说，当想象力重新恢复其指导人类生命的鲜活角色时，就能听到天体的音乐。

如果从空气想象力和动态想象力的主旨出发重读德介朗的《女

祭司》，我们就会发现，这部作品的灵感并非来自古代，而是相反，它是当下的、鲜活的。在结尾几行，我们能够捕捉到一种仅仅在自身的想象感应中运作的形象行动，而不是在形式中被设定、被渴望；这正是星座的纯动态感应。通过这种感应，梦想者与运动、星空的命运联系了起来："我起身，追随着这位女祭司的脚步，她像夜晚一样走在前面，当转头呼唤阴影时，她朝着西方走去……"

四

为了更好地理解德介朗式形象的动态美，最好的方式或许是借助埃莱米尔·布尔热《舟》中的大量例子，它们表现出一种疯狂的形象："我在对你说话，你在星空的深渊之中，带着这只没有缰绳、长着鹰耳的鸟头马。既然我听到了你的号叫，你也必定会听到我的。你是谁，战士吗？一个人，一个神，抑或处于中间的魔鬼？回答我！哪个天空的敌人在你飞越天空时掷下了燃烧的尾流？你与大地相处和平吗？屠杀与恐怖就在你的矛尖上吗？"同样的还有这位色彩浓烈的贝勒罗丰（Bellérophon）："哈哈哈！我的盾牌上燃烧着火焰般的闪电，蟒蛇在上面扭动，将我的肉身烧到只剩骨头。闪耀的星星照亮了我黄铜头盔的顶端，烧进我沸腾的大脑……我的双眼从眼眶中迸出。我喘着气……"如果我们用莫里斯·布歇（Maurice Boucher）关于诗歌语词的四维度原则——意义、光晕、斜度和年代来评判这种"天空的怪物"的产生，就会意识到，布尔热笔下的贝勒罗丰缺乏这四重深度。与德介朗的《女祭司》相反，在这里，传统混淆了年代，所有的幻觉都来自书本。疯狂的运动并没有沿着夜晚的斜度；意义与梦幻的光晕更是如此欠缺，以至于在读者的灵魂中无法诞生任何遐想。布尔热似乎并没有在想象中体验到真正属于夜晚的梦想者应有的天空趋向性。

五

星辰柔和且明亮的光线也让人想起一种最遥远、最规律的遐想——关于目光的遐想。它都可以概括为一条法则：**在想象力领域中，所有闪耀之物都是一种目光**。我们想要彼此亲近的愿望是如此巨大，沉思是一种天然的秘密，以至于我们在热切或忧愁中看见的一切都反过来带给我们一种亲密的目光，一种同情或爱的目光。当我们在无名的天空下凝视一颗行星时，它就成了**我们的**行星，为我们闪烁；它的光亮被一些泪水围绕，一种空气的生命到来，减缓了我们在土地上的痛苦。理性徒劳地向我们重复着它在浩瀚中的迷失，一种亲密的梦想让它靠近我们的心。夜晚将我们与土地隔绝开来，但也带给我们一种空气的联合之梦。

一种行星心理学和一种目光宇宙学可以通过长期相互作用来获得发展。它们呈现为一种奇特的想象力统一体，要检验这种统一需要长期研究。在各个国家和年代的诗歌中，都不难找到大量参考文献，在这里我们仅举一例，其中行星的目光的宇宙力量到达了极端。在米沃什的《致斯托奇的信》中，在对**恒星空间**的无尽距离进行了沉思之后，突然涌现出一种目光的统一："我知道，在我们贫瘠的天文学天空中，有两颗特别明亮的星星，它们是忠实、美丽、纯洁的知己，彼此之间有着难以想象的距离。某个夜晚，一只巨大的飞蛾从灯上坠落，掉在我手上，我怀着温柔的好奇，察看它那燃烧的眼睛……" [1]

是的，对于我们而言，两颗双子星已经是一张看着我们的面庞，在一种明确的相互作用下，这双眼睛也给予了我们它的目光，它们

---

[1]　O. V. de L. Milosz, *Ars Magna*, p. 16.

是如此陌异于我们的生命，给我们的灵魂带来了星辰的影响。在一瞬间，它们打破了我们的孤独。在这里，"看见"和"凝望"交换了彼此的活力：我们既接受又给予。不再存在距离，一种沟通的无限性消除了广度的无限性。星辰的世界触及我们的灵魂——这是一个目光的世界。

第八章　云

云的游戏——自然的游戏，它在本质上是诗意的。

——诺瓦利斯,《残篇集》

一

云是所有"诗歌对象"中最为梦幻的。它们是属于白天的梦幻对象，让人产生轻松、短暂的遐想。一瞬间，我们"在云端"，随后又回到大地，接受那些实证主义者的温和玩笑。云和天空中其他"符号"不一样，梦想者不会赋予它一种庄重的含义。整体上说，云的遐想拥有一种特殊的心理特点——它是一种**不负责任的遐想**。

正如人们常说的那样，这种遐想的瞬间性是一种惬意的形式游戏。对于倦怠的揉面工来说，云是想象力的质料。人们梦想云就像轻柔的棉絮一样自己进行劳作。像儿童经常做的那样，遐想给变化的现象下达一个已经或正在执行的指令，以此来指挥它。"大象！伸出你长鼻子",孩子对延展的云说。云服从了。[1]

为了说明云在印度宗教题材中的重要性,贝尔盖涅(Bergaigne)写道:"笼罩这些水域的云不仅在咆哮,在涌出,而且在流动;它们似乎为自己提供了一种动物变形的游戏。"[2] 如果这种夜晚的动物变形在星座中是稳定的,那么白天的变形则在云中不断转化。总是有一片云等待着梦想者去转化。云促使我们梦想着转化。

云的遐想具有一种**专断**的特点,因为它能够随意给予自身创造的力量。这种遐想是通过眼睛进行的。恰当地思考这种遐想有助于我们阐明意志与想象之间的密切关系。在变化的形式世界面前,**看见的意志**超过了视野的被动性,投射出最简单的存在,在其中,梦想者是主人和先知——他是**片刻的先知**(prophète de la minute)。他用一种预言的口吻告诉我们在他眼中正在发生之事。如果在天空的某个角落还存在着不服从的质料,那么另一边,云已经初具雏形,并等待着**想象力-意志**去完成它。我们的想象愿望离不开一种充满想象质料的想象形式。诚然,对于一种演魔术的遐想而言,所有元素都是好的,整个世界都能够在一种**魔法的目光命令**下获得活力。但在云中,这项工作虽简单,却也声势浩大:在这个球状体中,一切都随意愿翻转,一些高山滑落,一些雪崩抖动,随后平息;一些巨兽膨胀并相互吞食……整个宇宙都为梦想者的意志和想象所主宰。

有时,伴随着揉面的遐想,形塑者的手一直伸到天空。梦想"将手伸向面团",完成一件创世工匠的宏大作品。在《回望录》(*Boire à la source*)中,朱尔·苏佩维埃尔(Jules Supervielle)追随着乌拉圭天空中的野兽,它们比潘帕斯草原上的那些野兽更加美丽,"它们永不死去。你只看见它们消失,但它们的眼中没有痛苦。它们的形式不稳定,总是充满不安,但是轻抚它们的感觉却是如此轻柔。

---

[1] Tieck, *Das alte Buch und die Reise ins Blaue hinein*, 1853, t. XXIV, p. 9.
[2] Bergaigne, *La Religion védique*, t. I, p. 6.

对于云，这正是我想说的，如果不是纯粹的疯狂！"引用过这段文字
的克里斯蒂安·塞内沙尔（Christian Sénéchal）补充说："这一描述
让人印象深刻，它将成为用双手获得世界的众多例子之一。苏佩维
埃尔有着抚摸云朵的天赋，他像雕塑家一样，用手塑造出他人的眼
睛看不见的轮廓。"[1] 塞内沙尔要求文学评论家不要将自己局限于视觉
想象力和听觉想象力的一般区别中，因为这些粗糙的区别让我们远
离了对想象力生命的深度陈述，远离了直接的动态直观。没有适当
的动态想象力，没有在双手的动态中形成的想象力，我们就无法理
解苏佩维埃尔的诗句：

> 在一个美好的日子里，双手将自己的名字赋予了太阳。
> 他们将这种轻微的犹豫称作"颤抖"，
> 它来自人类心脏的另一端，
> 温暖的血管。

> （《盲人的奇迹》*Miracle de l'Aveugle*）

在《爱与手》（*L'amour et les mains*）中也有：

> 将你的双手禁锢在我的手中，
> 我将重建世界和阴云。

对于我们而言，这些文字更重要的意义在于它说明了手不一定
与**大地**相关，不一定与有形、临近、抵抗的对象的几何形状相关。
在我们看来，有着广阔双手的云的形塑者或许是一位空气质料的专
家。塞内沙尔如此形容苏佩维埃尔的形象："他渴望用**双手**捕获无形
的世界；他有能力进行最空灵、最精微的**幻想**，实现一个完全摆脱

---

[1]　Christian Sénéchal, *Jules Supervielle, poète de l'univers intérieur*, p. 142.

土地束缚的**梦想**。"①

　　事实上，苏佩维埃尔创造形象的方式是轻柔且缓慢的，这些形象邀请读者去建构它们，而不是接受视野中现成的予料。因此在《故乡》（*Ville natale*）中我们读到：②

> 在街上，孩子们、妇女们，
> 像美好的云一样，
> 聚集在一起寻找自己的灵魂，
> 从阴影处来到太阳下。

　　那些以**动态**的方式理解这些诗句的人将会感到他的双手**形塑着羽绒**。他先是在一个晴朗的夏日，从篮子底下取出一些被遗忘的絮片。随后，在展开这种过度压缩的质料、给它充气的遐想中，他赋予了它独有的洁白光亮；他将梦想羔羊、孩童和天鹅。他会更加理解之前的节段：

> 棕榈树找到了一种形式，
> 在那里它们纯粹的欢乐可以保持平衡，
> 呼唤着远方的鸟儿。

　　同样地，云层也呼唤所有轻盈的絮片、洁白的羽绒和纯洁的羽翼。纺织者的梦想扩展向天空。如果我们重读乔治·桑的故事《云

---

　　① 云的形塑者还有一个巨大的优势：拥有丰富的宇宙质料。他可以为事物增色，锦上添花。

> 对于沉思者而言，
> 当云像山一样被风裹挟、横穿时；
> 你或许会看到在其他山峰外，
> 还有层叠的群山……

（*Lucrèce*, VI, pp. 168 et suiv.）

　　② Jules Supervielle, *Gravitations*, p. 150.

的纺织者》(La fileuse de nuage)，就会明白梦想着的纺织者所秘密希
望的，正是纺出像云一样精细的织线，它们能够让天空的光线变得
柔和、四散。[1]

邓南遮进一步发展了这种形象：[2]

最后的云，轻盈的纬纱穿过纤细的月牙，
如同金色的梭子。
空气的梭子无声地劳作；时而藏匿起来，
时而在稀有的线中闪烁。
沉思的女人用纯净的眼睛在空中追随它，凝视着更远方：
——比生命更远，但却徒劳！

鸟儿——通常是燕子的形象——在蓝天中织着看不见的线，就
像是一种羽翼运动和云层的综合体。在《索阿纳的异教徒》(Le
mécréant de Soana)中，我们读道："鸟类的声音……汇集在巍峨山
谷的岩洞上，如同一张网，它们的线是不可见的，无穷精微……这
难道不是最美妙的纬纱吗？当线褪色或断裂时，它们能像无形的梭
子一样在空中迅速恢复。那些有羽翼的小纺织工在哪儿？"[3]

通过阅读这些文本，我们能够获得关于空气想象力的教益，但
是不应该太过强调其中的形象，而最好通过它们去进一步欣赏空气
的魅力，例如在保罗·瓦莱里的《纺织者》(La fileuse)中的精微之
处——一些天空的质料仿佛作用在土地上：

坐在蓝色十字架上的纺织者

---

① 弗里德里希·施瓦茨(F. L. W. Schwartz)指出了许多关于以云为质料进行纺织的
神话。他完全相信存在一种自然主义的神话，天空中有三位命运女神、三位纺织者；她
们分别代表着拂晓、白天与黑夜。参见 F. L. W. Schwartz, *Wolken und Wind, Blitz und
Donner*, Berlin, 1870, p. 5.

② Gabriel d'Annunzio, *Poésies, Élégies romaines*, trad. Hérelle, p. 244.

③ Gerhardt Hauptmann, *Le mécréant de Soana*, trad., p. 107.

……

疲惫，饮着蔚蓝……

……

灌木和纯净的空气构成一个生机勃勃的春天

……

在一枝根茎上憩息着游荡的风，

它以星辰般的优雅屈身徒劳致意，

向古旧的纺车，献出它壮丽的玫瑰。

在每个诗节中，都有一些纯净、蓝色的空气，一片憩息的絮团……

二

我们在"云的遐想"中感受到的这种无定形的形式力量，这种变形的整体连续性必须被纳入一种真正的动态参与中。保罗·艾吕雅说："通过鸟类，从云到人类的距离并不遥远。"[1] 但前提是，除了鸟类的直线飞行之外，还有滚动的、球状的、轻盈的圆形飞行。动态中的连续性取代了静止物的非连续性。当事物之间静止时，它们之间的差距就越大，对主体而言就越显陌异。而它们一旦开始运动，就会唤起我们沉睡的欲望和需求。艾吕雅总结道："质料、运动、需求和欲望是不可分割的。生活的幸福需要我们努力去赢获生机。"用苏佩维埃尔的话来说，面对云的缓慢运动，我们意识到"那些静止的事物背后发生了什么。"运动比存在具有更多梦幻的同质性——它将最多样的存在联系起来。动态想象力将异质的对象置于"同一种

---

[1]　Paul Eluard, *Donner à voir*, p. 97.

运动"，而非"同一个位置"中，由此，一个世界在我们眼中自我形成、彼此连结。艾吕雅写道："我们经常在桌子上看到云，也常看到玻璃、手、烟斗、纸牌、水果、刀、鸟和鱼。"在他的梦境灵感中，静止的物体与运动的存在联系在一起。在起初的梦想中只有云能引起运动，而在结束时，鱼和鸟也成了运动的感应者。在让停滞的对象运动起来之后，桌子上的云、鸟和鱼最终也会飞行、遨游。诗人的首要任务是释放我们心中希望梦想的质料。

在对天空的无尽遐想中，似乎只要云下降到石桌上，落到我们的手心中，所有物体都会变得更圆润，水晶也披上了一层白色的半透明外衣。世界就是我们的尺度，天空就在大地上，我们的手触摸着它。苏佩维埃尔的手将在云中劳作——这是在艾吕雅的梦想之手下耕耘的云。如果文学批评家无法理解我们这一代的许多诗歌，那是因为他们将这些诗歌视作是形式的世界，但它们实际上是运动的世界，是诗意的生成。文学批评家忘记了诺瓦利斯的伟大教益："诗歌是一种精神动态的艺术""激发情感的艺术"（*Gemütserregungskunst*）。[1] 让我们抛开空虚的形式，超越我们自身描述的游戏，云——一种缓慢、丰满、白色的运动，悄无声息地在塌陷，在我们心中唤起了一种柔和、圆润、灰白、寂静、絮状的想象力生命……在这种动态的迷醉中，想象力将云当作一种外质（ectoplasme），它激活了我们的流动性。长期看来，当云耐心、重复地经过高空时，没有什么能够抵抗这场旅行之邀——在梦想者看来，云似乎能够带走一切：悲伤、金属和哭号。苏佩维埃尔想知道一种"林间草莓"的味道：

> 如果我是一朵云，口袋中有着破洞，那么该如何带走它呢？
>
> 但不必惊讶，对于掠行者来说，没什么是重到带不走的。

------

[1] 引自 Spenlé, *Novalis*, 1903, p. 356。

在另一首诗中他写道，灵活的人类厌倦了重力，开始涉足整个宇宙：①

几朵浪花从三根桅杆上展翼，飞向两侧

小村庄，饮水槽和洗衣房将去往天空，

麦田，在罂粟的无数笑声之中；

在云朵构成的灌木丛中，长颈鹿相互竞争，

大象将爬上被雪覆盖的空气之巅；

天空之水将照亮海豚与沙丁鱼，

小船将驶向天使的微笑……

（《重力》*Gravitations*）

这一篇章以死者的苏醒结束。他们在属于动态空气的生者的带领下，在蓝天白云的上升指引下前行。随后，如诺瓦耶所言："蓝天、波浪、土地，一切都是飞行。"

云也因此承担着信使的角色。德居伯纳蒂斯说，在印度诗人那里，云有时"被表现为一片被风刮走的叶子"，他补充说："席勒在《玛丽·斯图亚特》(*Marie Stuart*) 中，将被俘王后的愿望和遗憾寄托到了一朵云上，这想必是受到了一种旧时流行观念的影响。"②

三

对于那些希望否认动态想象力在想象性生命中的作用的人，只需要用沉重和轻盈的云、压迫我们和将我们引向天空高处的云作解

---

① Jules Supervielle, *Gravitations*, p. 202.
② Angelo de Gubernatis, *La mythologie des plantes*, t. I, p. 240.

释就足够了。一方面，在一种瞬间的辩证法中，我们可以写下苏佩维埃尔的诗句："一切对我来说都阴云密布，我即将死去。"而另一方面，波德莱尔散文诗的开篇写道：

> ——那么你究竟爱什么呀？你这个不同寻常的陌生人！
>
> ——我爱云……经过的浮云……那边……美妙的云！

无需任何描述，一种云对我们而言是吸引，而另一种则是惊惧。云，就像《玛莱娜公主》（*La Princesse Maleine*）中的云那样[①]，不需要闪电或雷声，就足以让被诅咒的城堡"从头到脚"地战栗——一朵阴云就足以让整个宇宙的不幸变得**沉重**。

如果要解释低空带来的窒息感，仅仅将低处与沉重这两个概念联系在一起是不够的。想象力的参与更加内在，沉重的云被视作一种来自天空的恶，一种击垮、扼杀梦想者的恶。

要理解沉重、低沉的云的疾病，必须去理解其想象的本质，也即云之想象力真正的主动功能。在想象力的积极层面，云的功能是邀请人们上升。正常的遐想作为一种上升的实体，随着云而上升，一直到达最高的升华，消融在蓝天的顶点。真正的云，小小的云朵，消失在高处。我们无法想象一朵小小的云同时消失和坠落——小而轻盈的云是最为规律、纯净的上升，不断提醒着我们升华。在《瑟尔之书》（*Le Thel*）中，威廉·布莱克写道，一朵小云对圣母说："当我消逝，那是十倍的生命、爱、宁静和神圣的狂喜。"[②]

形式想象力通常是一种天真的质料论，它在复刻中暗示着那些迷失在云中的漫长小路——经由这些路，被选中的人通上天空。但是，在这些形式想象力创造出的画面背后，动态、空气想象力是更深层的来源。在轻盈的云面前，梦想的灵魂同时接受了流溢的质料

---

① Maurice Maeterlinck, *La Princesse Maleine*, acte V.

② William Blake, *Premiers livres prophétiques*, trad., p. 98.

形象和上升的动态形象。在这种迷失在蓝天之云的遐想中，主体全身心地参与到了一种整体升华之中。这正是一种真正的绝对升华，一次端极之旅。

四

歌德曾对关于云的想象进行了详细分析。在对英国气象学家霍华德的著作进行了大量探讨后，诗人似乎想将自然融入诗歌的灵感之中。层云（Stratus）、积云（Cumulus）、卷云（Cirrus）和流云（Nimbus）将让我们在清晰的上升心理学中体验到四种直接的形象：[①]

层云

当一片薄雾从静谧的水镜上升起，统一、平坦地舒展开来，与起伏现象有关的月亮，如同制造幻影般的幽灵出现：好吧，自然啊，我们招供，我们都是愉快欢笑的孩童！然后，雾气贴着山峰升起，一层层聚集，在远处的中间区域投下一个阴影，仿佛随时都会变成雨落下，就像在蒸汽中升腾一样。

积云

如果气势磅礴的云团被吸引到大气层的高处，它们就会停留在一个壮观的球体中。这些云以明确的形式宣告着其行动力；让我们所恐惧甚至痛苦的是，正如高处是一种威胁一样，低处是一种战栗。

卷云

但高贵的冲力让它攀升得更高。一种轻松且神圣的约束正

---

① Goethe, *Œuvres Complètes*, trad. Porchat, XXVII, I, p. 315.

是它的救赎。一团团云分散成絮片，像是被轻轻梳理过的、跃动的绵羊。因此，在其中温和萌发之物，最终无声地流入了父亲的膝下和怀抱。

流云

在土地之力的吸引下，聚集在高处的事物同时也冲向风暴，像军团般四散开来。主动或被动的大地命运！但请随着形象抬起眼睛：因为它描述的言语在下降；而精神渴望上升、栖居在不朽之地。

观察

当我们进行了分辨之后，就必须赋予这些独立的事物以生命，并为这种连续的生命而喜悦。

如果有画家或诗人了解霍华德的分析，在清晨或夜晚时刻沉思或观察大气，他就会接受这些特征的存在；但为了能捕获、感受和表达它们，空气的世界会带给他更柔和、精微的音调。

在这里，抽象理念与形象的混合或许会让读者困惑。但如果仔细观察，我们就会被"云"这一想象力质料的多元性所震撼。正是通过一次又一次地促进这种多元性，我们才通过云的生命进入了真正的共情世界。因此，在**翻滚的**积云和**轰鸣的**积云之间，遐想依然可以做出游戏与危险的区分；[1] 在上升与下降之间悬停的**流云**中，也蓄备着许多不同的遐想。无论如何，当我们阅读歌德的作品时，必须意识到，分析云的遐想并不完全是通过对形式的沉思来进行的。

---

[1] 例如儒勒·拉佛格（Jules Laforgue）的游戏遐想。他深知云是一种运动，因此写下了这样的诗句："积云：缱绻的云卷云舒，一阵颤栗的风，环抱着一个晴朗的傍晚……"（*Œuvres Complètes*, I, p. 73.）

云的遐想涉及更深处，它赋予了云以一种温和或激烈的质料——一种行动的力量，或者说一种抹除与平静的力量。

歌德似乎想要让这些诗歌形象作为客观知识的基础。

有时候，对云的遐想甚至会与更多异质的形象聚集在一起，在勒努（N. Lenau）的一首诗中，风暴的天空和它的运动、爆裂、闪电汇集在两个短节中：云成群结队，聚集在一起奔腾翻涌；而风，一位好侍从，让它们加速，发出"闪电之鞭"的响声。可以说，对云的思考让我们来到了这样一个世界：在其中有多少种形式，就有多少种运动。运动产生了形式，形式总是在运动中，而运动又总是拆解着它们——这是一个形式处于连续变形中的宇宙。

用波德莱尔的话来说，这些多样的诗歌气质可以孕育出"气象之美"。通过研究一位风景画家笔下的天空，波德莱尔写道："那些奇形怪状的闪亮的云，那些混沌的夜，那些一片连一片的绿色和粉红色的旷野，那些张着大嘴的火炉，那些被褶皱卷起或撕破的黑色或紫色缎子一般的天空，那些黑沉沉或者流着熔金的天际，都像醉人的酒或令人难以抵抗的鸦片一样涌入我的脑海。"波德莱尔，这位城市之人，人类的诗人，忽然被一种宇宙沉思的力量所攫住。他补充道："事情相当怪，面对这些流体的或气体的魔力，我竟然没有一次抱怨其中没有人。"①

五

更准确地说，在我们看来，云的动态想象力似乎是为诗歌中的神话提供心理学解释的唯一方式。这些神话使用了**魔毯**、**魔袍**等元素，它们都是讲故事的人从旧货店、东方集市中搜集来的现成的小

① 波德莱尔：《波德莱尔美学论文选》，郭宏安译，人民文学出版社 1987 年版，第454 页。

玩意儿，而并没有真正接受想象力的法则。这些作者总是迫切地向我们讲述那些人性的、太人性的故事。对于他们而言，云是一种交通方式，将我们带到另一个国度，在那里，我们将看到旧的人类喜剧拥有了新一幕。旅途中所有的梦幻力量都消失了，然而也正是从这一刻开始，形象变得强大起来；我们希望它是丰富多样的。唉！魔袍也是一件现成的袍子！为了研究心理学家那里天生的梦想机制，我将其简化成了一些标记（notations）。让我们举几个例子，它们足以说明梦中的飞行、云中之旅和魔袍的飞行具有一种连续性，并有助于更好地理解动态想象力的创造功能。

在《魔法师梅林》中，埃德加·基内写道，魔法师"腰间裹着一件斗篷，用他的一只赤脚踩在云上，这云带着它以鹰的速度翱翔"。在这里无疑集中了丰富的梦幻。一位想象的分析家会更喜欢完整地描述梦中的飞行——从脚跟第一次撞击地面开始；但在此处，梦想者已经在云端行走了，是云为他提供驱力，带着他前行，如同一件裹在腰间的斗篷，一件很快变成羽翼——鹰之羽翼——的袍子。在空气形象的聚合和飞行之力的团束下，所有事物都同时参与到飞行之中。一部将形象置于理念之前的文学作品会给我们时间去体验这种伟大的蜕变。这正是主动性的魅力所在！但作者带给我们的只是魔法师的节目——他自身拥有旅行的体验，而给予我们的只是一场表演。

在《浮士德》第二部中，对**海伦的面纱**也可以作此解读："请利用这高贵的、无法估价的恩情使你高升；它会载你脱离凡俗，迅速升入清空，只要你能够坚持。"[①]对哲学、对知性化符号的渴望，并没有使诗人愉快地体验梦幻的形象；它剥夺了遐想的最初驱力。梦想对于我们而言的益处，正体现在它将我们剥离现实的时刻。

---

① 歌德：《浮士德》，钱春绮译，上海译文出版社 1999 年版，第 553 页。

六

在本书中，我借用的例子主要是自觉的文学隐喻，因此，米歇尔·布雷亚尔（Michel Bréal）的精彩论述不得不被排除在外，他将赫拉克勒斯和卡库斯的传说描绘成一个关于阴天的真正神话。我们知道，布莱尔对神话的解释在根本上是语言学的，在他看来，"天堂中的奶牛是语言的造物"。在梵语中，构成名词 *go*（牛）的动词词根表示**去、行走**，乌云在天空中**奔跑**。因此，"称云为 *gavas*，即**行走的云**"，这事实上并没有隐喻的意思。"语言一直在漂浮，不能确定语词的选择，用相同的性质来命名两个不同的物体，这创造了两个同音异义词。"需要注意的是，这一属性在根本意义上就是一种**运动**；在这里**动态想象力**发挥着作用。因此，我们有理由谈论一种**动态的同音异义词**。

如果我们阅读布雷亚尔的著作，就会发现革律翁（Géryon）传说中所有的情节起伏都可以用阴天的各种现象加以解释。神话学是一种原初的气象学。

第九章　星云

午夜已过一刻；在无名的夜晚，星云母亲啊，
你经过了哪些海岸……
——儒勒·拉福格，《自传序》

一

　　梦想是一种夜晚的宇宙起源学。每个夜晚，梦想者都会重启这个世界。任何一位知道如何摆脱白天的忧虑，给予他的遐想以孤独力量的人，都会赋予遐想这种宇宙起源的功能。他会明白米沃什所说的是如此正确："就物理学而言，整个宇宙在我们内心中运行。"[1]在半清醒的睡梦中，宇宙的梦想拥有一种原初的星云，在那里，它生发出无数的形式。如果梦想者睁开眼，就会发现天空中有这种夜晚的白色面团——它比云更容易操纵，人们可以用它来无尽地塑造

---

[1]　O. V. de L. Milosz, *Ars Magna*, p. 37.

216

世界。因此，研究者很容易接受这种现代科学的宇宙起源假说——宇宙是从原初的星云中诞生的！在科普书中，那些星云的漩涡是如此成功地呈现了天空的简单形象！而在这些形象背后起作用的是动态想象力。星星经常被比作金色的钉子，它们是恒定性的象征；而星云则相反。银河——如果认真看，应该和星星一样被赋予恒定性——但在夜晚的沉思中，它却代表着不断的变形。银河的形象受到云和奶的双重感染。夜晚在这种乳色的光线下被赋予生机；一种想象的生命在这空气的奶中成形；月光之奶沐浴着大地，银河之奶则留在天空。

小泉八云（Lafcadio Hearn）体验过银河中的天体流动。他讨论了在许多日本诗中都曾出现过的这条"天空之河"——在其中我们看到"天空之河的水草在秋风中弯曲"，我们听到"在天空之河上夜舟划桨的声音"。[1] 他下结论的方式和通常的理性化相反，或许应该称其为一种去理性化（dérationalisation）——他说道："我不再将银河视作是宇宙中的一个可怕圆圈，其中亿万个太阳无力地照耀着深渊。我将它视作……一条星河。我看见它闪耀的河水颤动，乌云在河岸徘徊……我知道，那坠落的露水，是牧人桨上的水花。"通过这种方式，想象力超越了所有客观知识、所有不带感情色彩的审视，重新获得了它的权力——它让最静止、停滞的形象处于运动和生命中，让天空的质料流动起来。当笛卡尔想要创建一门在其中"天空是流体"的知识宇宙学时，我们可以将它视作对一种被遗忘的遐想的理性化。

此外，我们可以将如下命题视作是质料想象力和动态想象力的真正公设：**弥散之物永不会在静止中被看见**。邓南遮在《死城》中写道："银河在风中颤动，如同一条长长的面纱。"任何大而无形的团块都如同蚁群一样出现。维克多·雨果将银河称为"天上的蚁

---

[1]　Lafcadio Hearn, *Le roman de la Voie lactée*, pp. 51—61.

群"。同样地，对于梦想者来说，月光比日光更壮丽，因为月光的想象力本质是延展——它从最初的视线疆界处远远地弥散开来。因此，在沉思银河时，想象力能够体验到一种温和的宇宙力。古斯塔夫·卡恩（Gustave Kahn）为我们提供了这种温和的视线延展的例子："银河温和的光辉褪去，照耀在一个更广阔的空间，那里有更遥远的世界、震颤的银、未知的事物和模糊、温柔的承诺。"① 梦想者让自己被这些全然想象的震颤所环抱。他似乎重新找回了遥远童年的自信。黑夜是丰满的乳房。

在某些情况下，银河的遐想在一部作品中扮演着如此重要的角色，以至于它可以整体上解释这部作品。例如，儒勒·拉福格的作品就是如此，可以很容易地将其系统化为一个**星云的文学宇宙**——这无疑是这部作品的起源。在《致友人的信》中，古斯塔夫·卡恩写道："我想说……在成为一个不羁者、狂放者之前，我曾栖居在宇宙中。"

在自然中，拉福格喜爱蓬勃且柔软的质料；在诗歌的炼金术中，他如同浮士德之子，对那些几乎察觉不到的变化极为敏感：

> 如果你知道，自然之母
>
> ……
>
> 如果你知道我有多了解
>
> 你的"材料清单"就好了！
>
> 那你就会将我当作你的记账师，
>
> 至死不渝！
>
> ［《浮士德之子的哀歌》(*Complainte-placet de Faust fils*)］

科学告诉我们现实生命起源于海洋；而梦想的生命则起源于行

---

① Gustave Kahn, *Le cirque solaire*, p. 110.

星的海洋。在《苦难的祷告》（*Litanies de Misère*）中，拉福格提道：

> 太阳的孕育者，他们在蓝天中穿梭。
> 炽热的湖水坠落，随后四散。

从那里，出现的是最初时代的海洋……随后是树木的哀怨和世界上的所有呼号。

拉福格用无尽的遐想追问：

> 噢！在那儿，在那儿……
> 穿过神秘的黑夜，星辰如此繁多，
> 你现在在何方……
> 混沌的河流啊，星云之母啊，
> 太阳，我们全能的父，
> 就是从那里诞生的吗？
>
> [《夏日星期天的黄昏》(*Crépuscule de dimanche d'été*)]

毫无疑问，在一些读者那里，拉福格诗歌中的宇宙含义可能会被一些幻灭的语调所掩盖。从主观性来看，拉福格的宇宙在许多方面可以被认为是一个使人沮丧的宇宙。但是，如果对其中的形象进行细节分析，就会发现，沮丧的梦想家、凝固的日光、被搅拌成古怪旋涡的夜晚，以及黯淡冻结的月光之间有着紧密联系。对于如此多的形容词，精神分析师们可以毫不费力地将它们分门别类，但我们将它们汇集在一起，只是为了说明质料是如何侵入梦想者的天空的。对于拉福格来说，天空实际上是一种"再会"。每个夜晚，他都在那里"独自饮酌星辰，哦神秘！""挖掘星辰的轨迹"。正是在银河面前，他重复着自己的誓言："重新成为宇宙的原浆（plasma）。"

天空和大地的情况是一样的：一切模糊和圆润的事物都会随着

遐想的介入而开始膨胀。一种极端的想象力并不会满足于膨胀和流动，它会见证并经历一种沸腾。在布尔热《舟》的序篇中，我们可以看到一个极富色彩、充满力的例子：从云层高处"新的金色旋涡汹涌而出；在它敞开的深处隐约可见神圣的动物形式：鹰，公牛，耀眼的天鹅，在燃烧的泡沫中跃动，轰鸣的金色蒸汽沸腾着……"这些圆润质料的极端轰鸣来自最平和的夜晚沉思："整个天空都成了絮团状，播撒着这镀金的雪。"安德烈·埃尔涅维德（André Arnyvelde）梦想自己参与了星云的生命，其中有相同的印象："我看见一种痉挛性的白炽混沌，一团轮廓、大小和密度不断变化的火云。流动火焰的鬃毛向四面八方伸展，一遇到太空的寒冷，它们狂暴的气流就消失在空气中，或回落到火雨中。"[①] 这些巨大的声音让我们听不见夜晚的寂静。米沃什清楚这种创造力："那么，把你的耳朵贴近我的太阳穴，听吧。我的头颅就像宇宙岔路和激流处的石头。在这里，巨大、沉默、黑色的冥想战车将经过。然后会有恐惧，就像原初之水泛滥一样。而一切终将归于寂静。"[②] 在创造的星云中，夜晚无声地沉思，原初的乌云缓慢地聚集着。伟大的诗人所必须保留的，正是这种缓慢与寂静。

二

在这种沉思中，想象的力量和形象的原浆交换了彼此的价值。在这里，我们发现了对之前所说的**广义想象力**的一种新应用；在这种想象力中，被想象或正在想象的形象就像**广义相对论**中的几何现实和几何思想一样，它们以不可分割的方式结合在一起。当梦想者揉捏天空的面团时，想象的力量事实上与它的形象融为一体。在梦

[①] André Arnyelde, *L'Arche*, 1920, p. 36.
[②] O. V. de L. Milosz, *Ars Magna*, p. 35.

想者内心运作的魔法取代了通常施展于宇宙的魔法。外在与内在的魔法以相互作用的平等方式结合在一起。如霍夫曼斯塔尔所说，一种整全的、**完美的诗歌**"是精灵的机体，它像空气一样透明，是一位审慎的信使，在空气中传递着魔法的言语：当它经过时，便捕获了云、行星、山峰与风的奥秘；它忠诚地传达着魔法的公理，但却又在其中混合了云、行星、山峰与风的声音"。[①] 这位信使如今与它传递的信息融为一体了。诗人的内心世界可以与宇宙媲美。"灵魂的风景比星空的风景更加美妙；它们不仅拥有由数百万颗恒星组成的银河，甚至其黑暗深渊本身就是生命，蕴涵着无限的生命；这些过量的生命使它们变得昏暗且窒息。但只需片刻，这些吞噬生命的深渊就可以被照亮、被解放，变成银河。"

---

① Hugo von Hofmannsthal, *Écrits en prose*, trad., pp. 169—171.

第十章　天空之树

树木在不断蓄力，树叶轻颤，如无数羽翼。

——安德烈·苏亚雷斯，《树荫之梦》

一

体验与植物共情的想象性生命需要一整本书。这些辩证的主题大致包括：草原和森林、草地和树木、树丛和灌木、绿叶和针叶、藤和蔓、花和果实——然后是生命本身：根、茎和叶——随后是它的生成，以开花或死亡的季节为标志——最后是潜力：小麦和橄榄、玫瑰和橡树——藤本植物。如果不对这些基本形象进行研究，文学想象力的心理学就会缺少构成其准则的基本要素，它将仍旧依赖于视觉形象的想象力，认为作家的任务就是描绘画家所绘之物。然而，我们需要明白，植物的世界与遐想的世界紧密相关，许多植物都能带来特定遐想的感应。植物的遐想是最为缓慢、恬静、令人放松的。如果能够重新找回花园、草地、河岸和森林，我们就能重温童年的快乐。植物世界忠实地保留着美好遐想的记忆，每年的春天都会带给它们新生。而作为交换，我们的遐想似乎让植物生长得更快、绽放更美丽的花朵——人之花。"森林之树，你知道自己被神秘的植物所庇护，不受我的伤害，但正是我滋养了你……"

然而，缺乏一种梦想的植物学。诗歌被虚假的形象所阻碍。模仿与再模仿——这些静滞的形象充斥在文学作品中，却根本无法满足花朵的想象力。这些形象给它本应赋予活力的描述增加了重负，我们可以在背离（*Paradous*）中感受到它们；手中有博学之花的指引，就能很轻松地描写出华美的片段。但是直呼一朵花的名字似乎有些冒失，它扰乱了遐想。花和其他所有存在物一样，你必须先爱上它，才会给它命名；如果起错了名字，那可糟了。梦想中的那些花的名字总会让我们感到惊讶。

在这里，我们无法将这些花的名字一一列举，只能强调一下某些植物形象深度的、富有生命力的统一性。我们可以以树的形象为例，通过质料想象力和动态想象力的原则对其进行研究，并尤其强调其形象所具有的空气本质。当然，树在**土地**中的存在——它在地下的生命，必须在一种土地想象力中加以研究。

二

在关于尼采的能量学那一章中，我们已经表明，对于想象力而言，冷杉是一种真正的动态遐想轴。所有伟大的、动态化的梦想者都受益于这种**垂直的**、或者说**垂直化的**形象。挺立的树是一种显著的力，它给蓝天带来了土地的生命。德居伯纳蒂斯讲述了一个故事，其中清晰地突出了这种垂直力的价值："在科堡附近的阿霍恩，一位女巫召唤出一阵可怕的风，把教堂的钟楼吹弯了：周围村庄的所有人都在取笑这件事。为了让村子摆脱耻辱，一个牧羊人在钟楼和一棵冷杉之间系上了一根粗绳，并用魔法和咒语来将尖塔拉直。"还有什么比冷杉更好的方法能让我们获得动态的教益呢？"来吧，像我一样笔直，"冷杉对沮丧的梦想家说，"站直吧。"①

树木将最多样化的元素汇聚在一起，并赋予它们以秩序。克洛岱尔说，冷杉"依靠自己的力量不断长高，它以全部根须紧紧依附着大地，无数枝茎岔开，愈上升枝条愈细，一直到脆弱而敏感的松针；它在空气和阳光中寻觅支持，繁茂的枝柯不仅构成了它的姿势，而且还决定了它的主要动作和身量"。② 我们可以说，这以极精炼的方式表现出了树的姿势——它本质上是垂直的行动，具有"空气的，悬浮的"特征。这种姿势是如此笔直，以至于让空气的宇宙本身也稳定了下来。

弗朗西斯·雅姆（Francis Jammes）以《植物的疯狂》（*De la folie chez les végétaux*）为题，表达出对树木之笔直的通感：③

> 我梦想着树木，它们一直寻找着空气的平衡……这就是无花果树的生命，一种如同诗人的生命：寻找光明，艰难地挺立。
>
> 为了果实的美丽，有些苹果树放弃了保持平衡，选择折断。它们疯了。

此外，这种垂直生命可以让最为多样的想象力——无论是水的、火的、土地还是空气的，都能重新体验到它们所偏爱的主题。有些人像叔本华一样，梦想着冷杉的地下生命；有些人梦想着松叶和风发出愤怒的簌簌声；有些人则强烈地感受到植物的生命在水中的胜利：它们"听见"树汁的上升。盖哈特·霍普特曼（Gerhardt Hauptmann）小说中的主人公"触碰栗树的树干"，感到"滋养的树汁在他体内涌升"。④ 最后，还有一些人似乎出自直觉地知道，树木

---

① Angelo de Gubernatis, *La Mythologie des Plantes*, Paris, 1882, t. II, p. 292.
② 克洛岱尔：《认识东方》，徐知免译，百花文艺出版社 1997 年版，第 94 页。
③ Francis Jammes, *Pensée des Jardins*, 1906, p. 44.
④ Gerhardt Hauptmann, *Le Mécréant de Soana*, trad., p. 106.

是火之父；他们无止境地梦想着那些温暖的树木，并为燃烧的喜悦做准备：月桂树和黄杨木噼啪作响，藤蔓在火中扭曲，**树脂**——火与光的材料，其芳香已在夏日的炎热中燃烧。

由此可见，一个单一的对象就可以给出质料想象力的"总光谱"。最分散的梦都聚集在一个质料形象的周围。更令人惊讶的是，在一棵高大挺拔的树面前，这些分散的梦想都有特定的方向——一种垂直心理学赋予了它们原初的形象。

即便是来自木工的动机，也不能抹去树木的鲜活形象。在这些木材的纤维中始终保留着关于垂直活力的记忆，没有灵巧的技艺，就很难与这种木材和纤维的意义相抗衡。因此，对于某些人来说，木是第五元素——第五种质料，例如在东方哲学中，木是一种常见的基本元素。但是这种指称也意味着一种关于木材的劳作；在我看来，它是一种**技艺人**的遐想，能使一种关于劳作者的心理学变得更加细腻。由于在这本书中我们将范围限制在一种关于遐想和梦想的心理学上，因此我必须承认，木在关于深度梦境上的重要性并不是那么大。虽然树木和森林在我们的夜晚生命中扮演着非常重要的角色，但木本身却很少出现。梦想并不是一种工具、一种服务于某个用途的**手段**，它直接存在于**目的**领域，以直接的方式体验各种元素及它们的生命。在梦想中，我们没有船、不用费劲地用树木凿洞制作独木舟，却也能漂浮着；在梦想中，树干总是空的，准备着接纳我们，让我们舒展入睡，用漫长的睡梦来确保清醒时的活力与青春。

因此，深度的梦想不会损毁树木的存在。

三

现在，让我们的遐想追随着树木的形象。

这些形象很快失去了对形式的兴趣，尽管树木的形式是如此多样，分支是如此千姿百态。然而，更让人讶异的是形象存在的统一性，以及它们在根本上的运动统一性。[1]

第一眼来看，这种**存在的统一性**似乎来自它们孤立的树干。但想象力并不满足于这种孤立的统一性——它是形式的、外部的。如果任由这种统一性繁衍、生长，我们会逐渐感到这棵树——一种卓越的静态存在，从想象中获得了一种神奇的动态生命。一种无声、缓慢、不可战胜的冲力！征服轻盈，制造某种飞行之物——在空中颤栗的树叶！动态想象力是多么热爱这种永远笔直的存在，这种永不倒下的存在！"在大自然中，若是从典型意义来说，唯有松树挺直，与人一样。"[2] 树木是一种总是有着英雄般笔直的典范："这些冷杉是多么地像爱比克泰德（Épictète）……这些卑微的奴隶拥有如此狂热的生命，在悲苦中，它们似乎满足于自己的命运！"[3]

正是这种垂直的活力塑造了草木和树木之间，关于植物想象力的基本辩证法。无论在收割时节的伞形花是多么笔直，它都保留了一些属于草地的水平线。在开花时，它依旧是绿色海洋中的泡沫，在夏日的清晨缓缓起伏。对于动态想象力来说，只有树木才能牢固地保持垂直的恒定性。

四

或许看起来有些矛盾，但是要想真正感受到一种想象力的作用，最好的办法还是在它刚温和地显现的时候，在它行动最不持久、最

---

[1] 应该注意的是，树的"形式"在文学作品中是不可译的。事实上我们也不会尝试去这样做。当园丁——修枝剪的技艺人——尝试给一棵紫衫或雪松塑造一个几何形状时，对于遐想而言这将是可笑的。如果说喜剧是在现实生活中添加了一些机械的东西，那么当把一些几何学的东西应用到植物世界中时，我们就达到了荒谬的程度。这就是尼采所说的"园艺中的洛可可"（《朝霞》，§ 427）的由来。

[2] 克洛岱尔：《认识东方》，徐知免译，百花文艺出版社 1997 年版，第 94 页。

[3] Joachim Gasquet, *Il y a une volupté dans la douleur...*, p. 27.

纯粹无定的早期阶段把握它。鉴于此，我们将通过树的动态性来研究一种最缓慢、最友好的感应——即梦想者轻靠在一棵树上的感应。

我们可以重温里尔克的一段话："他拿着一本书，习惯性地来回走动，有一次，他碰巧在一棵树的权桠处找到了一个齐肩高的支撑点，这个姿势顿时让他感到如此愉快地被支持着、完全地放松，以至于他没有看书，只是待在那里，完全沉浸在大自然中，沉浸在一种近乎无意识的沉思中……"[1] 由此开启了一种纯粹动态的沉思，就像梦想者和宇宙之间柔和的力之交换，在梦想的目光——一种可以被称作**缺席**的目光下，没有任何事物被赋予色彩或轮廓。"就好像从树的内部，有一种几乎不可感知的振动穿过了他……他似乎从未被这样一种如此温柔的运动激活过，他的躯体获得了和灵魂一样的对待，被置于某种影响之下——这种影响在一般清晰的物理条件下，甚至根本无法被感觉到。除了这种印象之外，在最初的瞬间，他还不能很好地确定自己是通过什么感官接收到如此精妙又广阔的信息的；而且，这种交流在他身上产生的状态是如此完美而连续，与其他所有状态都不同，但又不可能表达成是对他生命中之前事件的强化或反应，因此尽管一切使他着迷，但这并不能称作一种乐趣。但这并不重要，他很想亲身体会到那些最轻盈的影响；通过不断自问在他身上发生了什么，他几乎立刻就找到了一种满意的表达——他被带到了自然的另一面。"

这一段文字精彩地表现了存在者如何在一种简单的支撑物中寻得宁静。受一种不可感知的生命所吸引，他不再从世界的实体中获取任何事物，而是感觉到世界的另一面——其中的一切都接近一种普遍意志的缓慢，与缓慢的时间合拍，在无节点的组织中延展开来。梦想者因此只是树木垂直推力的一种简单现象；他现在唯一的想法就是"站在（他的躯体）内部，看着别处"。里尔克以这种完全纯粹

---

[1]　Rilke, *Fragments en prose*, trad., p. 109.

的动态想象结尾：梦想者以树为支撑的躯体"很好，至少依旧直立地靠着，纯粹而慎重……"人如同树木，在其站立的地方有无数混合的力。为了开启空气的梦想，动态想象力并不需要其他东西，一切都以这种确定的垂直性为秩序。如果没有这种感应，读者很难真正将这些形象联系起来，而里尔克这里的文字也会显得贫瘠而静滞；相反，如果追随动态想象力的教益，人们就能意识到，在这里首先有一种**运动的形象**，一种植物运动的建议。

我们可以用一首诗来解释另一首诗——将里尔克与莫里斯·德介朗诗歌中美丽的植物形象进行对比：①

> 如果他不是在某个高度，在他能攀登到的最高点，谁能说他身处庇护中呢？……如果我能战胜这些高度！何时才能平静？过去，天神让一种植物环绕着（某些智者）攀升，随着它们越长越高，那些衰老的躯体被包裹环抱，橡树皮下强大而沉默的生命取代了他们因年长而枯竭的生命。这些有朽者变得静止，只有在风的作用下才会摆动它们的树梢……被自己从元素中选择的树液所包裹，维续自己的生命，像我们所崇敬的某些森林中的大树一样，它们以有力的根部和淡漠的姿态出现在人们面前，向征途发出模糊而深刻的声音，如同那些模仿大海低语的浓密树梢一样——在我看来，这就是一种值得努力的生命状态，也很适合用来抵抗人与白天的命运。②

对于德介朗来说，这种顶峰的植物性非常清楚地表明，想象力是一种高处的生命。树木帮助诗人"战胜高度"，超越顶峰，体验到一种天空的、空气的生命。在对这一段落的文字评价中，圣伯

---

① Maurice de Guérin, *Journal, Morceaux choisis*, Mercure de France, p. 119.

② 1723 年在鲁昂出版了一本匿名书，名为《自然的伟大奇迹》（*Principales merveilles de la Nature*），书中还有一幅版画，刻画了一棵由人的躯干所延续的树干。梦境活动比任何概念活动都能更好地解释它的词源学含义。

夫（Sainte-Beuve）惊讶于德介朗如此忠实于一种植物的遐想："[德介朗] 梦想着某种我不理解的树之变形。"这种解读并不是细节上的误解，因为当我们评价一首诗歌中的元素想象力时，并不存在细节上的误解；圣伯夫似乎只是不熟悉这种动态想象力，尽管它为德介朗在该拉（Cayla）隐居的作品赋予了许多活力。在结尾处，圣伯夫毫不犹豫地补充道："但是这种老人的命运，这个可以和**菲利门**（Philemon）**和巴乌希斯**（Baucis）相比的结局 ①，至少对于这位拉普雷德（Laprade）的智者而言是好的……"

如果我们将德介朗的植物论中温和的建议与其他矫揉造作地使用菲利门和巴乌希斯的神话的做法相比较，就不会得出像圣伯夫那样片面的结论。例如在纳撒尼尔·霍桑（Nathaniel Hawthorne）的故事《神奇的投手》（*The miraculous Pitcher*）中，两位老人变形成了橡树和菩提树，但这其中并没有任何梦境的元素在运作。②

在劳伦斯（D. H. Lawrence）的作品中，我们也能够找到一些关于梦想者变形为树的描写。例如："我想成为一棵树，就一会儿……它高高在上，我坐在旁边会感觉安全。我喜欢它守护着我的感觉。"③劳伦斯喜欢"坐在树根之间，意味在它结实的树干上，什么也不用担心……我在它的脚间，如同一只木蛀虫，它只是默默地耸立在我的上方。我感到它的血液在奔走，喷涌而出……它朝向两个不同的方向：一方面，它以丰富的冲力向地下投射，直到大地深处，在那里，死者沉入黑暗、潮湿与坚实的地底；另一方面，它向着空气的高处……这两个方向都是如此广阔、有力而令人兴奋。而一直以来，它都没有面庞，没有思想。它从何处获得了灵魂？而我们又从哪里

---

① 菲利门（Philemon）和巴乌希斯（Baucis）是古希腊神话中的人物，他们是一对生活在弗里吉亚（Phrygia）的贫穷但善良的老夫妇，在宙斯化作凡人访问人间时，他们慷慨地接待了他，因此在大洪水时被神拯救。为了感恩，宙斯还满足了他们的愿望，让他们死后化作两棵树，彼此缠绕，永不分离。——译注

② Nathaniel Hawthorne, *A Wonder Book and Tangle Wood-Tales*.

③ D. H. Lawrence, *Fantaisie de l'inconscient*, trad., p. 51.

得到了我们的灵魂呢？"①

五

为什么**憩息在高处**（perché）的语词总是被嘲笑呢？那么钟楼顶上的公鸡、石树上的鸟儿又发挥着什么作用呢？② 它们难道不是给静止的高处增添了羽翼吗？僵滞的山顶并不完全称得上是空气的。动态想象力想要一切都能在高处变得活跃。我们希望能够以"憩息在高处的遐想"为名，呈现一类动态的遐想——这种遐想通过从现实到想象的转换，让我们能够从顶峰的想象切换到一种平衡运动的想象。

在让-保罗的《泰坦》（*Le Titan*）中有一个关于**憩息在高处的遐想**（rêverie perché）的例子，它可以作为一种常见的主动体验：③

> 在五月，他常常以一棵巨大的苹果树树梢为庇护所，它的树枝整齐得如同一个绿色的书房；他喜欢感觉自己被摇晃着，时而轻柔，时而猛烈。有时，他占据的高枝被旋风击中，俯身去抚摸草地上鲜嫩的小草；然后重新充满力量地挺直身子，回到在云端应有的位置。对他而言，这棵树似乎是永生的一部分：

---

① 还应该检视劳伦斯的其他作品，以便找到关于树的土地遐想。劳伦斯体验到土地中根部的生命。他用简短的句子写道："根的巨大觊觎。它们的欲望。"他认为树木向上的冲力来自大地："树木的根扎得深，才会长得直。"这种"深度"的生命也让他感到恐惧："我曾经害怕古老的树，害怕它们的欲望，那冲动的、黑暗的觊觎。""树的意志是某种可怕的东西。"

② 这里"钟楼顶上的公鸡"指代的是教堂尖塔上的风向标，在公元6世纪，教皇格里高利一世宣布公鸡是基督教的标志，一些教堂会将公鸡形象放在教堂尖塔上；公鸡符号也是使徒圣彼得的象征。"石树上的鸟儿"可能与《伊利亚特》中关于赫拉克勒斯的神话有关，赫拉克勒斯作为大力神用暴力推翻了树形岩石，其中鸟类暗示着通往冥界的灵性树木。巴什拉在这里以它们作为例子，说明在天空高处憩息之物通过动态想象力，从静止变为运动。——译注

③ Jean-Paul Richter, *Le Titan*, trad. Chasles, t. I, p. 35.

它的根触及地狱，至高的树冠则质问着天空。而他，天真的阿尔巴诺，独自一人住在这个空中之亭里，生活在一个由他的想象力魔杖创造的遐想世界里，懒洋洋地顺从着，让风暴推动他宫殿的屋顶，从白天到黑夜，又从黑夜到白天。

在这段文字中，一切都在生长，因为它们只属于一种**想象的现实篇章**；树木联结了地狱和天堂、空气和土地；它从白天摇摆到黑夜，又从黑夜摇摆到白天。这种摇摆也感染了风暴：树梢一直弯曲到草地！然后，立刻地，枝叶间的理想居民又以怎样的力回到了蓝天！

任何一位在大地上、在一棵老核桃树的树杈上阅读、梦想过的人，都会认出让-保罗的这种遐想。运动的过度并不会困扰他，因为这种过度只是为了唤醒那些原初的驱力。他将会明白，这棵树其实是一处居留地，一座梦想的城堡。他将以动态的、梦想的方式朗读夏多布里昂（Chateaubriand）的那些伟大节奏——皮乌斯·塞尔维安的刻画表明了其中的深刻本质："当风从天而降，摇曳着这些庞大的雪松时；当这座建在树梢上的天空之城随之飘走，伴随着鸟儿和游人在它的庇护中沉睡时；当无数声叹息从这座流动建筑的走廊和穹顶中升起时……"[1] 在夏多布里昂的散文中，空气的存在与诗人的声音是如此紧密地结合在一起，这难道不是动态之诗与呼吸之诗结合的典范吗？

我们可以将憩息在高处的遐想与在**高峰上的巢穴**形象进行比较，这是一种没有大地巢穴的温度的形象。杰克·伦敦为我们提供了一个例子，他认为自己有一种关于林栖者的回忆：[2]"我小时候最常做的梦是这样的：我好像很小，蜷缩在一个由树干和枯枝搭建的巢穴里。

---

① Pius Servien, *Lyrisme et structures sonores. Nouvelles méthodes d'analyse des rythmes appliqués à Atala de Chateaubriand*, p. 81.

② Jack London, *Avant Adam*, trad., p. 38.

有时候我仰面躺着。我似乎在这个姿势下度过了很多时间。我看着阳光在头顶的树叶中嬉戏，看着风吹动树叶。当风很大的时候，这个巢本身也会来回摇摆。"

"但是，当我在巢穴里休息时，总是被一种感觉桎梏着：我感到脚下有一个巨大可怖的空间，我从未见过它，也未曾越过巢穴的边缘去看它；但我知道它就在我的脚下，持续地威胁着我，就像某种怪物吞噬的巨口。"

"吞噬的巨口"，这是一个在许多作家笔下反复出现的形象。

杰克·伦敦继续写道："在这个梦中，我经常追随着最初的童年。我是被动的——这更像是一种状态，而非行动。"正是在这种梦境的基础之上，杰克·伦敦才写出了他的那些史前小说。小说中的事件很快被赋予了人性特点，但是梦想的元素依旧具有原初形式。遐想解释了巢穴形象的优先性——"巢穴"是所有语言中最富价值化的语词之一，在其中保留着一种潜在的戏剧性。它并不如山洞或岩穴那般安全：在树上，只要存在者还没有意识到自己具有的敏捷性、轻盈性和"抓住树枝"的能力，摇摆就依然是一种危险。在林间的生活因此既是一种庇护，也是一种危险。我们经常梦见这种生活——而且总是以同样的方式。这是最天生的伟大遐想之一。[①] 它既是一种特别的孤独，又同时与纯粹动态的空气生命紧密相连。

同样地，如果没有动态想象力，我们又怎能将力赋予充满阳刚、父爱的橡树呢？在斯特林堡（August Strindberg）的《斯万怀特》（*Swanwhite*）中，当公爵为了保护女儿不受继母伤害时，这个动态形象毫无征兆地立即出现在第一幕戏剧场景中：

> 斯万怀特（跑进公爵的怀里）：父亲！你是多么伟大的一棵橡树啊！我的双臂无法环抱您，但我可以躲在你的树叶下遮蔽狂风暴雨吗？（她把头藏在主人公的胡子下，胡须一直遮到她的

---

① 参见 George Sand, *Le Chêne parlant*, p. 53.

胸腰部）我要像鸟儿一样在您的树枝上荡来荡去！把我举起来，让我爬到顶上吧。（公爵像树枝一样伸出双臂）

（斯万怀特爬上他的肩膀坐下）

现在，我的脚下是大地，头顶是天空；我看见外面的玫瑰园、白色沙丘、蓝色大海和七重国度。

这类形象在形式的领域中毫无意义，一种植物的宁静梦境也无法赋予它们真正的活力。只有动态想象力能够将树作为一种**夸张的主题**；它庇护了那些缺乏形式符号的形象，那些荒谬的形象——例如遮挡风雨的胡须。一切都被想象力的运动和从庄严的橡树中汲取的动态遐想之提升力所席卷。几页之后，老公爵，或者说老橡树抓住斯万怀特，将她抛向空中，然后接住了她（斯万怀特不是孩子，而已经是一位小女士了）："飞吧，小鸟儿，高高地飞在尘世之上，保持你的飞翔。"在想象力中，住在一棵树的巨大树冠中的永远是一只鸟儿，树是飞行力量的来源。劳伦斯写道："鸟儿不过是树上最顶端的一片叶子，在高空中飞舞，但是和其他叶子一样紧挨着树。"[1] 毕竟，鸟儿不终要归巢吗？树是一个巨大的巢穴，随风摇摆。我们并不怀恋这种温暖而安宁的生活，但是我们记得它的高度和孤独。山峰的巢穴是一种力量之梦：它会让我们重获年轻时的骄傲，认为自己生来就生活在"七重国度"之上。

当然，如果诗人将在树叶中度过的时光记忆视作一种主动现实，并向我们吐露的时候，必须总是从想象的角度阅读它。敢于攀爬白杨树的乡下孩子并不多见，以至于我们似乎应该将莫里斯·德介朗的自信归为一种想象："我爬上树顶，白杨树的树冠让我在鸟巢上来回摇摆。"[2] 只有那些将自己托付给强有力的遐想的人，才会希望像一只大鸟一样，在最高大的树木顶端摇摆。

① D. H. Lawrence, *Fantaisie de l'inconscient*, trad., p. 184.
② Maurice de Guérin, *Morceaux choisis*, Mercure de France, p. 328.

此外，在德介朗的《日记》（*Journal*）中精彩地呈现了**在宇宙的音调中树梢的摇曳**。五月，树木上的花朵已凋谢，树枝末端挂上了果实，它们在呼吸着生命的能量。随后："无数的生命突然同时悬挂在各种树木的枝头……这些种子的数目和多样性难以估量，它们都在那里，悬浮在天地之间的摇篮里，被交付给负责孕育这些生灵的风。未来的森林已经以不可感知的方式在活着的森林中摇摆。自然完全被这种广大的母性所呵护着。"需要注意的是，在这一段中，古老的母性格言被赋予了新的含义：它在树梢的生命摇篮中获得了活力。森林不过是一个摇篮；没有任何一个摇篮是空的——活着的森林孕育着未来的森林。从此我们必须明白，正是这种运动——摇篮的原初运动，带给了树枝、鸟儿和梦想的人类以幸福。德介朗继续说道："开花的树枝、栖息在那里唱歌或筑巢的鸟儿、注视着花枝和鸟儿的人，都在一种相同的法则影响下达到了不同程度的完善。"我们可以看到，统一性是建立在对单一、原初的运动，也即摇摆的沉思基础之上的。让我们再往前走一步，不再观望，而是梦想：在绿树之上，在比顶峰更高的地方，在比歌唱的鸟儿更灵巧的地方，我们会发现一种更高程度上的空气生命之完善。

六

可见，树木为一种生命的垂直心理学提供了多重形象。有时，树木不过是一条简单的线，指引着空气的梦想者。里尔克在他的《瓦莱四行诗》（*Quatrains valaisans*）中就描绘了这种纯净、垂直的基本线条：

---

① 勒南很好地表达了对这种垂直性的需求，他写道："许多风景只有通过它们的塔楼才被赋予了魅力。如果纤细的尖塔或雄伟的钟楼不再耸立在平常的屋顶之上，我们是否可以忍受如此缺乏诗意的城市？"（Renan, *Patrice*, p. 52）

> 杨树，在它应有的位置上，
> 将它的垂直线
> 与缓慢、浓密的绿意相对，
> 舒展、延伸开来。

这棵树越是孤独，我们就越能在沉思中感受到它的垂直行动。孤独的树仿佛是平川和高原唯一的垂直性命运：[1]

> 如此孤独……
> 它将自己广漠、至高的生命
> 施于平川之上。

在《果园》中，里尔克清楚地感觉到，在风景中，树木是一种最常见的轴线，让梦想者从大地过渡到空气：[2]

> 留给我们的，那些有分量的，
> 那些养活我们的，在此遇到
> 无尽的温情
> 呈现的通道。

甚至是核桃树——这棵丰满的、"向四方伸展"的树本身，也是由空气的灵魂所唤醒的：

> ……享受着
> 整个苍穹。

---

[1]　Verhaeren, *La multiple splendeur*, p. 88.
[2]　里尔克：《里尔克诗全集》（第四卷：法文诗全集），何家炜译，商务印书馆 2016 年版，第 26—27 页。

在风和日丽的天气，成千上万的树叶都会被唤醒，如同一颗崭新的心，在成千上万朦胧的柔情中苏醒。雪莱说过："在春天的树叶运动中，在蓝色的空气中，我们发现了一种感应自己的心的秘密。"正是在这里体现出了一种被分析的想象力的优势：它使我们能够体验到这种"秘密感应"的所有细节。仓促的读者只能在字里行间看见一些陈旧的主题，他并不能以雪莱的方式与春日树叶混乱而快乐的运动共情，也无法体会第一片舒展开的叶子的情感——它昨天还是一个坚硬的蓓蕾，一个来自大地的生命。

在傍晚时分，这棵普通的树，这个没有面孔的存在，会在薄雾的包裹下，呈现出一种极富表现力的特征；在它被抹除的音调中具有巨大的力量。在普罗旺斯的烈日中，在与绿色和金色激烈搏斗之后，加斯凯在一种余辉的宁静氛围中梦想道："半透明的肉身给事物笼罩上一层光环，混合了表象。树木的理念蒸发在根系中。月亮如同一轮更纯净的太阳，照亮了大海。"①

保罗·加登（Paul Gadenne）也体验到了同样的垂直性**驱力**，同样的天空之美："这棵树用它所有的力伸展，它用自己的方式去征服天空，召唤整个自然来见证它的狂热。它描绘了一种极为流畅简单的运动：骄傲、迫不及待的树干分成了许多枝条，以便吸收到空气中的养分，让自己变得美丽。你可以看到在相衬的天空下，树的顶端像花束般绽放开来。"②

在风暴中，树也像敏感的耳目一样，让整个平川进入戏剧化的生命运动中。在邓南遮的《死的胜利》（*Le triomphe de la mort*）中我们读到：

> 你可以看到这棵小树几乎在以绕圈的方式移动，仿佛有一只手想要将它们连根拔起。在这几分钟里，他们都在注视着这

① Joachim Gasquet, *Il y a une volupté dans la douleur*, p. 72.
② Paul Gadenne, *Siloé*, p. 369.

种剧烈的躁动，在苍白赤裸、死气沉沉的乡村里，这种躁动像是有意识的生命……想象中的树之痛苦让他们直面自己的痛苦。

在另一部作品中，邓南遮想象了树与云的搏斗：

> 在我们四周，奇形怪状的树从地底涌起，仿佛要把脆弱的云揽入它们畸形的臂弯。
> 灵活的云逃离了这可怕的怀抱，给野蛮的攻击者留下了逃脱时的金色面纱。[1]

因此，备受折磨、摇晃、热情的树为我们提供了各种关于人类情感的形象。许多传说中都有着流血的、哭泣的树的形象。

有时，树的呻吟甚至比远方野兽的嚎叫更触及我们的灵魂。在我们看来，它的抱怨声虽然更小，但是痛苦却更为强烈。哲学家茹弗鲁瓦（Jouffroy）说得很清楚："面对山上一棵被狂风吹打的树。我们并不能保持无动于衷：这一景象让我们想到了人类处境的痛苦，有了许多悲哀的想法。"正是由于这一景象的简单性，想象力才被激发。树木在风暴中折腰给人的印象是深刻的，但是它所表达的价值却毫不起眼！我们的存在因这种原初的共情而战栗。借助这一景象，我们明白了痛苦存在于宇宙之中，抗争存在于各种**元素之中**，存在的意志总是对立的，休憩的时刻转瞬即逝。受难的树木是宇宙痛苦的缩影。

七

如果从这些树木被唤醒或获得平静的形象中得到的仅仅是一种

---

[1] Gabriel d'Annunzio, *Poésie*, trad. Hérelle, p. 265.

诗歌泛灵论（animisme poétique），这种判断未免有些太草率了。文学评论家常常援引一种处于**广义性**中的诗歌泛灵论，但它实际上只有在特定的形象中才有意义。诗人必须知道如何去追溯当下遐想的源头，探寻形象化生命的最初原则。通过这种探寻，我们会发现其实**原初形象**并不多，而树木就是其中一个。树木是一系列梦想的原型，在许多梦想中我们都能看见树木构成的枝干。

例如，在寒冷的十月，当马铃薯秧在平野中央被焚烧时，谁不曾梦想过那烟雾形成树的形状？在其中没有溅射的火光，没有噼啪作响、从干柴中迸发出的花朵；有的是芽苞、树干、原初的树枝；在高空中，是树叶和旋涡。烟雾缓缓舒展，升腾到夜晚的天空中。一种非质料的树木——通体蓝色和灰色，轻盈地生长。在我们面前，事物生生死死，而梦想永不止息。烟雾之树处于非质料运动和生命运动的极限之上。

从这棵还是过于关注描绘和色彩视觉的树中，伟大的诗人将创造出一种命运的形象，其中揭示出一种与空气共情的多重诱惑：

> 向着那芳香缭绕的未来
> 我健步走去，将自己奉献、耗损，
> 全部的，全部地许身给这幸福的烟云！
> 即使，我像这绿雾般的树木显现，
> 那因它而逐渐失去的威严
> 融在了巨幅的爱情之中。
> 于是我被化入那壮阔的存在。
>
> （瓦雷里，《年轻的命运女神》*La Jeune Parque*）

烟雾之树在梦想中延续，充斥着天空。夏尔·普卢瓦（Charles Ploix）追溯道："在吠陀神话中……笼罩着大地、使它变得昏暗的云盖被比作一棵巨型植物。"梦想者在大地上见证形成的云盖，则是在夜晚壁炉中冒出的烟柱。在天穹之上，它延展开来，越过暮色中树木的黑色叶子。

八

如果我们习惯了在内心中缓慢地体验这些伟大的形象，追随自然的遐想，那就能更好地理解某些神话的起源。因此，研究想象力的动态法则使**宇宙之树**这一看起来古怪的主题变得更自然。如何用一棵树来解释世界的形成？某种特定对象如何生产出整个宇宙？

在一个实用主义普及的时代，人们毫不犹豫地用实用性来解释一切。作为一名植物学家，博纳维亚（Bonavia）研究了美索不达米亚古址中的植物。他声称："亚述的圣树只不过是该地区所有古老植物的综合，这些植物曾因其功用而受到尊崇：棕榈树用于制作椰枣，葡萄树用于制作果汁，松树或雪杉用于建材和取暖，石榴树用于生产单宁或冰饮。"[①] 这种实用性的聚合可能被用来定义一个实用的概念，但却不能充分地解释神话梦想中原初之力的来源。戈布莱·德阿尔维耶拉（Goblet d'Alviella）虽然没有明确否定博纳维亚的论点，但他认为从另一个角度看待圣树更合理："它可能是强大神性的植物象征……或者是模仿一种神话中的植物形状，比如有翼的橡树——根据德锡罗斯（Phérécyde de Syros）的说法，至上的神在其上编织了大地、星空和海洋。"

德居伯纳蒂斯对宇宙起源树、人类之树、云雨树和男根树等关于树木的神话进行了长时间研究，这些神话让我们习惯性地将伟大和力量与遐想中的形象联系起来。《梨俱吠陀》（*Rigveda*）中，两只鸟儿——白天之鸟与黑夜之鸟，和太阳与月亮一起造访了宇宙之

---

① Goblet d'Alviella, *La Migration des symboles*, 1891, p.166.

树——"皮帕拉"(Pippala)，这一设定虽然可能混淆理性与客观的想法，但是却并没有偏离梦想的范围。如果云雨树能够吸引、产生雨水，并与雷云相关联，那么也是梦想在发挥着力量。

在我看来，对当下的想象力进行一个简单研究有助于我们重新发现某些神话中的梦境原则。如果说象征很容易转移，那是因为它们和梦想生长在同一片土地上。日常生活似乎往往认为它们是荒谬的，但遐想持续滋养着它们。在对原初想象的整个研究过程中，我总是发现，一个基本形象必须通过梦想中的增长才能传递到宇宙层面。和其他的主题一样，树木在遐想中获得统一，并开始以某种正常的方式接受宇宙的力量。德阿尔维耶拉在惊讶中隐约感觉到了这种力量。他说道："迦勒底人注定属于这类族群：他们在宇宙中看见了一棵树，树的顶端是天空，树脚或树干是大地。"他指出，这种因为没有澄清想象的冲力而被认为是"幼稚"的观念，"似乎很早就在美索不达米亚消失了"，取而代之的是更为精致的宇宙体系。力量的来源转移到了山上。但特殊的一点在于，树之隐喻具有如此根本的力量，甚至到了违背常理的地步——它们也能赋予圣山以想象的生命："啊，主啊，你的阴影遍布这个国度，投向大山……"在《梨俱吠陀》中我们也读到："在无底的深渊中，瓦鲁纳王竖起了天空之树的皇冠。"这棵树似乎紧紧抓住了整个大地，它冲上天空的力支持着整个世界……此外我们也读到："开凿天地的树是哪一棵？"德阿尔维耶拉回答道："它有时是星空之树，果实是宝石；有时是云天之树，将根须或枝条投向苍穹，就像那细长的丝状云束，乡下的民间气象学中将它称作亚伯拉罕之树。"(d'Alviella, 195) 就这样，强大的树木直冲云霄，在那里安居，并永无止境地延伸下去。它变成了苍穹本身。会对这一事实感到震惊的，只有那些不知道梦想是目的而非手段的人。当植物的遐想占据了一个梦想者时，它会让他回到博兹看到一棵橡树的那个犹太之夜：

第十章　天空之树

这棵树从他的腹中出来，直冲蓝天。

以树木为基础的宇宙起源说给人一种崇高的印象。安德森（R. B. Anderson）很好地说明了这一点："世界树（Ygdrasil）是宇宙起源或人类存在体系中最崇高的观念之一。事实上它是一棵生命之树，得到了精妙的阐述，在整个宇宙中延伸。它的枝条为人类提供了机体；它的根延伸到整个世界，赋予生命的臂膀漫布天空，维持着一切生命，甚至是那些吞噬它的根并试图将它消灭的蛇也是如此。"①如果追溯它的生命，我们就会明白为什么有人梦想动物是从植物中"生出来"的，这棵树正是它们的"系谱之树"。"动物们在它内部，或是围绕着它移动；每个物种都有自己的位置和命运。"老鹰、猎鹰和松鼠并不是唯一从中受益的动物；几只小马驹也以它的嫩芽为食。安德森总结道："世界树神话的特别之处在于其表达的简洁性。一棵大树的景象是如此美丽！它的树枝伸向远方，树干覆满青苔，深处的根则让我们想到时间的无尽；在我们诞生之前，它已经见证了好几个世纪的流逝。""只有无尽的灵魂才能理解它；没有笔触能够将它描绘，任何颜色都无法表达它。没有什么是宁静的、休憩的；一切都处在活动中。这棵树构成了一个完整的世界，它只能被人类的精神或诗人的灵魂所理解，被不断流动的语言所象征。这棵树的主题并不属于画家或雕塑家，而属于诗人。世界树是哥特民族的诗意体验之树。"还有什么比这更能说明神话不仅通过视觉形象被激活，而且还能表现出一种直接的言说想象力呢？

有时，在充满过多幻想的想象力中，会不经意间发现人类之树——产生人类存在的生命之树所具有的某些特质。因此，圣提尼（Saintine）讲述了这样一个梦："在几英尺外出现了一棵巨大的树，它和其他树一样闪闪发光，但与众不同的是它巨大的豆荚，大

---

①　R. B. Anderson, *Mythologie scandinave*, trad., 1886, p. 34.

部分都悬挂到了地面上。我走近，打开了其中一个。令人吃惊的是，我在豆荚上发现了缎面般的羊皮纸，它们在豆荚之间制造出一个个小隔断，优雅地折叠在一起，和豆子一样排列成行。是的，我发现……你想必如何也猜不到，女士，我亲爱的朋友，迷人的年轻女士……在我为这奇妙的发现而震惊，茫然地后退的时候，所有悬挂到地面的豆荚都自发地打开了……就像植物学家说的那样，这棵有魔力的树通过开裂，让漂亮的果实从它们的包裹物中解放出来，左右摇摆，像凤仙花种子的破裂一样，跃起并坠落。"①

德居伯纳蒂斯也记载过一个传说，② 称**亚当之树**的根直抵地狱，枝干直达天堂。③ 但一位垂直之树的梦想者即使不凭借这种传说，也能明白拉封丹（La Fontaine）这首关于橡树的美妙诗歌中自然的梦幻特征：

它的头与天毗邻，

脚则触及亡者之国。

在动态想象力中，这个生长的形象不正是一种自然的形象吗？

人们无疑会援引古代文化来解释拉封丹所描绘的形象，但这并不能作为轻视个人梦幻的理由。事实上，文化似乎通过某些与遐想中的主题相似的古代神话来**让我们梦想**。因此，当我梦到一棵巨大的树——一棵世界之树，它能从整个大地获得养分，与风对话、承载群星……这时我不再只是一个梦想者、一位空想家、一种活的幻象——我的疯狂是一个古老的梦想。在我的梦中有一种梦想之力，它在很久之前，在非常遥远的时候就开始梦想了。而今晚它又回返，在可用的想象力中重获生机！这个故事关于你。（*De te fabula*

---

① X.-B. Saintine, *La Seconde vie*, 1864, pp. 81—82. 精神分析师能够很容易地识破天真的植物学家的梦想。

② Angelo de Gubernatis, *La Mythobgie des Plantes*, p. 18.

③ 参见 Virgile, *Géorgiques*, II, 291。

narratur.）通过对神话的认识将表明，某些看似奇特的遐想其实是客观的。它们将灵魂连接在一起，就像概念将精神联结到一起；它们将想象力分类，就像用理念将知性分类一样。但并不是所有事物都可以通过理念与形式之间的联系得到解释。我们还必须研究梦想之间的联系。在这方面，对神话的了解有助于反对传统的诗歌阐释，在我们当下的教育中缺乏关于神话学的认真研究，这一点应该引起重视。

因此，在了解了关于宇宙起源之树的神话后，我们似乎更能共情保罗·加登在《西罗亚》（*Siloé*）中的某些章节，在其中，树木的想象力被放大了。例如在一棵巨大的核桃树前的沉思："它是一种巨大而深刻的存在，年复一年，扎根于大地和天空。它将大地和天空编织成某种坚不可摧、密不可分的实体。它的冲力是如此巨大，枝条的运动是如此高尚，驱使你去体验它的节奏，用目光追随它直到最顶端……"梦想者"靠着树，与它背靠背，胸膛贴着胸膛……他感到一丝思想和力量进入了自己的机体，赋予了这个巨人，这个神奇的存在以活力"。

九

当我们在内心中体验这种想象的植物主义时，它有时会发生一种奇妙的翻转。富于情感的植物主义不再散漫地体验一棵树被春日照耀、或是在秋风中萧瑟的客观形象，而是能够将不同的季节想象成一种原初的植物之力。它体验着一棵树的遐想，这棵树**创造了季节**，指导整个森林制造新芽，并把自己的枝叶奉献自然；它召唤微风，催促太阳早早升起，以便给新生的叶子镀上一层金色。总之，我们梦想着一棵不断自我更新其宇宙力量的树。通过内在地体验植物世界的生长，我们能感受到整个宇宙中同样存在这种树木之力，在内心形成一种难以抗拒的、树精（hamadryade）[①] 般的意识，在其中统合了无限世界中所有植物的权力意志。事实上我们必须明白，对于一种决定性的神话生命而言，**并不存在次要的神**。谁以树精的方式生活，就能用一棵橡树的内在意志统治整个宇宙。它投射出一个**植物的**宇宙。在这种遐想中，宇宙之树并不是一个或多或少象征性的形象，通过它我们可以组合一些特定形象。宇宙是一个**原初形象**，一个主动形象，它生产了其他各种形象。

有人会说在这里有一个简单的悖论：我们混淆了迹象（indice）与原因（cause）。比如，植物学家德坎多尔（de Candolle）在他的花卉幻想中，在花园中全身心地培育"花之钟"：每一朵花都要在特定的时间内开放，听从太阳有规律的召唤。难道我们可以认为奴隶是主人——花圃可以指挥光线吗？理性主义者定会嗤之以鼻！但是梦想并不遵循理性。理性越是强烈地反对梦想，梦想就越是深化了它的形象。当遐想真正将自己的全部力量交付给一个它所喜爱的形象时，这个形象就会开始支配一切。因此荒诞也拥有法则。如果我们从外部来判断梦想，就只会将其看作一种不合逻辑的荒诞，并且很容易去模仿那些梦想生命的滑稽仿品。因此人们用噩梦去解释梦想，而并没有看到噩梦是一种梦想的疾病，一种梦境之力的断裂和失序，一种元素的梦境质料的无定形混合。但另一方面，恰恰相反，梦想能给我们的存在带来一种幸福的统一：植物的生命如果是我们存在的一部分，就会带给我们一种缓慢节奏的宁静，一种伟大而安宁的节奏。树木是一种伟大的节奏性存在，是每一年的节奏的缩影。它的节奏是最为清晰准确、可靠丰富且充满活力的。植物的生命中没有矛盾。到了夏至，乌云蔽日，没有任何风暴可以阻止一棵树按照自己的时间变绿。如果我们通过梦想的植物或木质形态学来获得

[①] hamadryade 指树精，是希腊神话中的一种生物，也被认为是树神的一种，居住在树上，它们生来就和某棵树密不可分，其生命依赖于这棵树，如果树死了，与之相关的树精也会消失。常见的有树精的树包括橡树、核桃树、榆树、山茱萸等等。——译注

诗歌的教益，就会更深刻地明白劳伦斯的一些表述。他引用了"《金枝》，这本已经过时的书"中的话，"古雅利安人认为橡树是太阳热力的储藏库，定期为其提供火力"，随后他补充道，"没错，生命之树上的火焰；也就是说，生命本身。因此我们应该这样理解：在古雅利安人看来，太阳通过周期性的生命行动恢复活力……""与其说是生命来自太阳，而不如说是生命本身的流溢；是所有植物和生灵滋养着太阳。"①

同样地，如果我们将自己全身心抛入一种植物世界特定的梦境之力中，抵达了梦想的端极，就会更好地理解日历树（arbres-calendriers）的传说。举个例子，德拉库佩里（Terrien de la Couperie）引用了一个中国传说："传说有一种神奇的植物，它每个月的前十五天，每天都会长出一个豆荚；而后半个月的十五天，每天都会掉落一个豆荚。"② 这个传说以夸张的精确性清楚地表明了这样一种愿望：将日期本身纳入植物的活动之中。③ 如果我们真的梦想着花蕾之力，如果我们每天清晨都到花园或灌木中去观看同一个花蕾，并用它来衡量一天的行动，就可以理解这种愿望的真正含义。当一朵花盛开时，苹果树会发出自己白色和粉色的光亮，这时我们便会明白，一棵树木就是整个宇宙。

---

① 　D. H. Lawrence, *Fantaisie de l'inconscient*, trad., p. 113.
② 　Goblet d'Alviella, *La Migration des symboles*, p. 193.
③ 　德拉库佩里指出，神树往往具有固定数量的树枝（7、14、15 或 30），这使得树的象征符号可能与农历的月份天数产生关联。在这个神话中，"日历树"是生长在尧帝时代的宫殿中的一种用以计数的植物。——译注

第十一章　风

然而我既不是海也不是红太阳，
我不是笑声如姑娘的风，
不是越刮越猛的巨风，不是抽打一切的狂风，
不是那永远抽打自己的身体
至恐怖与死亡的精灵。

——惠特曼，《草叶集》

一

如果我们立即进入所有狂暴的空气形象中最为动态的形象——一个风暴的世界，就会发现，那些累积的形象在心理上极为清晰。浩瀚的虚空似乎忽然有了行动，成为一种关于宇宙之怒的清晰形象。可以说，狂风是**纯粹的愤怒**——一种没有目的、没有缘由的愤怒的象征。关于风暴的伟大作家都钟爱这一点：意想不到的风暴、毫无缘由的自然悲剧，例如约瑟夫·康拉德（Joseph Conrad）

的《台风》(Le typhon) 中描绘的。陈词滥调一点点消磨着这种形象：人们谈论着元素的狂暴，而不是体验元素的能量。被暴风雨搅得天翻地覆的森林和海洋，有时会压倒飓风这一简单的动态形象；有了狂暴的空气，我们就能捕捉到元素的狂暴——它完全是运动，除了运动之外什么也没有。在其中，我们可以找到一些将**意志**与**想象**联结起来的重要形象。一方面，坚强的意志并不依附于任何事物；而另一方面，没有**任何**图像（figure）的想象力则彼此支撑。通过在内心中体验飓风的形象，我们明白了什么是狂暴且空虚的意志。在端极处，风是无处不在的愤怒，是自我的诞生与重生，它扭曲着，翻转着。风在威胁，在嚎叫，但是除非遇到尘埃，否则它始终是无形的。一旦变得可见，它就会成为一种苦难。事实上，风只有在本质上是一种动态参与的情况下，才能在想象力中发挥力量；图像化的形象带来的事物微不足道。

在雅各·波墨和威廉·布莱克的作品中，有许多这种本质上是动态参与的例子。在波墨的形象中，除了通过火或胆汁来表达愤怒，我们还可以发现，梦想者看到天空的怒火在"群星发怒的区域"形成。[1]

此外，如果追随伟大的梦想家关于宇宙起源的想象工作，往往能发现，在愤怒中存在一种真正的价值化。最初的愤怒是一种首要的意志！它**攻击**即将完成的工作。由这种**创造的愤怒**所制造的第一个存在就是旋涡。**技艺人**通过愤怒所激活的第一个对象就是旋风。

除了像笛卡尔这样温和的知识分子所想象的旋风之外，布莱克愤怒而富有创造力的旋风也很有趣，我们可以通过动态想象力参与到其中。这个形象的开头不算有力："由理生的儿子们也在那儿劳作，从这里可以看到西奥托蒙（Theotormon）的磨坊，它们位于乌达纳丹（Udan-Adan）湖边。"[2] 但我们不应该被磨坊的形象所迷惑——它的存在只是为了让创造之力"隆隆"作响。通过追随动态

---

[1]　Jacob Böhme, *Des trois principes de l'essence divine*, trad., 1802, t. II, p. 149.

[2]　William Blake, *Deuxième livre prophétique*, trad. Berger, p. 133.

想象力的教益，我们能够解释这种在形式领域显得模糊不清的形象——当诗人刚谈到西奥托蒙磨坊时，旋风就占据并裹挟了天空。在想象的领域中，风车让风转动并非没有可能，任何拒绝接受这种颠倒的读者也同时背离了梦想的原则。他们无疑能够理解一种**现实**，但是如何理解一种**创造**呢？一种创造总是离不开想象。如果我们无视**想象物**的基本法则，又该如何去想象呢？

磨坊为想象力铺平了道路，让它在宇宙中蔓延开来：这些旋风，布莱克说，是"黑夜繁星的虚空，是大地的深处与洞穴"。"这些磨坊是无序狂暴的海洋、云层和波浪。群星在其中诞生，万物在其中播种；太阳和月亮在其中获得明确的宿命。"我们并不是通过几何学行动来理解宇宙的旋风、创造的风暴或愤怒与创造之风，而是将它们作为一种力量的给予者。没有什么能够阻止旋涡的运动。在动态想象力中，一切都被赋予了活力，无物是静止的。运动创造存在；旋转的空气创造群星；叫声产生形象、语言和思想。通过愤怒，世界作为一种挑衅被创造出来。愤怒是动态存在的基础，是行动的开端。一个行动无论是多么谨慎，多么隐秘，它都必须先跨越愤怒这一小小的阈限。愤怒是一种黏着剂，没有它，我们的存在中就无法留下任何印象，愤怒决定了主动的印象。

在布尔热的《舟》中，我们似乎也能感觉到愤怒的风声直接制造出了空气的怪物。你可以听到它们在"雷霆的铁轮"下嚎叫，在风暴中，"蛇发女妖（Gorgone）在空气的幻影和自身的怪物形象中增长"，形成某种声响的蜃景，将恐惧**投射**向天空的四面八方。伴随着北风的号叫，飞行的怪物的嘴张得更大了。对于布尔热来说，美杜莎是一只风暴之鸟，它不过是一头"像是一种奇怪的鸟"的飞行动物。这种在悲伤的遐想中听到的不祥之鸟的声音，与一切占卜科学无关——它们不就是从风的撕扯尖叫中诞生的吗？听比看更具有戏剧性。

在风暴的遐想中，并不是眼睛，而是**震惊的耳朵**提供了形象。

我们以直接的方式参与到狂暴空气的戏剧之中。无疑，大地的景象会滋养这种对声响的恐惧，因此在《舟》中，在空气中诞生的号叫聚集了烟雾与阴影："一座云遮雾绕的山侵入了天空深处。长着青铜色羽毛的格鲁德（gelludes），没有骨头、灰烬般丑陋的怪物已经成群结队地出现……旋风般的铁翼、鬃毛和闪光的眼睛充斥着炽热的云层。"几页之后，布尔热又提到"有翼的狼、格鲁德、鹰身女妖和斯廷法利怪鸟"。但是，如果我们追溯这些想象的存在的产生过程，就会很快意识到，创造它们的力是一种愤怒的叫声。这不是动物的呼噜，而是风暴的喊叫。**乌拉诺斯神**首先是愤怒的狂风发出的巨大声响。如果我们追溯它的宇宙学起源，就会看到这形成了一种关于叫声的宇宙学——也就是说，一个通过叫声汇聚着存在的宇宙。叫声既是首要的动词现实，也是首要的宇宙起源现实。

我们可以找到这样的例子：梦想在一种嗓音或叫声中形成形象。"风的呼啸"给人带来的不安体验，解释了"有翼的毒蛇"这一常见形象的含义。维克多·雨果简洁地写道："风就像一条毒蛇。"在许多国家的民间传说中，都可以看到风与蛇的形象之间的混杂。格里奥勒（Griaule）说，在阿比西尼亚，人们禁止在晚上吹口哨，"因为那样可能会引来蛇和恶魔"。[1] 恶魔与蛇是以同样的方式被召唤的，这一事实本身就迫使我们将宇宙的共鸣加入禁忌之中。如果我们将阿比西尼亚的禁令与以下禁令结合起来，就会更容易看到这一点：在雅库特人中，人们规定不得"在山里吹口哨，打扰风的睡眠"。同样地，"卡纳克人规定能否吹口哨取决于一年中需求信风的时间"。[2] 这些传说将我们带到了想象活动的核心，我们可以提出如下的公理：只要有一种上升到宇宙层面的趋势，就会有想象力的活动。价值化的形象并不是在日常生活的细节中形成的。原始人对世界的恐惧超出对事物的恐惧。宇宙恐惧可能会附属地集中在某个特定对象上，但是恐惧则主要

---

[1] Griaule, *Jeux et divertissements abyssins*, p. 21.
[2] André Scheffner, *Origine des instruments de musique*, p. 233.

存在于充满不安的宇宙之中，它先于任何特定的对象。是狂风的呼啸让梦想者和倾听者颤栗……白天，阿比西尼亚人会吹口哨。白天驱散了黑夜的恐惧，让毒蛇和恶魔丧失了力量。

在这种情况下，如果我们要对叫声进行一种现象学研究，就必须遵循想象力的层级结构，从风暴的现象学开始，随后再试图将其与动物叫声的现象学进行比较研究。此外，动物叫声的静滞特征或许会让我们惊讶。声音想象力几乎只聆听伟大的自然之声。这样，我们可以从细节本身加以证明，风的呼喊处于一种叫声现象学的最初阶段。风在野兽之前以某种方式呼号，风之猎犬在狗之前咆哮，雷声在熊之前嚎叫。像威廉·布莱克这样伟大而清醒的梦想者没有说错：

> 号叫、狂吠、呼啸与咆哮，
> 是拍打在天堂海岸上的波浪。

（《天真的预言》）

同样地，拉佛格也听到了"风中所有女武神的怒吼"。[1]维克多·雨果笔下的精灵是"倾听者"的"幻象"。

在许多诗歌中，风暴都是一种首要的力和声音。如果没有风暴的生命，莪相（Ossian）的作品会变成什么样子？难道不正是通过与风暴的共情，莪相的吟唱才会获得如此鲜活的灵魂吗？

用我们所有的感官来清醒地聆听风暴，这同时也是——或者说反过来，是在恐惧与愤怒中与一个发狂的宇宙进行交流。在关于德介朗的论述中，德卡奥尔（M. E. Decahors）注意到了这种奇怪的态度，他指出，在这种态度中，面对风暴，我们的想象力唤醒了它所惧怕的那种戏剧性，"在其中，灵魂与大自然彼此相对，上升至最高点"。在这种简单的对峙中，即使是像德介朗那般温和的存在者也能

---

[1] Jules Laforgue, *Œuvres complètes*, t. II, p. 152.

体会到一种创造之怒的印象："当我在怒意中品尝到这种幸福时，可以把我（几乎疯狂）的想法比作两个世界之间的地平线上闪烁的火光。"① 这是一种极富空气性的愤怒，它不会摧毁任何大地的事物，但不需要任何被激怒的理由，就能让一个存在者的内心深处颤栗。

在爱伦·坡题为《静》(Silence) 的阴郁遐想中，可以察觉到一种怨恨，它不像薛西斯情结一样针对的是水，而是针对空气。我们可以称之为**"空气的薛西斯"**："于是我用骚动的咒语诅咒风雨雷电，一场可怕的暴风雨开始在从来没有过风的天空上聚集。来势汹汹的暴风雨遮天蔽日……"②

在坡的故事中，暴风雨的诅咒很快就被寂静的诅咒所替代，而这种辩证关系恰恰表明了空气的梦想者希望成为风暴的主宰者。他向风发号施令，将它们投掷出去，又重新收回来。在爱伦·坡的作品中，喧嚣与寂静是权力意志的两种典型形式。

二

风在每个阶段都有其自己的心理学。它会兴奋，也会气馁；会喊叫，也会抱怨。风从狂暴走向哀愁。与压抑的忧郁截然不同，莽撞而无用的风带给形象的是一种焦虑的忧郁。邓南遮指出了这种细微的区别："风就像是对不再之物的遗憾，对还未成形之物的不安，它满载着回忆和预兆，由残破的灵魂和无用的羽翼构成。"③

在圣波尔·鲁 (Saint-Pol Roux) 写的《风之谜》(*Mystère du Vent*) 中，我们可以找到同样激烈而痛苦的生命印象。④ 在一种因准

---

① Maurice de Guérin, *Morceaux choisis*, p. 247.
② 爱伦·坡：《爱伦·坡暗黑故事全集》，曹明伦译，湖南文艺出版社 2013 年版，第 132—133 页。
③ Gabriel d'Annunzio, *Contemplation de la Mort*, trad., p. 116.
④ Saint-Pol Roux, *La Rose et les épines du chemin*, p. 111.

备不当而显得极端的宇宙性中，诗人让风从大地的梦想中诞生："当未来的欲望或记忆的悔恨，从这个巨大的头颅——地球的某个部分苏醒时，风就会升起。"随后，诗人唤醒了风中的各种不和，仿佛地球的梦想正是被对立的风所激活："空间由分散的灵魂所组成，它们以可预料或必然的方式从质料中流放出来，在其中，不同的运动激发了树枝、风帆和云朵。"对于这位布列塔尼的诗人来说，空气的每一缕气息都被赋予了活力，它们是曾生活过的空气之碎片，是一种可以包裹灵魂的空气组织。另一位布列塔尼的诗人让自己的诗奇妙地聚合了各种诗意的印象，他写道：[①]

> 有人，
> 在风中。

圣波尔·鲁的诗歌延续了对记忆与生存意志的遐想：

> 这些已经过去或即将到来的灵魂，即将成为或重新成为理论家——他们将自己的潜能用于激发过往或未来生活的喜乐，他们是寻找可把握的价值的非人；随后，他们骑着马，在冲突中超越自身，他们雄心勃勃的肉体被撕裂，粉身碎骨；他们在令人眩晕的急迫中爬上高山，深入巨谷。
>
> 是风在吹。

三

圣波尔·鲁的描述无疑有着象征主义的缺陷，即形象过多。但

---

① Eugène Guillévic, *Terraqué*, p. 71.

是它背后的梦想是真诚的，在一种狂暴之风的泛灵论意义上，风是分裂、急迫且震荡的，正是它在风暴中创造了众多存在。诗人似乎无意识地在他的诗中重新发现了许多传说所具有的梦境核心。事实上，在它单一的运动中，有着**地狱的追逐**、无形和狂暴的驰骋、毫不柔和且无法止息的主题。如果说这类主题能够以自然而然的方式施加于人，那只是因为它们是一种天生的遐想，而非一种传统。我想将它作为一个例子说明**自然传说**的观念是如何形成的；它是一种关于呼啸之风的**自然传说**，风有千百种声音，其中有悲冤声，也有挑衅声。颜色和形式的添加没有任何法则。关于地狱追逐的传说并不是有形的，它是关于风的传说。梅内谢（Ménéchet）提到过一个威尔士传说："地狱猎犬有时也被称为天空猎犬……人们经常听到它们在空中追逐……有人说这些动物通体白色，有着红色耳朵；但也有人说它们是黑色的。也许它们像变色龙一样，从空气中获得滋养。"①

此外，科兰·德普朗西（Colin de Plancy）提到了阿拉伯人关于创造马的传说："当上帝决定创造马的时候，他召唤来南风，对它说：'我想从你的肚子里创造出一个新的生物，通过抛弃多余的流动性来让你的身体更加紧实。'南风服从了，于是上帝拿起一把这种元素，在上面吹了一口气，马就出现了。"② 在其他许多描述中，我们都能看到风之马的形象，它们与其说是属于风景的，不如说在根本上是属于梦境的。可见，具有创造性的并非形式特征，而是动态特征。因此，关于施瓦茨（Schwartz）所说的逐云（*Wolkenjagd*）的景观，有人可能会认为云的景象是一些灵感的形式。但是如果更仔细地阅读，人们就会发现，是风暴的动态性、追逐飓风（*Gewitterjagd*）激

---

① 引自 Colin de Plancy, *Dictionnaire infernal*. Art. *Chien*。
② 莎士比亚《亨利五世》中的太子是这样论论他的骏马的："我一骑上它，如鹰腾空而飞；它落地时，蹄下之声美胜赫耳墨斯的笛音……它是纯粹的风与火，身上根本没有钝浊的元素土与水，除了静身不动让骑手登鞍之时。"四元素因而是"解释"想象中的马的必要条件。（第三幕，第七场）

发了梦想者的灵感。① 施瓦茨也描述了其他许多种搏斗的狂风形象。这种奇异的搏斗往往表现为**无对象**的激烈行动。同时我们看到，像自然主义的神话一样，② 它也可以被视为黑夜与光明之间斗争的插曲，云反抗天空的斗争因而被视作巨人反抗奥林匹亚神的战斗。

盖哈特·霍普特曼也尝试将危险的云和风的呼声综合起来："黑暗精灵们聚集在一起，准备进行疯狂的狩猎。不一会儿，就听见狼群的吠声响起。迷雾的巨人正在晴空中建造着阴云的堡垒，其中有着可怕的塔楼和城墙。它们正慢慢靠近你的山，想要将你粉碎。"③

施瓦茨将"蛇发女猎人"的形象与地狱的追逐联系了起来。从他对复仇三女神厄里倪厄斯（Érynnies）这个概念的"想象"分析中就可以看出这种关联，这类分析必须在形象的形成之初，当它还只有一个简单轮廓时就进行捕捉——当然，还要摆脱所有传统教益的束缚——此时流淌的愤怒还只是一阵狂风。它在追逐什么？风在追逐什么？对于一种愤怒的纯粹动态想象而言，这个问题毫无意义。一位作家借俄瑞斯威斯（Oreste）之口说："你看不见它们……但我看得见……它们在追逐我。"就像地狱的狩猎一样，厄里倪厄斯将追逐与被追逐结合在一起。这种借助首要的动态形象实现的综合有着深远的意义，它似乎能够将内疚与仇恨合为一体。风之不幸是如此广大。

四

风的矛盾性是温和与暴力、纯洁与谵妄的矛盾，还有谁会比雪莱更能让我们重温这种矛盾性呢？它有着毁灭生命和保存生命的双

---

① 参见 F. L. W. Schwartz, *Wolken and Wind, Blitz und Donner*, Berlin, 1879, pp. 52—153。

② 参见 Charles Ploix, *Le surnaturel dans les contes populaires*, 1891, p. 41。

③ Gerhardt Hauptmann, *La cloche engloutie*, trad., p.174.

第十一章　风

重狂热：①

你是秋的呼吸，啊，奔放的西风；
……
你周流上下四方，奔放的精灵，
是破坏者，又是保护者；听呀，听！
……
如果能回返童年时代，
常陪伴着你在太空任意飘飞，
以为要比你更神速也非幻想；
那我就不致处此窘迫的境地，

向你苦苦求告：啊，快使我高扬，
像一片树叶、一朵云、一阵浪涛！
我碰上人生的荆棘，鲜血直淌！
时光的重负困住我，把我压倒，
我太像你了：难驯、迅速而骄傲。

把我当做你的琴，当做那树丛，
纵使我的叶子凋落又有何妨？
你怒吼咆哮的雄浑交响乐中，
将有树林和我的深沉的歌唱，
我们将唱出秋声，婉转而忧愁。
精灵呀，让我变成你，猛烈、刚强！

[雪莱，《西风颂》(*Ode au vent d'Ouest*)]

---

① 雪莱：《雪莱抒情诗选》，杨熙龄译，商务印书馆 2011 年版，第 86—90 页。

在皮埃尔·盖冈（Pierre Guéguen）的诗《论山》（*Sur la montagne*）
中，我们同样可以找到这种风的生命力：

> 凶猛的西风用它那火热的手指
> 抚摸着我。
> 它把嘴贴到我嘴边，
> 向我呼出它粗鲁的灵魂。

卡扎米安在评论《西风颂》时指出，在雪莱的诗中，"在伟大的
自然力和人类生命之间的深刻联系中，存在着一种奇妙的直观。"舍
弗龙说："处于运动中的灵魂，这就是雪莱隐约察觉到的。"[①] 但是，
在诗人的灵感中焕新的世界灵魂有着深刻的个体性。这阵风狂野而
纯净。它毁灭，又重生。诗人追随着宇宙呼吸的生命。在西风中，
他呼吸着海洋的灵魂，一个未被玷污的大地的灵魂。生命是如此伟
大，以至于秋天本身就是一个未来。

还需要注意的是，对于想象力而言，风的起源比它的目的更重
要。勒内·维维安（Renée Vivien）的散文诗《四风》（*Les quatre
Vents*）有时会让理性主义者欣喜，他会讶异于其中北风对梦想者
说的话："让我将你带往雪地"，而南风则会说："让我将你带向蓝
天！"[②] 理性主义者认为，西风应该有助于我们的东方之旅。但是，
梦想蔑视这种智识的"方位"；它赋予了北风——风之王玻瑞阿斯
（Borée）以超越极北乐土（hyper boréen）的所有力量。同样地，南
风也带给我们关于太阳之国的诱惑，以及对永恒春天的怀念。

爱着风的灵魂会被风赋予活力，它们来自天空的四方。对于许
多梦想者来说，四方位的基点是四风的故乡。在许多方面，四风都
是代表宇宙的"四"的基础，它们传递着冷与热、干与湿的双重辩

---

① André Chevrillion, *Étude de la Nature dans la poésie de Shelley*, p. 111.
② Renée Vivien, *Poèmes en prose*, p. 7.

证关系。诗人本能地重新发现了这种动态且原初的方位：

> 南，西，东，北，
> 用它们金色的手掌和冰冷的拳头，
> 抵抗着经过的风。

> （维尔哈伦，《风之颂》*À la gloire du Vent*）

在佛兰德平原上，维尔哈伦（Verhaeren）切实体验到了各种空气之气息的活力：

> 如果我爱着，憧憬着，
> 疯狂地歌颂风，
> 将它流动鲜活的酒
> 一饮而尽，
> 那是因为它让我的整个存在生长，
> 在通过肺部和毛孔
> 深入我体内的血液之前，
> 它已经用粗暴的力和深沉的温柔，
> 以广阔的方式拥抱了这个世界。

如果我们能在写下这首诗时的能量氛围中阅读它，就会很快意识到这是一种真正的呼吸，因此可以将它作为我们下一章将讨论的呼吸诗的例子。如果将它和其他同样优美、但属于听觉的诗歌相比较，会更容易感受到其中呼吸的行为，例如象征主义诗人维勒-格里芬（Vielé-Griffin）在《维兰德的羽翼传说》（*La légende ailée de Wieland*）中的诗句：[1]

---

[1]　Viellé-Griffin, *La légende ailée de Wieland*, 1900, p. 74.

他在听：风在吹；他在听：

风在吹，哭泣着，呻吟着，

如同号角，呜咽着消失，

在远方，

或如此近！

一支箭在我耳边呼啸……

五

要想研究诗人笔下的动态印象的各种细节，就必须特别重视一种关于前额的心理学。我们注意到，前额能对哪怕是最轻微的气息都有感应，它有着对风的最初印象。皮埃尔·维莱（Pierre Villey）将其与盲人的"障碍感"联系起来：盲人"通常会通过'对于脸庞而言是水平的对象'，在前额或太阳穴上定位空气中传送来的感觉"。[①] 许多对盲人的研究都说明了这一事实，狄德罗在《盲人书简》（*Lettre de Diderot sur les aveugles*）中也提到了这一点。一个人只需要把玩一把扇子，就能意识到前额所具有的这种极端敏感性，这是我们在日常生活中通常忽略的。

那些歌颂春天的微风和气息的诗人有时会带给我们这种吸引力：

我们孤身一人，独自走在梦中。

她和我，发丝和思绪在风中。

[魏尔伦，《永不复返》（*Nevermore*）]

---

① Pierre Villey, *Le monde des aveugles*, p. 84.

当然，风越大，关于前额的诗歌中的动态要素就显得越清晰。正如雪莱所说，当风"吹来了健康和新生，吹来了年轻勇敢的喜悦"时，前额似乎也变得高傲起来。在脸庞上的光晕不再来自光线，而是来自能量。面对困难，这并不意味着倔强地与大地上的劳作抗争，也不是在逆风曲折航行；它意味着真正地迎向风，挑战它的力量。宇宙中所有伟大的力量都能激发不同形式的勇气，它们决定了自己的隐喻。

因此，当诗歌能够通过一种自然的颠倒，将面庞与前额赋予风的时候，这也就不足为奇了：

> 风露出了前额，
> 如同森林中的一道曙光。

> [维尔哈伦,《风》(*Le Vent*)]

六

风和气息的关系值得长期研究，在其中我们将重新发现印度思想中的一种空气生理学的重要性。正如人们所知，呼吸训练具有一种道德价值。它们是让人和宇宙产生联系的真正仪式。风代表世界，呼吸则代表人类，它们展现了"无限之物的扩张"，将我们的内心带向远方，并参与到各种宇宙之力当中。在《歌者奥义书》(*Chandoya Upanishad*) 中，我们读到："火随风离去，太阳也随风离去，月亮也随风离去。因此，风吸纳着万物……当人陷入睡眠时，他的声音会随着呼吸离去，视觉、听觉和思维也一样。因此人的呼吸也吸纳着万物。"

只有通过这种内在的方式体验到呼吸与风的关系，我们才能真正准备好呼吸训练的有益综合。追求肺活量的增加只代表了一种缺乏内在深度的健康学，它让我们丧失了一种作用于无意识生命的、更有益的行动。呼吸的宇宙性是最稳定的无意识价值化的规范基础。保持一种宇宙性的参与，存在者就能获得一切。

此外，去详细了解呼吸心理学和上升心理学实践中的那些想象力综合也十分有趣。例如通过想象力，我们可以将高度、光线和纯净空气中的气息以动态的方式联结起来。在攀高的过程中，我们不仅更透彻地呼吸，不仅直接呼吸着空气，而且还呼吸着光线，并参与到山顶的气息中——正是在那里，各种印象和形象不断交换着它们的价值并彼此支持。一位炼金术士会以这样的方式讨论星辰中诞生的黄金："它是一种火成实体，是太阳微粒的持续流溢所形成的；由于太阳和恒星的运动，它们处于不断流动的状态中，充满了整个宇宙。在广阔的天空、地上和地下，一切事物中都充满了它们。我们不断呼吸着这种星辰的黄金，它的太阳粒子不断进入我们的机体，又被我们呼出。"[1] 在这些形象中，我们体验到了带香味的气息和风。它们是在**和煦的风**之遐想中形成的。

关于气息、高度与光线的综合，我们也能在一位年轻医生的工作和论述中找到一些有价值的评论，一种完整的空气心理学有必要考察这些著作。[2] 在本书中，我们处理的仅仅是空气想象力，并且限定在关于空气的文学隐喻研究中。对于我来说，指出这些隐喻中有着一种质料性生命的深刻根基就足够了。好的隐喻通常与空气、高度、光线、强大且温和的风，以及纯洁且有力的气息相关联，正是这种综合为整个存在赋予了活力。在下一章中，我们会继续考察空气想象力的这一方面。

---

[1] «Entretiens d'Eudoxe et de Pyrophile». *Apud* Bibliothèque des philosophes chimiques, Paris, 1741, t. III, p. 231.

[2] Francis Lefébure, *La respiration rythmique et la concentration mentale. en éducation physique, enthérapeutique et en psychiatrie*, Alger, 1942.

第十二章　沉默之言 [①]

> 呼吸是节奏的摇篮。
>
> ——金普伯格,《里尔克：一份证言》

一

凭借其简单、自然和原初的形式, 诗歌远离了任何美学或形而上学追求。诗歌是一种欢乐的气息, 一种呼吸中的清晰幸福。在成为隐喻**之前, 诗歌的气息**就已经是一种现实, 如果追随**空气的质料想象力**的教益, 我们就能在诗歌的生命中寻找到它。如果进一步观察**诗歌的丰富性**, 关注言说之幸福的各种形式：温和的、迅速的；呼喊、低语或是歌颂……我们就会发现诗歌的呼吸具有惊人的多元性。无论是在强力还是温和中, 无论是在愤怒还是平和的诗歌中, 我们都能看见一种气息的计划经济学, 一种关于言说的空气的幸福

---

① 这一章开头的讨论最早发表于《讯息》(*Message*, 1942) 集刊的"沉默训练"(*Exercice du silence*) 这一期。

管理学——这样的诗歌才是**呼吸得好的**；至少这些诗歌才有着好的呼吸动态机制。

有些语词几乎不发音，但却能平息我们内心的骚动。如果诗歌知道如何将这些语词与空气的事实相结合，那么它有时就是最好的镇静剂。激烈的英雄主义诗歌也可以让人屏住呼吸，它为简短的声音赋予了振动的绵延，为过度的力赋予了连续性；诗歌中流淌着一种勇气的质料，一种滋养的空气。所有的诗歌——不仅包括清晰发声的诗歌，也包括那些默读的诗歌，正如我们稍后将指出的那样，——都依赖于一种气息的原初经济学。再多变的想象力类型——无论它们属于气、水、火还是土，只要是从遐想到诗歌，都会因某种工具的必要性而参与到空气想象力中。人类是一根"声响的管道"，一支"言说的苇草"。

二

我们的指引者——夏尔·诺迪埃曾好几次想要在历史知识的边缘建立一种基于发声器官的词源学。这是一种非常现代的词源学，它让我们能够主动掌握自己口中的发音运动。这种在行动中的语音学通过它的个体发生学重现了书本中所说的系统发生学。在《法语字典评论》(*Examen critique des Dictionnaires de la langue française*, 1828）中，诺迪埃提出了一个"创造性多于可靠性"的想法，他试图为"灵魂"(âme) 这个语词寻找一种想象的词源学。为此，他试图找到"灵魂"这个词的"拟态"(mimologisme)，也就是说通过模仿**言说时的面部**来确定整个口腔和呼吸所需要达到的状态。[1] 通过**"灵魂"**这个例子，我们可以看到一种模拟的词源学如何产生一种**发**

---

[1] 夏尔·诺迪埃无疑已经不再拥有一个世纪以前他的思想与性情所赋予他的威望。自19 世纪 50 年代起，他的"拟态"理论就被认为是一种"矛盾且神秘的思想"。（参见 F. Génin, *Récréations philologiques*, 1856, t. I, p. 10。）但是这种矛盾并不应该影响对诗歌想象力的心理学研究。

声姿势的深度价值化，一种空气的价值化。

按照学者的观点，"灵魂"这个词是拉丁文"阿尼玛"（anima）的缩写，它由发音不严而形成——这在许多方面也决定了语音的进化。我们通过"呼吸"体验这个词，例如我们发誓要"全心全意地"（de toute notre âme）去爱，要爱到"最后一口气"（jusqu'à notre dernier souffle）。在我看来，这就是一种**完整的呼吸拟态**。如果我们带着空气的充盈、带着对想象性生命的信念，发出"灵魂"这个词，在它与呼吸融为一体的那个时刻，我们将会明白，这个词只有在呼吸结束的时候才具有了确切的音值。为了表达想象深处的"灵魂"这一语词，必须耗尽所有的气息。这是一个罕见的、可以促使呼吸完成的语词，纯粹的空气想象总是希望这个词出现在结尾。在这种气息的想象性生命中，灵魂总是我们**最后的呼吸**，正是这一点灵魂汇入了宇宙的灵魂。

为了更好地感受它，我们可以尝试让自己全然处于寂静中——只听得见呼吸的声音——空气如同我们的气息——在其中没有任何其他杂音，只有轻盈的呼吸——想象在我们的气息中形成的语词……当这种呼吸的灵魂离开我们时，我们听见它言说自己的名字——"âme"。"â"是一个叹息的元音，"灵魂"这个语词给它加上了一些声音的实体，一些流动的质料，给最后的呼吸赋予了某种现实性……

要想更好地理解拟态学赋予灵魂这一词的极端呼气的位置，我们可以进一步感受**生命**（vie）和**灵魂**（âme）这两个词之间的呼吸辩证法。

为此，让我们再次尝试将我们的耳朵——梦想之耳，与那内在的、未成形的声音协调起来——那是一种完全属于空气的声音，一旦震动声带，它就会减轻；它只需要气息便能言说。在这种对空气想象力的全然臣服中，在我们思考这两个语词——**生命**与**灵魂**之前，我们已然听见了**气息自身**发出的声音：生命在吸气，而灵魂在呼气。

生命是一个吸气的语词，而灵魂则是一个呼气的语词。

在强烈的空气想象力之迷醉中，在它的宇宙角色中，人们能够找到生命与灵魂这两个词的双重拟态学，它们构成了**呼吸训练**的想象力主题。我们吸入的并不是无名的空气，而是生命的语词——我们在广大的胸腔中赢获它们；而灵魂这一语词则让人轻柔地将它们还给宇宙。呼吸训练远不是在某种健康学监督下的机械步骤，而是一种宇宙生命的功能。白天通过"生命-灵魂、生命-灵魂、生命-灵魂……"的呼吸而被节奏化，这是一种宇宙的白天。真正的空气性存在生活在这种运作良好的宇宙中。从宇宙到呼吸者，都是构成性的健康与被构成的健康之间的关系。好的空气形象让我们获得了活力。

现在，如果将想象的优先性置于现实之上，我们就能更好地理解诺迪埃的拟态语音学中的各种细节了。关于"灵魂"这个词，诺迪埃写道："在这一词的形成过程中，嘴唇几乎没有张开，它们刚让气息逸出便又无力地合上。"那么"生命"这个词呢？它的拟态则完全相反：嘴唇"轻柔地分开，看起来像是在呼出空气"。

在我看来，我们可以让诺迪埃的这个悖论再进一步：如果我们沿着这一思路，就会看到生命-灵魂的节奏中，呼吸的嘴唇也可以保持不动。因此，真正言说的是气息，气息是存在之寂静的最初现象。通过倾听这寂静的、几乎不言说的气息，我们会明白它是如此不同于因寡言而嘴唇紧闭的沉默。一旦空气想象力苏醒，一种**封闭寂静**就结束了它的统治；随之而来的是呼吸的沉默，一种"开放寂静"的无限统治将开始……

三

如果将我们关于气息想象力的观点普遍化，就会在诗歌中产生一种完全不同于格律分析要求的灵气学（pneumatiques）要求。

更确切地说，这两种要求是互补的：格律分析被表达为一个数字（nombre），而诗的灵气学则表达为一个体积（volume）——诗应该同时具有数量和大小。它在被赋予生命力的同时体验到空气现实的扩张与收缩，一种加速和减速的声响运动。空气的质料将居留在一种语词形式中，它能够用轻盈的连贯性聚合诗中的各个数字，并用紧凑的节拍纠正那些不整齐的句子。

如果人们无视这种空气的质料、这种气息，一首诗可能就不完整；此外，空气的质料在一种纯粹的语音学考察中扮演的角色也不为人知：在那里，气息被加工——它被锤打、被轧制、被敲击、被推压、被移交，封锁在语词中。空气想象力要求一种更为原初的直观，它要求呼吸的事实，一种言说的空气的生命。无论我们是否察觉到，一种空气的质料流淌在所有诗行中；它不是一种质料化的时间，也不是鲜活的绵延。它与我们呼吸的空气有着同样具体的价值。诗是一种灵气学的现实，它必须服从于空气想象力。诗是呼吸之幸福的造物：

> 温和或暴戾的语词，联结着你
> ……
> 念出你的人更轻松地呼吸
>
> ［维尔哈伦，《动词》（*Le Verbe*）］

从其中可以看到瓦雷里的所有深刻思想的背景，他写道："读者们，诗歌是一种连续性，在其中我按照一种事先预备好了的法则呼吸；我给出的是自己的气息和声音机制，只有它们的力量才能与沉默融为一体。"[1] 我将说明，为了寻找到这种力量，我们必须将诗歌的法则转换成一种意志的法则。瓦雷里的诗歌揭示出一种强力，一种

---

① Paul Valéry, *Poésies, L'Amateur de Poèmes*, p. 64.

意志的至上权力。

四

事实上，在想象力至上的地方，现实就变得无足轻重了。我们可以将这一悖论推得更远：在沉默之言中，有一种空白的呼吸。以这种方式，我们尝试勾勒出一种言语形而上学的轮廓。

为此，我们需要在任何声音印象和视觉幻象被转译之前——总之，在各种来自表征和感受的驱力之前，先捕获住**言说的意志**。在意志的领域中，从一种意志到其现象的轨迹最短。如果在言语行动中把握意志，那么它就会无条件地显示其存在——这也是我们寻找诗歌的个体发生学之意义所在，必须寻找意志与想象这两种根本力量之间的联结线。正是在言说的意志中，我们可以说意志**意愿**着形象，或者说想象力**想象**着意愿——这里存在着一种赋序的语词和想象的语词之综合。通过言语，想象力得以赋序，而意志得以想象。

如果重新反思"**声音**"（vocal）较之于"**声响**"（sonore）的优先性问题，我们就会更清楚地看到这种形而上学方面的发展。所有这一切都回到了认识言说者的问题上，即体会受丰富神经支配的喉咙的印象。诗人帮助我们了解它："我们提醒读者，"克洛岱尔说，"让他们参与到我们的创造或**诗歌**行动中，在他精神的秘密之口中，我们对各种对象或感受进行说明，这既能让他的思想，也能让他的表达器官感到愉悦。"[1]

在被诗歌唤醒的喉咙中，我们能感受到上千种演化之力，上千种言说之力。这些力是如此亢奋、多样、焕新和突然，以至于人类总是不断地关注到它们。渴望言说的意志很难掩藏和伪装自己，它

---

[1] Paul Claudel, *Positions et Propositions*, I, p. 11.

总是急不可耐。那些传统准则、经典诗歌和我们所传授的修辞学摧毁了成千上万的言说之力，已建构的语言在我们的神经中形成了一个审查模式，它不断维持着让声带发生共振的僵化准则。但是，尽管有理性和语言，在我们让言说的想象力自由呼吸时，它依然能够提出新的动词形象。

然而我们还可以找到一些更激进、更接近纯粹意志的迹象，表明声音优先于声响。我们指的是这样一些人——那些知道如何以不言说的方式体验到**发声的乐趣**的人；那些在一种沉默的阅读中获得活力的人；还有那些在晨曦之际，从一首优美的诗歌中看见语词之微光的人。

根据诗歌对于默读的价值以及沉默之言的力量将它们进行初步分类，可以单独区分开那些不会引起发声疲劳，能产生未表达的语词梦想的诗歌。这些诗歌代表着动词的完善，在其中，语词的形式包含了属于空气质料的特定体积。在某种程度上，它们会超节奏化（surrythmés），因为它们受益于一种节奏的超现实主义，即它们可以直接从空气实体中获得节奏——一种气息质料的节奏。并不是耳朵在判断，而是**诗歌的意志**投射出彼此相连的音素。在这种投射中，所言之物显然先于所听之物，按照其原则，言语在被言说之前首先被意愿；因此，纯粹的诗歌先是在意志的领域中成形，随后才显现在感官秩序中。更何况诗歌远非一种表征的艺术，它诞生在存在的寂静与孤独之中，摆脱了听觉与视觉，因此在我看来，诗歌是人类审美意志的最初现象。

意愿和再意愿存在于根本的意志之中，它们是诗歌的发声价值的根源。通过与交织的神经联系在一起，它们为寂静的存在赋予了生命力。这些意愿与再意愿是最为敏锐且欢乐的动态价值，在存在的寂静与空无中，意志寻找到它们——这时它不再需要急着激活肌肉群，而是将自己托付给天真的言语之非理性。因此，我们第一次在声带上看到了一种美好的、独属于人类意志的现象表达，这种意志可以称之为

逻各斯意志。很快，这些逻各斯意志的最初现象便拥有了理性与言语、反思与表达的辩证法。此外，我们可以看到，**理性**与**言语**也可能倒退、融合成一种拘泥于文字的传统，它标志着思想和语言之停滞；同样地，两者也可能固执己见，彼此争执而僵化。我们可以通过回归寂静的原则来避免这类倒退与僵化：将反思的寂静与专注的寂静结合起来，恢复一种还在萌芽状态、最初、潜在且空白的言说的意志。寂静的理性与沉默之言似乎是人之生成中的首要因素。在一切行动之前，人类首先在自身存在的寂静中对自己言说——他需要去生成，去**自我证明**并**自我歌颂**他的生成。正是在这里，诗歌的意志发挥着作用。**意志的**诗歌必然关乎沉默者的坚韧和勇气。

五

在我看来，关于纯粹诗歌的讨论应该重新回到意志诗歌的起源问题上来——这种诗歌应该能直接与意志交流，并作为意志的必然表达。换句话说，我认为评价一首诗歌的纯粹性的方法并不是看它的结果，而是看它最初的冲力——在它作为一种诗歌意志的时刻。温和、放松的诗歌当然是最为常见的，但是不应该将它们视为是意愿的空缺或否定；如果我们更仔细地观察，就会发现：一种沉重的意志行动也意愿着某种温和。沉思与意志只在笼统的形式上对立，在广阔的诗歌灵魂中会体现出一种沉思的意志。

因此，与其说瓦雷里的诗歌中有一种**反复思考**的印记，不如说这是一种**反复意愿**的印记。只要我们愿意相信发声相较于听觉的优先性，就能够找到许多例子来证明这一点。以《海滨墓园》(*Cimetière marin*) 的前两节为例：[1]

---

[1] 瓦雷里：《瓦雷里诗歌全集》，葛雷、梁栋译，中国文学出版社 1996 年版，第138 页。

这片平静的屋顶上白色的鸽群在游荡，
在松林和荒冢间瑟缩闪光。
公正的中午将大海变成一片烈火，
大海总是从这里扬起长涛短浪！
放眼眺望这神圣的宁静，
该是对你沉思后多美的报偿！

要使这缤纷的电闪收敛需要怎样纯粹的劳动，
粼粼的浪花泛起宝石的微光千重，
怎样神奇的平静正在这里酝酿，
夕阳正在那深渊的上空倚下它疲倦的面庞，
这是不朽伟业的赫赫巨著，
时光正闪烁，梦思正圆通。

在这两小节中，不断累积的硬音"c"正是某种意志的现象，更准确地说，它们是一种平静意志的音素。它们在意愿，这比言说美丽得多。这些重复的硬音即是意愿与被意愿——在它们之中，意志想要自己的诗歌，想要全人类的平静意志。在一个仅限于听觉价值的诗歌宇宙中，正是它们决定了那些角度清晰的运动；在这个原初的声音宇宙中，这些音代表了美妙的气息因（causes de souffle），这是一种力量与平静并存的原因，它们被放入每行诗句的适当空间中，并为沉默之言赋予了活力；通过展现大量的诗歌**质料**，它们以一种惊人的方式固定了诗歌的体积。正是在这里，我们超越了格律分析的法则，并找到了言语的法则。这两小节能够以最清晰的方式证明，在诗句的发声中蕴藏着"大量的平静"。

结论一　文学形象

听见的旋律是悦耳，听不见的旋律
更甜美；风笛啊，你该继续吹奏；
不是对耳朵，而是对心灵奏出
无声的乐曲……
——济慈，《希腊古瓮颂》

一些音乐家在白纸上，在静止与沉默中创作。他们全神贯注，通过一种在空无中延展的目光，创作出某种视觉上的寂静；为了让一切喧嚣缄默，他们用一种寂静的目光抹除世界——他们**书写**着音乐。他们的嘴角严肃，血液的鼓声节奏也已经枯竭；生命等待着，和谐将会降临。随后，在创作的行动中，这些音乐家听见了自己所造之物的声音；他们不再身处回音或共振的世界，而是听见黑色的四分音符、八分音符和半音符的下降、颤抖、滑动和跳跃；对于他们而言，五线谱就是一把抽象的琴，它已然奏响。在白纸上，音乐家享受着意识的复调。在现实的听觉中，这些声音可能会缺失、弱化或被淹没，会有一些糟糕的混杂。但是作曲者有十只耳朵和一只手——这一只手握住笔，是为了联结和谐的宇宙；而十只耳朵，是十份注意力、十种节拍，它们倾听、延展、调节着交响乐的流动。

也有一些寂静的诗人，他们是沉默者，让整个宇宙的喧哗和雷鸣的爆裂声都安静下来。他们也会在书写的时候，在一种书面语的缓慢节拍中，听见它们所写之物的声音；他们并不誊抄诗，而是书写诗。让别人去"执行"在这张白纸上创作的东西，让别人在扬声器下"背诵"那些台词吧！他们只是品味着这张文学之页上的和谐，在其上，思想在言说，话语在思考。他们知道在吟诵和聆听之前，书写的节奏就已经确定了，诗人的笔会在中断之前停下，因为他拒绝无效的叠韵——他想要重复的是思想，而非声音。这种书写是如此温和，它同时激发了对深度的反思；从这些荒唐、支离而碎裂的时间中，我们感到多么如释重负！在所书之诗的缓慢中，动词寻回了它最初的运动细节。每个动词都回到了其自身行动的时间，而非其表达的时间。那些旋转的动词和投掷的动词不再在运动上相混淆。当一个形容词在它的实体——一首所书之诗，一个文学形象中繁荣，我们就能够以缓慢的方式体验到盛开的时间。因此，诗歌是寂静真正的最初现象，它在各种形象中体验着专注的寂静，在寂静的时间、不被任何事物敲击、挤压或指挥的时间中进行建构；它处于一种向所有精神性开放的时间——我们的自由时间之中。诗歌——一种时间性的美妙对象，它创造自身的节拍。波德莱尔梦想过一种时间模式的多元化："在我们之中，有谁不曾在他野心勃勃的日子里，梦想过一场诗歌和音乐的散文奇迹？它既无节奏，亦无韵律；如此灵动，如此强烈，融入灵魂的抒情运动和遐想的波动，融入意识的陡然跃动之中。"[①] 在其中，波德莱尔几乎表明了一种韵律的活力论应该具有的所有基本形态：它有着连续性、波动性和骤然的重音；但尤其是在一种复调中，**所书之诗**才超越了它的措辞。正是在书写中，在映射中，复调如同一个尾音的回声般被唤醒。真正的诗歌总是有着

---

　　① 　Baudelaire, *Petits poèmes en prose*, «Préface».

好几个音域：简洁的思想时而高于歌声，时而低于歌声。在复调中，至少可以找到三个可见的层面：语词、象征和思想，它们彼此协调。听觉并无法梦想到深处的形象，我一直认为，一位谦逊的读者品味诗歌的最好方式不是朗诵，而是抄写它们。手中的笔让我们有机会消除那些不公正的声响之优越性，让我们学会重新体验更为广大的整体性——在其中，梦想和意义（signification）是一个整体，梦想能够有时间找到自己的符号，缓慢地形成某种意义。

事实上，我们不应忘记诗歌形象的能指作用——在这里，符号并不是一种回想、一个记忆，也不是关于遥远过去的不可磨灭的印记。要配得上文学形象的称号，就必须具备一种原创性（originalité）。一个文学形象即是一种初生的意义；语词——尤其是那些陈旧的语词，从中获得了崭新的含义。但是这还不够：**文学形象**还必须从一种**崭新的梦境**中丰富自身。指称他物；以另一种方式梦想——这是文学形象的双重功能。诗歌并不会表现与自身完全陌异的事物；一种纯粹的诗歌教导虽然也能表现一些诗，但却不能发挥诗歌的真正功能。并不存在一种先于诗歌的动词行为的**诗**；也并不存在一种先于文学形象的现实。文学形象并不会给那些赤裸的形象披上外衣，也不会为沉默的形象赋予话语。想象在我们自身之内言说，是我们的梦想、我们的思想在言说。所有的人类活动都渴望着言说。当这种话语意识到了自身，人类活动开始渴望书写，这就意味着梦想和思想成为了行动者。想象力在文学形象中愉悦自身。因此，文学不是任何其他活动的替代品，它实现着人类的愿望。文学代表着想象力的**涌现**。

如果勉强用隐喻的方式来说，文学形象所发出的声响应该被称作**书写之声**。书写唤醒了一种抽象的耳朵，它能够捕获那些在书写过程中被唤醒的、心照不宣的声音；这些声音奠定了文学体裁的规范。通过一种以饱含柔情的方式写下的语言，某种投射的听觉做好了准备——在其中没有任何被动性。**能听的自然**（*Natura audiens*）

先于**被听的自然**（*Natura audita*）。笔在歌唱！如果我们接受了"能听的自然"这一观念，就会理解雅各·波墨的遐想意义："那么，听觉是如何让你听到那些发声与移动的事物的？你会说这种发声**来自**外部事物的声音吗？并非如此。必须有某种事物捕获到声音，但又**不同于**声音；它能区分出演奏和歌唱的声音……"更进一步说，书写者能够听见所写的动词——为人类而生的动词。

对于那些了解书写的遐想，知道如何完全在笔下的洪流中生活的人来说，现实是如此遥远！我们所说之物是如此迅速地被无意中所写之物替代——我们会感觉，正是书写的语言创造了自身的宇宙。一个由句子组成的宇宙被有序地放置在白纸上，它连贯的形象往往具有多变的法则，但想象力的伟大法则始终在其中运转。变革这个书写的宇宙，常常是为了让它更为鲜活，减少僵化；但这从不会消除想象的宇宙的功能。最具革命性的宣言总是来自新的文学**构成**——它们帮助我们改变宇宙，但同时又将我们庇护在一个想象的宇宙中。

此外，即便是在那些孤立的文学形象中，我们也能感觉到文学宇宙的功能在发挥作用，一个文学形象有时足以将我们带到另一个宇宙。正是在这方面，文学形象似乎是语言最具创造性的功能；语言的演化更多借助的是形象，而非语义的支持。在对炼金术的沉思中，波墨在爆炸后听见了"实体的声音"，这种爆炸摧毁了"涩味的炼狱"，"跨越了黑暗的阈限"。文学形象同样具有这种爆炸性，它让成形的句子突然迸射开来，中断了那些代代相传的谚语；在爆炸之后，我们听见的是那些名词的声音——它们离开了扎根的炼狱，跨越了黑暗之门，转化了自身的质料。总之，文学形象让语词开始运动，恢复了它们的想象功能。

与口头语相比，书面语更容易唤醒抽象的回声——在其中，思想和梦想彼此呼应。口头语耗费了我们太多精力，它需要大量的在场，并且我们无法完全掌控自身的缓慢。是文学形象让我们参与到无定且寂静的反思中，我们由此察觉到，一种深度的寂静已经融进了形象本身。如果要研究这种将寂静融入诗歌的方法，我们就不能将其简单视作一种在朗诵中的、关于停顿与爆发的线性辩证法。应该意识到，诗歌的寂静准则是一种隐蔽而秘密的思想：当思想巧妙地掩藏在形象之下，在黑暗中静待读者时，噪音被抑制，阅读便开始了。这是一种梦想的缓慢阅读。为了寻找一种掩藏在表达性的沉淀物之下的思想，发展出了一种关于寂静的地质学。在里尔克的作品中，我们能够找到许多这种关于文本深处之寂静的例子——在其中，诗人迫使读者去聆听思想，而不是感受性的噪音，也不是过往词汇的古老低语。正是在这种寂静中，我们明白了那种奇特的表达性气息，理解了自白（aveu）所具有的**生命冲力**。

> 年轻人，这并非就是你的爱，
> 尽管声音也从你的口中进出
> ——要学会忘记你所唱出的歌声。它在飘逝。
>
> 在真理中歌唱，是另一种气息。
> 一种一无所求的气息。一丝神灵的嘘气。一阵风。[①]
>
> （里尔克，《献给奥尔弗斯的十四行诗》）

通过这种方式，里尔克希望用一种飞行的生成意志来表现寂静的产生，并与过于丰富的质料决裂；他希望除了质料的丰富性之外，还能有更多升华、自由和流动——通过空气的梦想，所有的形象都在高处，自由且灵动。

事实上，那些最美的文学形象并不是一下子就能够被理解的，它们是在想象力的真实生成以及含义的丰富性中，一点点被揭示出

---

① 里尔克：《里尔克精选集》，绿原、冯至等译，李永平选编，北京燕山出版社2005年版，第194页。

来的——这一事实证明了一种推论（épilogisme）① 的可能性；这一点是我想强调的，因为它让文学形象承担了一种极为特殊的心理学功能。

作为一种致力于表达的意志，文学形象是一种具有特殊信念的心理现实，更准确地说，它是一种精神信念，一种拥有多层次的心灵。文学形象时而沉重，时而释放；它恢复了一种深度，或者暗示了一种提升——文学形象在天与地之间升降。它是复调的，因为它是多义的。如果意义过多，文学形象就可能落入"文字游戏"之列；但如果只局限于一种意义，它又可能沦为说教。真正的诗歌避免了上述这两种危险：它既享受，又教导。在其中，动词折射并回返，时间开始等待。真正的诗歌唤醒了一种不可战胜的、重读的欲望——你会立即感觉到第二遍比第一遍读出了更多的东西——与一种知性的阅读不同，这次的阅读比第一次更加缓慢，它是一场收集。人们永远无法真正完成对一首诗的梦想或思考；有时候在一行伟大的诗句中，我们发现它承载着如此多的痛苦或思想，以至于读者——一位孤独的读者，不禁喃喃道：那一天起，我再也不忍读下去了。

通过诗歌价值的内在运作，文学形象表明：对偶体的形成是一种规范且多产的语言活动。虽然这种新意义无法通过一种知识性的语言展现出来，但一种语言的可感受性足以表现出双重意义的现实。正是这些双重意义，甚至三重意义，在"感应"中彼此交流——如果我们能够跟随质料想象力的遐想，通过两到四种想象力元素来确定并延长各种印象，就能更好地建构这些对偶体、三联体和四联体。

我们可以顺带举一个文学形象的例子——爱伦·坡的一部小说，从中可以感受到诗歌三联体的活动。在其中，我们有机会停止阅读，

---

① 这里的"推论"（épilogisme）是一个文学术语。按照法语词典解释，指"从明显的事实引向隐藏的事实的推理"，即在不离开现象领域的条件下，允许从已观察到的内容过渡到未直接观察的内容上。——译注

但却从未停止梦想。

在《人群中的人》（*L'homme des foules*）中，爱伦·坡梦想着在黄昏时一座大城市中躁动的人群。随着夜幕降临，人群中的罪恶也在加深。在循规蹈矩的人们回家后，黑暗"从阴暗处带来各种罪恶"。白日中的邪恶随着夜色的深沉，一点点呈现出道德中罪恶的色调。煤气灯是人造的、不洁的，它"在所有的物体上投下一阵阵绚丽夺目的光亮"。随后，毫无预兆地出现了一种奇特的形象，一种多重转化被强行推到我们面前："所有一切都黑暗但又辉煌，就像一直被比喻为德尔图良风格的黑檀木。"①

在爱伦·坡的其他诗作中，也有对黑檀木这一形象的偏爱，它对于作家而言是一种忧郁的水——沉重且黑暗；在暮色中，我们会感受到它最初的质料性转化：曾是空气的它变成了夜晚的质料，变得坚硬且闪耀，在气体的邪恶折射中获得活力；这些最初的梦想刚刚成形，形象就已经消散了——梦想者仿佛是从一个晦暗的预言中想起了德尔图良的风格。在这里，出现了一个三联体：夜晚、黑檀木和风格。在更深处、更广阔的逸散中，空气变得阴暗——水或许是一块金属的木头；随后是一种书写的声音——一种严酷的声音；它在人群中移动、加强，如同一个黑暗的预言，带着不幸、错误和悔恨的意义……在这两行话中有如此多的梦想，有如此多想象性质料的交换！在慢慢沉浸在向他敞开的遐想世界中之后，读者的想象力不正是作为一种形象的纯粹流动性出现的吗？从那时起，一种暴力的缩影成为可能。是的，这种夜晚是黑色的，就像一种无情的风格；另一种夜晚则是黑暗且黏稠的，就像一种死亡的旋律。形象拥有风格，宇宙形象即文学风格。文学是一个有价值的世界，它所拥有的形象是原初的、言说的梦想形象，这些梦想生活在夜晚不变的狂热中，生活在**寂静**与**低语**之间。一种想象的生命——一种真实的

---

① 爱伦·坡：《爱伦·坡暗黑故事全集》，曹明伦译，湖南文艺出版社 2013 年版，第 156 页。

生命！它通过纯粹的文学形象获得活力。对于文学形象，我们应该借用米沃什的话：①

　　但这些事物的名字
　　既不是声音，也不是寂静。

　　一种只看到语言中内在经验的僵化的批评是多么不公平啊！相反，语言实际上总是比我们的思想更超前那么一点儿，比我们的爱更冲动一些——它是人类的冒失性所具备的奇妙功能，意志的兴奋吹嘘——它夸大了力量。在本书的研究中，我曾多次强调这种想象的夸张所具有的动态特点；没有这种夸张，生命就无法得到发展。在任何情况下，为了得到充足的（assez）事物，生命总是需要过度（trop）。因此，为了充分思想，必须有过度的想象；为了充分实现意志，必须去过度地想象。

---

　　①　O. V. de L. Milosz, *La confession de Lemuel*, p. 74.

结论二 运动哲学和动态哲学

在更精微的视觉下，你会看见一切运动之物。

——尼采，《权力意志》

一

在对概念哲学的革命中，柏格森主义主张将研究变化作为最紧要的形而上学任务之一。只有对变化的直接研究才能让我们了解具体的、鲜活的存在，让我们明白什么是性质的本质。用运动来解释变化，用振动来解释性质，这是将部分当作整体，将结果当作原因。如果形而上学想要解释运动，就必须检视那些内在变化本身即是其运动因的事物。柏格森已经指出，关于运动的科学研究首先采用的是空间参照的方法，这导致了各种运动现象的几何化，而未能真正触及运动所显现的生成力量；被客观检验的运动如同一个机械事实，只是一个不变的对象在空间中的传送。如果我们要研究那些为了改变而移动的存在——在其中运动是一种改变的意志，那么就应该意识到：对运动的客观和视觉上的研究——一种运动学（cinématique）研究，并没有准备好将运动的意志整合进其体验。柏格森经常表明，力学——更准确地说是经典力学，并不能带给我们比线性轨迹、静滞的线更多的现象，它总是在完成态中才被感知，而从未在情境化的展开中被真实体验过，因此我们也永远无法把握它的全部生产力。

当然，由于科学研究针对的是物理运动的特定角度，因此力学实现的抽象是完全合理的。但是如果我们想要研究那些真正生产了运动的存在，即那些运动真正的最初因，就会发现，用一种动态的生产哲学取代一种运动的描述哲学是有好处的。

我相信，这种替代也有助于我们体验动态想象力和质料想象力。在评论柏格森的作品时，热内·勒赛内（René Le Senne）曾指出，柏格森的作品从心理学走向了伦理学，从水的形象走向了火的形象；然而在我看来，还可以用其他从质料和动态角度出发的形象来阐发柏格森的思想。通过意志和想象力的主动体验，这些形象有助于支持柏格森的直观学说——这一学说通常只是提供了一种扩展认识的模式。另一方面，让人惊讶的是，这样一项宏大的事业中竟然没有提出关于想象和意志的问题。在我看来，由于柏格森主义中的形象并没有强烈依附于质料本身，因此它有时在许多方面依然作为一种运动性（cinématisme）而存在，而并不是总能够抵达其力量中的动态性。因此可以说，如果我们能够通过思考柏格森主义中各种形象的质料和动态，让它与自身的大量形象更紧密地联系起来，那么就能进一步丰富它。在这一视角下，形象将不再是简单的隐喻，形象的出现也不仅仅是为了弥补概念语言的不足；生命的形象与生命自身融为一体。只有通过形象的生产，我们才能更好地认识生命，想象因此成了沉思生命的最佳场所。此外，只需要一个语词，我们就能纠正看似过度的悖论——事实上我们可以说，所有生命的沉思都是一种精神性生命的沉思。一切立刻变得清晰起来：拥有绵延连续性的，是精神的推力；而生命只是在摇摆，它摇摆在需求和需求的满足之间。如果我们想要说明精神是如何绵延的，诉诸一种**想象中的直观**就足够了。

二

我们可以马上举例说明一种基于形象的批评，一种"想象的"批评。

为了解释绵延的动态价值，就必须将过去与未来统一起来；在柏格森主义中，推力和渴望（aspiration）是两种常见的动态形象。但是这两种形象真的彼此联系吗？在论述中，它们扮演的角色与其说是一种主动形象，不如说是形象化的概念。想象会抵制一种简单的辩证法，它会悄悄地将矛盾的事物联系起来。我希望借助里尔克的诗来进行说明：[1]

> 我们就是这般生活在一种很奇怪的困境里，
> 在远方的弓和太锋利的箭之间。
>
> （里尔克，《果园》）

弓——推动我们的过去，总是太遥远、古老而陈旧；而箭——吸引我们的未来，则过于易逝、独立而虚幻。意志需要构想的未来比这更丰富，需要的过去也更加有力。借用克洛岱尔喜欢用的双重含义来说，意志既是意图（dessein），又是构想（dessin）。在一种柏格森式的绵延中，确切地来说，过去和未来并没有很好地得到统一，因为当下的意图被低估了——过去在当下以意图的形式被等级化，一些确定已过时的回忆则被消除；另一方面，意图投射出一个已成型、被构想的未来。因此，在当下的瞬间，在它决定完成一个意图的时刻，绵延的存在就获得了一种真实的在场。过去不再只是一张

---

[1] 里尔克：《里尔克诗全集》（第四卷：法文诗全集），何家炜译，商务印书馆 2016 年版，第 51 页。

延展的弓，未来也不只是一支飞行的箭；因为在这一次，当下是推力与渴望的总和。由此，我们理解了伟大的诗人霍夫曼斯塔尔的论断："瞬间中，一切皆具：看法与行动。"①这是一个精妙的思想，它向我们充分展现了意愿中的人类：正是人类，既参照他自身的过去，也借鉴其同胞的智慧；他收集个体的思想和他人的看法，将一种多形态的精神投入审慎选择的行动中。

面对这种复杂性，如果我们局限在共同生活、互相支持的生命所表现出的动态形象之中，过于依赖那些联结稳固的形象，就可能无法真正让推力与渴望合为一体。但是，为了描绘一种占据了我们整个存在的绵延，为什么不利用那些独立的形象呢？我们梦想着通过一种源于自身内在的运动来占据整个存在——空气想象力所提供的梦中飞行体验就是这样一种形象。为什么不诉诸它呢？为什么不去体验一下它的各种主题与变化呢？

有人可能会反对说，我们展现的只是一种极为特殊的形象。他们认为，鸟类的飞行也能满足我们对形象的思考愿望，因为这种飞行同样通过一种冲力驱动整个鸟儿，鸟类也是自身飞行轨迹的主人。但对我们而言，这些蓝天上的飞行线条和黑板上抽象的粉笔线条相比又有什么不同呢？在我看来，这些线条依然保留着不足的印记：它们是视觉性的，它们仅仅是一种构想，而无法体验到意志。无论我们怎么寻找，都只有梦中的飞行能让我们整体地建构自己的流动性、意识到自身的统一性，并体验到这种内部流动的整全性。②

---

① Hugo von Hofmannsthal, *La femme sans ombre*, trad., p. 189.

② 这或许是一个有趣的例子：一位诗人为了创造**生命冲力**的动态形象，试图将滑翔、滑雪、飞行和跳跃的经验与孩子的遐想统一起来。弗朗西斯·雅姆想了如下场景：

> 一位单身旅客正在散步，经过了离她很近的地方，然后站了很长时间，看着一直在农场外面啄食的鸡。她并不太了解这位绅士，只知道他的名字叫做亨利·柏格森，他说话很温和，而且常把手紧紧地插在大衣口袋里。她听见过他向父亲询问关于飞机机械方面的问题。这位飞行高手和这位哲学家曾探讨过一位杂技演员——她在梅多纳诺时非常崇拜的一位演员——如何做出危险的两周后空翻的问题。
>
> "我想知道"，柏格森先生说，"如果有足够的权力意志，那么人类是否可以不借助羽翼就能飞行。"玛丽-伊丽莎白在心里笑了，因为她知道如何借助滑具在雪中滑翔，并攀登向上。

（ *La légende de l'aile ou Marie-Élisabeth*, p. 61. ）

三

因此，在我看来，在活生生的绵延形象中，我们需要沉思的根本问题在于：如何将存在者建构成既是被动的又是能动的，既是流动者又是驱动者，既是推力又是渴望？[1]

正是在这里，我们重新回到了本书中一直明确想要捍卫的论点：为了像流动者一样，将自己建构成一种生成与存在的综合，必须认识到在自身之中有一种减轻（allégement）的直接印象；在减轻的变化中、在一种参与存在的运动中自我驱动，这已经是一种运动者的自我转化。为了感受到我们是生成的自主创造者，需要大量收集想象。要做到这一点，最好的方法是意识到一种内在的力量，它允许我们改变大量的想象，将它们转变成适应当下绵延的生成质料。更广义地说，我们能够将沉重的铅或轻盈的空气注入自身，建构一种如同坠落或冲力的流动性。通过这种方式，我们为自己的绵延赋予了实体——它处于两种差异极大的绵延之间：一种让人低落，一种让人振奋。而且，如果没有完成内在的减轻工作，我们就不可能体

---

[1] 正是借助这种能动与被动运动的综合，圣埃克絮佩里在起飞过程中实现了一种**飞机与飞行员**的**统一**，他这样描述一架水上飞机的起飞：

> 飞行员在飞出去的那一瞬间，接触到的就是水，是空气。当发动机旋转后，飞机已经在海面上滑行，激浪拍打在机壳上发出巨大的声响。飞行员扭动腰身，继续着自己的工作。随着这架水上飞机速度的增加，飞行员慢慢感觉到这架飞机的力量。他感觉到这 15 吨重的金属已经准备完毕，可以展翅高飞了。飞行员双手抓住操纵杆，他的掌心渐渐感觉到一种天赐的力量。随后他接受了这种力量，操纵杆的金属部件就成了他力量的使者。力量充足时，飞行员便以一个比摘果子还要灵活的动作，使飞机掠水而起，飞腾在天空中。

（圣埃克絮佩里，《风沙星辰》）

需要强调的是，飞行员熟练的飞行**参与**离不开**动态想象力**。而乘客则很少感受到这一点。他们无法体会到飞行员如何主动在十五吨重的质料上，通过动态性来做好一种轻盈的准备。飞行的主人在一种动态的迷醉中，与他的机器融为一体，他实现了一种能动运动和被动运动的综合。由此我们也可以更好地理解柏格森式的直观运动，想象力为它带来了各种形象。参见 d'Annunzio, *Forse che si, forse che no*, trad., pp. 102—103。

验到冲力的直观。思考力而不思考质料，这是受到了分析崇拜的不利影响；正是力在我们身上的行动，使我们能够意识到自身的内在转变。

当诗人歌唱自己变成了空气的存在时，这并不是一种错觉：

——我，这躯体自身是如此鲜活而轻盈

……

在我的骨子里有某种秘密的气体，

使我如鸟儿般轻盈。

[盖冈，《自我感知》(*Sensation de soi*)]

主动的沉思，沉思的行动，这必然与我们自身存在的想象力质料有关。意识变成一种力，将我们的存在置于一口坩埚中。在其中，我们是一种结晶或升华的实体，或是坠落，或是上升；或是变得丰富，或是更加轻盈；我们既聚集，又挥发。因此，如果关注一下沉思者的实体，就会发现这种动态的**我思**（*cogito*）遵循着两个方向：我们的存在既追寻丰富，亦追寻自由。所有的价值化都应该考虑到这种辩证法。为了衡量其他存在的价值，我们首先需要为自身的存在赋予一个价值——这就是称量者的形象在尼采哲学中如此重要的原因。"我**思考**（pense），故我**称量**（pèse）"——两者之间有极深刻的词源学联系并非巧合。重量的我思是首要的动态我思，我们所有的动态价值都必须参照这个重量的我思。正是在这种对存在的想象性衡量中，我们找到了那些价值的首要形象。如果我们记得一种价值在本质上就是价值化，那么就会意识到，动态价值的形象是所有价值化的起源。

为了研究这种价值化的我思，关于丰富和自由的端极辩证法将非常有用，它们表明，土地想象力梦想着什么也不失去，而空气想象力则梦想着交出一切！后者往往更为稀少；要描述它，就必须冒着写一本虚无缥缈的（évaporé）书的风险：你要与所有局限于土地想象力的实在论作斗争。对于土地想象力而言，给予似乎总是意味着放弃，变得轻盈总是意味着丢失某些实体和重力。但这一切都取决于视角问题——质料上的丰富往往意味着运动上的贫乏。土地的质料，如岩石、盐、晶体、黏土、矿物质和金属等，它们可能支持着想象的无限丰富性，但在动态梦想方面却是最为惰性的；相反，轻盈的质料，如空气、火等，则带来了动态的活跃。精神生成的实在论需要一些气体的教益。在我看来，没有空气的教导，没有轻盈的训练，人类就无法进化；或者至少说，没有空气的进化，人类精神就只能作用于过去。要想建构未来，我们总是需要一种翱翔的价值。正是在这个意义上，我们想到了让-保罗在他最富空气性的著作——《长庚星》（*Hespérus*）中的精妙表达："人……为了**转化**必须先**提升**。"[①]

四

在形象领域，试图将规范和描述区分开来是毫无意义的。想象必然是价值化的。只要一个形象没有通过美来揭示它的价值——或者用更动态的说法，只要这个形象没有让人体会到美的价值；只要它没有泛美的或唯美论的功能，或者没有将想象者带入一个美的宇宙，那么它就没有实现自己的动态职能——如果形象不能提升精神，就无法转化它。一种通过形象来进行表达的哲学，如果不能将自身完全托付给它的形象，就会丧失一部分力量。一种精神的准则在根本上将精神视作是表达性、想象性和价值化的，并且无论在任何情况下，它都会毫不犹疑地将形象和价值联系起来。信任形象——这

[①]　Jean-Paul Richter, *Hespérus*, trad., t. II. p. 77.

是精神动态论的奥秘。但是，如果形象是首要的精神现实，那么它们之中也存在等级，澄清这种等级阶序也是想象力学说的工作之一。基本形象，尤其是那些涉及生命想象的形象，必须与元素性质料和基本的运动联系在一起。上升或下降、空气和土地——这些都总是与生命的价值和表达，以及生命自身紧密相连。

例如，如果我们想要测量一种质料对渴望翱翔的生命造成的阻碍，就应该去寻找那些真正参与到质料想象力当中的形象——它们将空气与大地相连。如果将上升和下降、进步和习惯的辩证法置于更纯粹的动态主题中，我们会意识到，在质料中有一种倒退的冲力、一种减弱的运动，因此应该激发动态想象力的巨大驱力。

一个喷泉的水迸发、坠落又迸溅开来的冲力形象仅仅是一种概念化的图示。它是视觉化的，是一种被构思的运动，而不是被体验的运动。喷泉的形象并没有唤醒我们的内在参与——从时间心理学的角度来看，这种形象整合的是两个彼此远离的瞬间。迸发行动本身并不包含坠落的行动——冲力和质料事件的戏剧表现与这种形象并无关联；在其中，哲学家和诗人找不到生命中关于上升与下降、冲动与犹豫的巨大矛盾——它们彼此转化、相互对抗。为了体验生命进程的戏剧，我们需要其他的质料梦想和动态梦想。此外，如果说生命是一种价值化，那么一个完全没有价值的形象又何以表达这种生命呢？喷泉的迸发只是一条冰冷的垂直线、一个在花园中单调的、几近静止的角色，它象征着无命运（destin）的运动。

既然要同时体验生命的价值化和质料的去价值化，那么就让我们将身体与灵魂都交给质料想象力吧。让我们在那些长期梦想和将质料价值化的工作中寻找形象，与炼金士对话。对于他们而言，嬗变意味着完美。金是一种高阶的金属质料，它意味着最高程度的完美；铅、铁则是劣等金属，有惰性且不纯，它们的生命是质朴的，还没有历经大地的长期酝酿。当然，从铅到金的完美阶序不仅指的是金属的价值，还包括生命自身的价值：谁能生产出点金石、哲人石，谁就能知晓健康与青春的秘密。价值的本质即增殖（proliférer）。

在简要回顾了炼金术思想深刻的梦想性之后，让我们来看看在简单的蒸馏中矿物的冲力形象是如何形成的。在现代精神中，这种形象已经完全被理性化了，因而丧失了梦想的价值，而在炼金术中，它们却带给了我们各种受阻的冲力的梦想体验。

事实上，对于炼金士而言，蒸馏即纯化，它通过减轻，将一种实体从不纯中提取出来。但是和喷泉形象不同的是，在这里，有一种上升和下降的同时性发挥着作用：根据诺瓦利斯的深刻公式，上升与减轻在**统一行动**（uno actu）中实现。根据炼金术的表达，在整个上升过程中也产生了一种"下降"。在每一处、每一个行动中，某物的上升必是**因为**有另一物的下降。反过来在想象力的颠倒遐想中也可以说，有某物下降必是因为有某物上升，虽然这更为罕见。这表明了一种与其说是土地的，更应该说是空气的炼金术。无论如何，炼金术中的蒸馏（以及升华）都展现了一种土地与空气的双重质料想象力。

由此看来，为了通过蒸馏或升华获得一种**纯洁性**，炼金士不仅仅需要诉诸空气的力量。他也有必要唤醒一种土地之力，使属于土地的不纯能够保留在土地上。下降因此也是为了上升。为了促进这种土地的行动，许多炼金士会在提纯过程中增加一些不纯的质料。玷污，是为了更好地洁净。[①] 有了土地的补充，待提纯的质料在蒸馏中就会更加规律：纯净的实体受空气的纯洁性吸引更容易上升，携带的杂质也更少；而如果有土地的、不纯的成分，它们就会用力地将杂质向下吸引。对于现代蒸馏来说，一种精神状态、一种梦想状态具有太强的惰性，可以说，现代的蒸馏和升华操作只代表了一种箭头↑的活动；而炼金术思想则是两种活动，两种箭头↓↑，它们如同两种相反力，以温和的方式彼此结合在一起。

---

① 一种不洁的实体似乎能让清洁行为更好地发挥作用。这个肮脏的物体激发了洁净的意志。这是动态的质料想象力的法则之一。

这两种箭头联结在一起，是为了分离；它们代表了一种只有梦想才能完美体验到的参与类型——两种相反性质的主动参与。这种在单一行动中的双重参与是一种真正的运动之摩尼教——花朵和它在空气中的香味，谷物和它在大地上的重量——一切都朝着相反的方向共同成形。所有的进化都带有双重命运的印记：愤怒之力和平静之力既作用于矿物，也作用于人心。雅各·波墨的所有作品都来自对空气之力和土地之力这两者间纠缠的遐想；在这个意义上，波墨也是一位金属的伦理学家。这种关于善恶的金属实在论带给我们一种衡量形象宇宙的方式，让我们明白，正是形象统治着心灵和思想。

因此，在我看来，历代炼金士都体验过的质料升华的形象，可以用来解释一种动态的二元性：在其中，质料和冲力在相反的方向上发挥作用，同时又保持着紧密联系。如果说在演变的行动中，一种质料为了显现而进行沉淀；同时，它拒斥先前的冲力已经质料化了的结果，那么这就是一种双箭头的行动。为了更好地想象这种行动，需要借助一种双重参与：只有一种质料想象力——一种能够在形式中梦想质料的想象力，才能够提供联结了土地和空气形象的想象力质料；在其中，两种生命的动态论都具有活力——一种动态论是为了保存，另一种则是为了转化。我们可以得出同样的结论：要想象运动，就必须想象质料。对运动的纯粹运动学描述即便是一种隐喻性的描述，都必须从动态角度考虑到受运动影响的质料。

五

关于自由的形而上学也可以同样基于这种炼金术的形象。实际上，自由的形而上学并不满足于线性的命运——在其中，存在者处于道路的交叉点上，想象着能够自由选择向左还是向右。无论选择的是哪条路都表现出了其统一性。想象这样一种形象，并不意味着一种关于自由的心理学，而是一种关于犹豫（hésitation）的心理学。在这里，我们又一次需要超越对自由运动的描述性和运动学研究，以便获得自由的动态性——我们必须致力于形象。在漫长的升华过程中，正是一种自由的动态为炼金术的遐想赋予了活力。在炼金术文献中，有太多金属的灵魂被束缚在不纯质料中的形象！纯净的实体是一种飞行的存在——必须帮助它展翅飞翔。在各种提纯技术的背景中，人们都在空气摆脱大地，或大地脱离空气的时候增添了有关自由的形象。在炼金术中，自由对应着纯化；这是两种价值，或者说同一种价值的两种表达。因此当我们在垂直轴上感受这些细微的形象行动时，可以用其中一种价值来评价另一种价值。关于主动、持续升华的炼金术形象带给我们一种真正的自由的微分——在其中，空气和大地构成一种二元对立。在这个形象中，既有空气的质料生成为自由的空气，又有土地的质料生成为坚实的大地。在炼金术中，我们如此清晰地感受到两种相分离的生成是如此内在地紧密相连。但是，仅仅参照图像和几何依然不够，必须真正参与到质料关系中——参与到酵母和膨胀、面团和烟雾之中。当我们带着炼金士的灵魂，等待一种新的颜色显现出来，质的生命也由此被认识、被激活。在黑色的质料中已经预兆着一种轻盈的洁白，它是一道曙光，自由从中升起，因此，所有稍浅的色调事实上都是一个希望的瞬间；相应地，对光明的希望也在积极驱逐着黑暗。在形象中，到处都回响着空气与土地的动态辩证法。正如波德莱尔在《我心赤裸》（*Mon cœur mis à nu*）的开篇写道："**自我**的蒸发与凝结。这就是一切。"

六

此外，我们也可以把上述两章的结论合起来，在文学形象层面上提出一个关于自由的问题。事实上，在文学的主动语言中，精神渴望将变化与稳定结合起来：它组织着关于知识的习惯——即概念（concepts）；这些概念既服从于它，又禁锢着它——这是为了稳定，一种可悲的稳定。但是同时精神也更新了自身的形象，这种变化正是通过形象产生的。如果我们检视一下形象拆解并延伸概念的行动，就会感受到有两种箭头的演化：事实上，刚形成的文学形象吸纳了先前的语言，将它作为一种新的晶体，纳入到语言的土地中；但在此之前，在那个形成的瞬间，文学形象只渴望着扩展、丰富和表达。这两种生成是相连的，因为要想言说那些难以形容、缥缈如空气的事物，所有作家都需要展开关于内在丰富性的主题，这些丰富性拥有内在的特定重量。由此看来，文学形象具有两个面向：一是扩张性的面向，二是内在性的面向。这两种面向从简单的形式上看是矛盾的，但是如果从作品诞生的语言中体验它们，全身心投入文学活动中，投入言说的想象力中，就会发现这两个面向以同形异义（homographiques）的奇妙方式呈现出来。形象是如此明亮、美丽而活跃，它既言说着宇宙，又言说着我们的心。在人类充满活力地探索自身时，扩张和深度就以动态的方式联系在一起；它们彼此促进，在形象的真诚中体验着存在的丰富性所揭示的深度。相应地，内在的深度似乎也可以作为自身视角下的一种扩张。

只要我们将语言置于其应处的位置——人类进化的顶端，它就会显现出双重效力：语言既赋予了我们光明的美德，又赋予了我们梦想的力量。真正了解动词的形象——了解那些活跃在思想之下、我们的思想赖以生存的形象，将有助于人类思想的自然提升。因此，一种关注人类命运的哲学不仅应该承认这些形象的存在，还应该适应这些形象、延续它们的运动。事实上，这种哲学应该成为一种生命的语言，它应该忠于研究**文学的人**（homme littéraire）——因为这种人是沉思与表达的总和，是思想与梦想的总和。

第戎，1943 年 5 月 2 日

289

人名译名对照表

A

abbé Damian　达米安神父

Adolphe Ressé　阿杜尔夫·雷塞

Ahania　阿哈尼娅

Albert Béguin　阿尔贝·贝甘

Aldous Huxley　阿尔多斯·赫胥黎

André Arnyvelde　安德烈·埃尔涅维德

André Chevrillon　安德烈·舍弗龙

André Schaeffner　安德烈·夏福勒

André Suarès　安德烈·苏亚雷斯

Angelo de Gubernatis　安热洛·德居伯纳蒂斯

Ariel　阿里埃尔

Arvède Barine　阿韦德·巴里纳

Athanasius Kircher　阿塔纳斯乌斯·基歇尔

August Strindberg　奥古斯特·斯特林堡

Augustin de Candolle　奥古斯丁·德坎多尔

B

Balzac　巴尔扎克

Bellérophon　贝勒罗丰

Benjamin Fondane　邦雅曼·封丹

Benozzo Gozzoli　贝内佐·戈佐利

Bergaigne　贝尔盖涅

Bescherelle　贝舍雷勒

Bonavia　博纳维亚

Booz　博兹

Boreas　玻瑞阿斯

Brillat-Savarin　布里亚-萨瓦兰

C

Callisto　卡里斯托

Camille Schuwer　卡米耶·舒维尔

Charles Baudouin　夏尔·博杜安

Charles Nodier　夏尔·诺迪埃

Charles Ploix　夏尔·普卢瓦

Charles van Lerberghe　夏尔·凡莱伯格

Chateaubriand　夏多布里昂

Christian Sénéchal　克里斯蒂安·塞内沙尔

Coleridge　柯勒律治

Colin de Plancy　科兰·德普朗西

D

Denis Saurat　丹尼斯·索拉

290

V

Verhaeren　维尔哈伦
Victor-Émile Michelet　维克多–埃米
　尔·米舍莱
Victor Hugo　维克多·雨果
Victor Poucel　维克多·普赛尔
Vielé-Griffin　维勒–格里芬
Vigneul de Marville　维留尔·德马维尔
V. Rozanov　V. 罗赞诺夫

W

Walt Whitman　瓦尔特·惠特曼
Whitehead　怀特海
William Blake　威廉·布莱克

X

Xerxès　薛西斯

术语表

A

abîme 深渊

affectivité 情感

agglomérant 聚集的

allègement 轻盈，减轻

allégorie 比喻

allure 举止

âme 灵魂

alouette 云雀

altitude 高度

amnésie 遗忘症

amplification 放大

anima 阿尼玛

animalité 动物性

antipéristasis 身体运动

appui 支持

aquilon 朔风

arbres-calendriers 日历树

arpège 琶音

ascensionnelle 上升的

aspiration 渴望，吸气

atomique 原子式的

audition 听觉

auréole 光晕

B

bariolé 五颜六色的

barque 船

bercement 环抱，摇摆

bibelot 摆设

biréalisme 双重现实

bottes de mille lieues 千里靴

C

causes de souffle 气息因

cénesthésique 体感上的

Chandoya Upanishad 歌者奥义书

chiffonnier 拾荒者

chute 坠落

cinématique 运动的，运动学的

cinématisme 运动性

cogito 我思

comestible 可食用的

communauté 共同体

comportement 行为

conduite 举止

contre-espace 反-空间

294

corpuscule　粒子
correspondance　感应
cote psychique　精神坐标
crédulité　盲从状态
cristallisation　结晶
cure des terrains　行走疗愈

D

déclamation muette　无声讲演
dématérialisation　去质料化
démiurge　创世工匠
dérationalisation　去理性化
désir　欲望
dessein　意图
dessin　构想，勾勒
devenir　生成
diaphane　半透明的
différentielle　微分
distillation　凝炼
divination　预见
donnée　予料
droiture　直度
duction　引导

E

ectoplasme　外质
effigie　拟像
Einfühlung　共情
élan hominisant　人化的冲力
élan vital　生命冲力
élasticité　灵活性
Émanation　流溢
émotion　情绪
entêtement　执著
épilogisme　推论
espérance　希望
esthétisation　美学化
éther　以太
évanescence　逐渐消逝
extrémité　端极

F

fabulation　虚构
fantaisie　幻想
finalité　合目的性
flair　洞察力
formes vivantes　生命形式
foudroyant　迅若闪电的
fuyante　飞逝的

G

geste　姿势
Gewitterjagd　追逐飓风
gouffre　巨渊
grandeur　成长

H

héroïsation　英雄化
hésitation　犹豫
hodographe　速度图
homme littéraire　文学的人
homo faber　技艺人
homographique　同形异义的
hygiène　健康学
hymne　颂歌
hypnopédie　催眠

I

idéalisation　理念化
idée　理念
image première　原初形象
imagination　想象力
imagination généralisée　广义想象力
immanence　内在性
impalpable　无形的
impulsion　驱力
indice　迹象
indiscrète　轻率的
initiation　启蒙
inspiration　启示；呼吸
instantanéité　瞬间性
intelligence　知性

interjection　感叹词

L

lapidaire　宝石工人
légèreté　轻盈
l'être entier　整全存在
limite　界限
linéaire　线性的
ligne　界线

M

malheur　不幸
marque　印记
matière　质料
mésomorphe　中介状态
métapoétique　元诗学
mirage　海市蜃景
mobilisme　流动
mobilité　运动性
morale　道德的
moralisatrice　道德化的
mot　语词

N

Natura audiens　能听的自然
Natura audita　被听的自然
neptunisme　水成论
notation　标记

O

odeurs　气味
onde　波
onirique　梦中的
onirisme　谵妄
ornithologie　鸟类学
ornithopsychologie　鸟类心理学
originalité　原创性
origine　起源
ouranotropisme　天空趋向性

P

Palingénésie　复活

pancaliste　泛美的，泛美主义者
Panthéa　诸神
paon　孔雀
parole　言语
parure　装饰
pâture　精神食粮
pédagogie　教学法
pénétration　洞察
perché　憩息在高处的
personnifié　人化
peseur　称量者
pittoresque　图像化的
plasma　原浆
pléonasme　同义叠用
pluralité　多元性
pneumatologie　灵气学
poussée　推力
poussière　尘埃
précipité　沉淀
prédateur　掠夺者
prestige　幻觉
productivité　生产力
projetant　投射的
proliférer　增殖，繁衍
propédeutique　预备教育
psychisme　精神
psychosynthèse　精神综合
ptéropsychologie　羽翼心理学

R

rampant　爬行的
rationalisation　理性化
ravisseur　捕猎者
réalité　现实
rebondit　回跳的
réciproque　相互作用
réminiscence　回忆说
ressentiment　怨恨
résurrection　新生
rêve　梦，梦想
rêverie dirigée　定向梦
rêverie éveillée　清醒梦

réversibilité 可逆性

S

sagesse sauvage 原始智慧
signe 符号
silence 寂静，沉默
sillage 航迹
sincérité 真诚
solitude 孤独
somptueux 奢华
songe 梦想
sonore 声响
souffle 呼吸，气息
souvenir de race 种族记忆
substance 实体
surcharge 负载过重
sur-moi 超我
surrythmé 超节奏化
sylphide 精灵
symbole 象征
sympathie 共情
symptomatique 症候性的
synonymie 同义性
synthétique 综合的

T

télépoésie 诗歌感应
tempérament 气质
temporelle 时间性的
tension 张力

tétravalences 四价性
ton 音调
tonus général 普遍活力
transmission 传递
transmondain 跨越尘世的
trop 过度

U

un au-delà 超越物
uno actu 统一行动

V

verbe 动词
verticalité 垂直性
vertige 眩晕
victorielle 纯矢量的
vigueur 活力
vocal 声音的，发声的
volonté 意志
volume 体积
volumétrique 有体积的
volupté 享乐

W

Wolkenjagd 逐云

Y

Ygdrasil 世界树

图书在版编目(CIP)数据

空气与梦想:论运动想象力/(法)加斯东·巴什
拉(Gaston Bachelard)著;胡可欣译.—上海:上
海人民出版社,2024

(法国哲学研究丛书.学术译丛)

ISBN 978 - 7 - 208 - 18854 - 9

Ⅰ.①空… Ⅱ.①加… ②胡… Ⅲ.①哲学-世界
Ⅳ.①B1

中国国家版本馆 CIP 数据核字(2024)第 071674 号

责任编辑 陈依婷 于力平
封扉设计 人马艺术设计·储平

法国哲学研究丛书·学术译丛

空气与梦想:论运动想象力

[法]加斯东·巴什拉 著

胡可欣 译

出 版	上海人民出版社	
	(201101 上海市闵行区号景路 159 弄 C 座)	
发 行	上海人民出版社发行中心	
印 刷	江阴市机关印刷服务有限公司	
开 本	635×965 1/16	
印 张	19.25	
插 页	2	
字 数	244,000	
版 次	2024 年 6 月第 1 版	
印 次	2024 年 6 月第 1 次印刷	
ISBN	978 - 7 - 208 - 18854 - 9/B · 1749	
定 价	88.00 元	

本书译自

L'air et les songes: Essai sur l'imagination du mouvement

by Gaston Bachelard

Librairie José Corti（1943, 1900）

法国哲学研究丛书

学术文库

《笛卡尔的心物学说研究》 施 璇 著

《从结构到历史——阿兰·巴迪欧主体思想研究》 张莉莉 著

《诚言与关心自己——福柯对古代哲学的解释》 赵 灿 著

《追问幸福——卢梭人性思想研究》 吴珊珊 著

《从"解剖政治"到"生命政治"——福柯政治哲学研究》 莫伟民 著

《从涂尔干到莫斯——法国社会学派的总体主义哲学》 谢 晶 著

《走出"自我之狱"——布朗肖思想研究》 朱玲玲 著

《永恒与断裂——阿尔都塞意识形态理论研究》 王春明 著

《后人类影像——从德勒兹到后人类主义》 姜宇辉 著

学术译丛

《物体系》(修订译本) [法]让·鲍德里亚 著 林志明 译

《福柯》(修订译本) [法]吉尔·德勒兹 著 于奇智 译

《褶子:莱布尼茨与巴洛克风格》(修订译本) [法]吉尔·德勒兹 著 杨 洁 译

《雅斯贝尔斯与生存哲学》 [法]米凯尔·杜夫海纳 [法]保罗·利科 著
邓冰艳 译

《情节与历史叙事:时间与叙事(卷一)》 [法]保罗·利科 著 崔伟锋 译

《资本主义与精神分裂(卷2):千高原》(修订译本) [法]吉尔·德勒兹 [法]费利克斯·加塔利 著 姜宇辉 译

《后现代道德》 [法]让-弗朗索瓦·利奥塔 著 莫伟民 贾其臻 译

《空气与梦想:论运动想象力》 [法]加斯东·巴什拉 著 胡可欣 译

《有限与有罪:意志哲学(卷二)》 [法]保罗·利科 著 赖晓彪 翁绍军 译